JETZT ERST RECHT!

Anna von Bayern

**WOLFGANG BOSBACH**

# JETZT ERST RECHT!

**HEYNE ‹**

Verlagsgruppe Random House FSC® N001967
Das für dieses Buch verwendete
FSC®-zertifizierte Papier *EOS*
liefert Salzer Papier, St. Pölten, Austria.

Redaktion: Ute Rösler, Berlin
Umschlaggestaltung: Hauptmann & Kompanie
Werbeagentur, Zürich, Michael Hofstetter,
unter Verwendung eines Fotos von © Anatol Kotte/laif
Satz: Leingärtner, Nabburg
Druck und Bindung: GGP Media GmbH, Pößneck
Printed in Germany 2014
ISBN 978-3-453-20055-5

www.heyne.de

# INHALT

# LICHT UND SCHATTEN

Schlechte Nachrichten eilen sich selbst voraus. »Wollen Sie sich nicht erst einmal setzen?«, fragt der Professor, als Wolfgang Bosbach erfahren soll, ob er leben oder sterben wird. Unter dem großen Fenster liegt die ehemalige Bundeshauptstadt in rot-gelben Herbstfarben seltsam ruhig da.

Nein, eigentlich will er sich nicht setzen, weil er es jetzt schon weiß: Der Krebs hat gestreut und ist unheilbar. So sagt es auch der Professor im September 2011: »unheilbar«, und zeigt auf ein bunt gesprenkeltes Bild seines Skeletts. »Wie lange habe ich noch?«, fragt Bosbach. Nach der gelungenen Prostataoperation 2010 war von 23 Jahren die Rede gewesen. An diese Zahl hatte er sich in all ihrer Unbarmherzigkeit ein bisschen gewöhnt. 23 Jahre, dann wäre er 81, würde vielleicht noch Enkelkinder groß werden sehen. Mit 81 Jahren kann man auch mal sterben, denkt er, auch wenn seine Eltern schon älter und noch sehr fit sind. Nach der OP war der Arzt optimistisch. Der Tumor hatte die Prostatakapsel nicht gesprengt, es wurde nervenschonend operiert, ein besseres Ergebnis hätte man sich nicht wünschen können, hieß es. Bosbach hatte sich gefreut. Doch der PSA-Wert, diese gnadenlose Messzahl des Prostatakrebses, hält sich nicht an die Prognose. Er bleibt nicht auf null, sondern steigt von Monat zu Monat, von Untersuchung zu Untersuchung wieder an. Vor Weihnachten beginnt Bosbach eine Strahlentherapie, während der nächsten zwei Monate geht er fünfmal die Woche hin. Danach ist er erschöpft. Er legt sich die Behandlungen möglichst immer auf den frühen Morgen, damit er am Abend wieder Veranstaltungen im Wahlkreis besuchen kann. Das klappt ganz gut, keine weiteren Nebenwirkungen. Leider auch sonst keine Wirkung, denkt sich Bosbach, als der PSA-Wert weiter ansteigt. Für die Bestrahlung hätten die Ärzte auch eine normale Taschenlampe nehmen können, der Effekt wäre der gleiche gewesen.

Über zwei Stunden dauert heute die Prozedur. Zunächst wird ihm atomar aufgeladener Zucker gespritzt, dann muss er still in einer Röhre liegen für das PET-CT, das Bildgebungsverfahren, das mit Röntgenstrahlen die Tumorzellen im Körper finden soll. Er durfte vorher nicht essen, der Magen knurrt. Die genauere Diagnose durch eine Magnetresonanztherapie kommt für ihn nicht infrage wegen des Herzschrittmachers, den Bosbach seit sieben Jahren trägt. Seine Herzmuskelschwäche ist die Folge einer verschleppten Grippe aus seinem ersten Bundestagswahlkampf zehn Jahre zuvor. Damals wollte er seine Fahrradtour durch den ganzen Wahlkreis nicht abbrechen, um sich auszukurieren. Wie hätte es denn ausgesehen, wenn der Kandidat schlapp macht, bevor er überhaupt gewählt ist? Die Medikamente für das Herz vertrug er nicht gut, sie machten ihn schlapp, irgendwann hörte er auf, sie zu nehmen, bis die Herzleistung im Frühjahr 2004 nur noch 19 Prozent betrug und er die Treppen zu seinem Haus nicht mehr ohne Pause hochkam. Er flog trotzdem zur Sitzungswoche nach Berlin, wo ihm der damalige Gesundheitsminister Horst Seehofer einen Arzt an der Berliner Charité vermittelte, der ihm gleich einen Herzschrittmacher und einen Defibrillator gegen den plötzlichen Herzstillstand einsetzte. Das Herz blieb nicht stehen, doch der Defibrillator rettete ihm trotzdem das Leben, weil nach einer Operation, bei der seine Batterien ausgetauscht wurden, der erhöhte PSA-Wert auffiel. Das müsse nichts Schlimmes sein, aber er solle mal zum Urologen gehen, hieß es. Dort war Bosbach noch nie, er habe immer gedacht, der Urologe mache was mit Zeitmessung, scherzte er damals. Auch zur Vorsorge war er bis dahin nie gegangen, ihm habe ja nichts gefehlt.

Wenn er rechtzeitig erkannt wird, sind die Heilungschancen bei Prostatakrebs gut. Doch Bosbach hat auf einer Skala von sechs bis zehn schon einen sogenannten Gleason-Score von sieben, dunkelgelb oder hellorange, je nach Ansicht. Bosbach entscheidet sich für dunkelgelb. Weil am 9. Mai in Nordrhein-Westfalen gewählt wird, legt er den OP-Termin auf den 11. Mai. Bis dahin sind es zwar noch acht Wochen, aber die sind durchgetaktet mit Wahlkampfterminen. Dann die Hoffnung nach der OP. Und jetzt die Metastasen, die Bosbach vorkommen wie ein Raubtier im eigenen Körper. Der unbekannte Feind leuchtet ihm vom Bild seines Körpers entgegen, besonders bunt sind Becken und Wirbelsäule. Bosbach bringt die gnadenlose Aufnahme zu seinem Onkologen wie ein Schüler seinen Eltern ein miserables Zeugnis. *Ich weiß, es ist schlecht, nur wie schlecht ist es?* Um Heilung könne es jetzt nicht mehr gehen, sagt der Arzt, sondern um Lebensverlängerung und Lebensqualität. Und was ist mit den 23 Jahren? »Die müssen wir jetzt schon deutlich nach unten reduzieren«, sagt der Arzt und wirkt dabei so niedergeschlagen, dass Bosbach kurz überlegt, ob er ihn nicht trösten soll. »Können Sie das präzisieren?«, fragt Bosbach. Nein, das kann er nicht. Es könne ja in ein paar Jahren auch neue Therapieformen oder Medikamente geben. Wie zu sich selbst sagt der Onkologe dann, man dürfe den Kopf jetzt nicht hängen lassen.

Er gibt eine Anleitung zum Leben-nicht-unnötig-Verkürzen, das Übliche: nicht rauchen, wenig trinken, viel Sport. »Da rennen Sie bei mir mit Anlauf offene Türen ein«, sagt Bosbach. Er hat nie geraucht, kaum Alkohol getrunken, immer viel Sport gemacht, und als er das erzählt, klingt er fast trotzig, so als müsse der Krebs sich in ihm geirrt haben. »Sonst noch etwas?« fragt er.

»Nein«, sagt der Mediziner, »machen Sie einfach die Dinge, die Ihnen Spaß machen.« Und da ist Bosbach dann doch ein wenig erleichtert. Denn die Dinge, die ihm Spaß machen, das sind seine 16-Stunden-Tage als Abgeordneter des Deutschen Bundestages, die rund 400 jährlichen Redeveranstaltungen im ganzen Land, seine Arbeit in der Kanzlei, die Wochenendtermine im Wahlkreis. Dass der Onkologe mit seiner Empfehlung zu einem gleichmäßigen Lebensrhythmus vielleicht etwas anderes meint als das ständige Pendeln zwischen Bergisch Gladbach und Berlin, die vielen tausend Kilometer auf Deutschlands Straßen, die langen Nächte und frühen Morgen zwischen Bundestag, Partei, Kanzlei, Interviews, Fernsehauftritten und Wahlkreis, das ist erst einmal zweitrangig. Für Bosbach ergibt sich zwischen diesen Fluchtpunkten der Rhythmus seines Lebens – gleichmäßig in seiner Ungleichmäßigkeit.

Der Arzt schlägt eine medikamentöse Hormonentzugstherapie vor, wie sie bei geringer Lebenserwartung häufig empfohlen wird. Sie kann nicht heilen, aber durch den Entzug von Testosteron soll die Ausbreitung der Tumorzellen verlangsamt oder eingedämmt werden. Drei bis vier Jahre könne die Therapie wirken, sagt er, dann passe sich der Krebs dem Hormonentzug an und wachse weiter. Zu den Nebenwirkungen würden Antriebsschwäche, Hitzewallungen, Osteoporose, Verlust der Libido und der Potenz, Zunahme des Körperfetts sowie Blutarmut zählen. Alles, was Bosbach hört, ist: »drei bis vier Jahre«. Das ist die wichtigste Aussage für ihn wegen der Kandidatur für den nächsten Bundestag. In diesem Moment weiß er: Er wird weitermachen wie bisher. Jetzt erst recht. Bundespolitik mit ganzer Kraft. Vollgas.

Wolfgang Bosbach hat für seinen offenen Umgang mit seiner Krebserkrankung viel Anerkennung erfahren. Nicht nur weil dieser Umgang gerade in der Politik ungewöhnlich ist, wo Krankheit als Tabu gilt, weil man Schwäche jeglicher Art tunlichst für sich behält. Er hat vor allem Respekt für die Haltung geerntet, mit der er seine Diagnose akzeptiert hat und nun mit ihr lebt. Damit löst er bei seinen Mitmenschen die Frage nach deren eigenem Umgang mit der Sterblichkeit aus: Wie würden wir unser Leben ändern, wenn wir wüssten, dass uns nur noch wenig davon bleibt (und den meisten von uns bleibt ja zu wenig)? Die Frage testet unsere eigenen Prioritäten, unser Menschenbild und die Treue zu unseren Träumen. Sie hinterfragt, ob wir das Leben führen, das wir führen wollen. Würden wir alles ändern? Oder nichts, wie Bosbach? Bedeutet seine Antwort, dass er das gute Leben für sich gefunden hat, oder ist seine Produktivität nur die Sublimierung seiner Todesangst? Ist er ein Meister des Akzeptierens oder des Verdrängens? Setzt er sein Leben aufs Spiel für die »Wichtigkeitsdroge öffentliche Aufmerksamkeit«, wie Jürgen Leinemann es vielen Spitzenpolitikern attestiert hat, oder arbeitet er einfach aus Leidenschaft, die ja per se maßlos ist? Ist es überhaupt möglich, nach fast zwei Jahrzehnten im Deutschen Bundestag und als zentrale Figur seiner Partei, als stellvertretender CDU-Fraktionsvorsitzender und Vorsitzender des Innenausschusses, nicht süchtig nach der »Droge Macht« zu werden? Und wie bitter ist dann für ihn die Niederlage, als ihm der erhoffte Schritt in die erste Reihe, ins Ministeramt verwehrt bleibt?

Wolfgang Bosbach, mehr Fach- als Machtpolitiker, hat eine Schwäche für Zahlen, Daten und Fakten. Vor politischen Entscheidungsprozessen legt er Wert auf das, was er als Jurist die »Verständigung über die Sachlage« nennt. »Zahlen, Daten, Fakten«, ruft er seiner Mitarbeiterin zu, wenn er inhaltliche Ausarbeitungen braucht. Die paukt er dann, bis sie sitzen. Auch Bosbach selbst, Einzelhandelskaufmann, Karnevalsprinz, staatlich geprüfter Betriebswirt, Volljurist, Rechtsanwalt, Karnevalspräsident, kann man malen mit Zahlen: 61 Jahre alt, seit 25 Jahren verheiratet, drei Töchter, seit 41 Jahren CDU-Mitglied, seit

20 Jahren Parlamentarier, dreimal gegen die eigene Fraktion gestimmt, zuletzt gegen die Ausweitung des sogenannten Euro-
Rettungsschirms. Im 17. Deutschen Bundestag einer von 620 Abgeordneten, der 52. im alphabetischen Verzeichnis, einer von
22 Ausschussvorsitzenden. Seriensieger mit Rekordergebnissen,
2013 mit sagenhaften 58,5 Prozent wiedergewählt. Jährlich Tausende von Einladungen, 200 Hotelübernachtungen, 30 000 Kilometer im eigenen Auto, zeitweilig 14 Punkte in Flensburg (vier
werden ihm nach einem »Aufbauseminar für verhaltensauffäl-
lige Kraftfahrer« erlassen). Unzählige Interviews, 85 Fernsehauftritte in ARD und ZDF im Jahr 2012, nur drei andere Politiker
waren dort häufiger zu sehen als er.[1] Wöchentlich durchschnittlich 200 Zuschriften, fast 10 000 beantwortet er jährlich indi-
viduell. Drei Tore für den FC Bundestag im linken Mittelfeld.
42 Prozent Herzleistung, vierteljährliche Krebskontrolle, null
Skandale.

So weit Bosbach in Zahlen. Man kann aber auch versuchen,
die Punkte entlang dieser Zahlen zu verbinden, um den Menschen Bosbach zu umreißen. Seine Karriere vom Realschul-
absolventen und Supermarktleiter im beschaulichen Bergisch
Gladbach zum Rechtsanwalt in der bundesdeutschen Spitzen-
politik ist erstaunlich, seine Ablehnung der erweiterten Euro-
Rettungsmaßnahmen, der European Financial Stability Facility
(EFSF), im September 2011 gegen seine Fraktion nach seinen vielen Jahren als braver Parteisoldat nicht minder. Seine Sprache
ist erfrischend direkt, seine Werte sind erfrischend untrendy,
seine Schlagfertigkeit und sein Witz oft genial. Allein deshalb
lohnt es sich, ihn kennenzulernen. Natürlich passt ein Leben
nicht in ein Buch und das Leben von Wolfgang Bosbach schon
gar nicht. Aber ein Versuch lohnt sich trotzdem, denn sein Leben veranschaulicht nicht nur die vergangenen 20 Jahre der deutschen Politik, die er teilweise entscheidend mitgeprägt hat, sondern auch deren Machtgesetze. Sein außergewöhnlicher Aufstieg

ist der eines klassisch Konservativen, der mit Fleiß, Unabhängigkeit und Humor zu einem der bekanntesten und beliebtesten Spitzenpolitiker ohne Spitzenamt wird. Durchaus zu Populismus fähig lehnt er doch den zeitgeistigen Pragmatismus seiner Partei ab. Was lehrt seine Karriere über den politischen Betrieb, den Zustand der CDU und insbesondere das System Angela Merkels? Sind Unabhängigkeit und das Bestehen auf unveränderlichen Grundwerten für eine Karriere in diesem System vielleicht primär hinderlich? Wenn der Konservative in der CDU schon nicht mehr geschätzt wird, wird er dann in Deutschland überhaupt noch gebraucht? Und was sagt unsere Faszination an einem öffentlich Todkranken, an seiner Mischung aus Schwäche und Stärke, aus Angst und Mut, über uns selbst aus? Beobachten wir Kranke neugierig in den Medien, in den zig Arztfernsehserien, weil wir selbst so gerne gesund sind, so schrecklich gerne überleben, wie es Ines Kappert in der *Tageszeitung* formulierte?[2]

Auf all diese Fragen habe ich Antworten gesucht in den vielen Monaten, in denen ich Wolfgang Bosbach auf Veranstaltungen und Reisen, im Wahlkampf und in seinem Alltag in Berlin begleitete. Ich habe über seine Schlagfertigkeit gelacht, mich über seine Widersprüchlichkeit gewundert und am häufigsten über ihn gestaunt. Er hat mir erzählt, wie die Politiker die Wähler für dumm verkaufen, wie unverhältnismäßig Einsatz und Ertrag in seinem Geschäft sind und wie er einmal am Wahlabend geweint hat. Wir haben gesprochen über seinen Kampf zwischen Körper und Geist, den hohen Preis seines Wirkens, und wie das Leben trotz aller Widrigkeiten Sinn machen kann. Er hat mir erklärt, wie man am besten auf einen ausfälligen Kanzleramtsminister reagiert, was die Logik eines links gedrehten Supermarktumlaufes ist und das Geheimnis einer glücklichen Ehe und warum der Karneval sich nach dem Mond richtet so wie Ebbe und Flut.

Bosbachs verhinderte Topkarriere ist symptomatisch für das

inhaltliche Vakuum, das Angela Merkel in der Partei geschaffen hat, die nun allein auf sie zugeschnitten ist. Die teilweise sehr öffentliche Geringschätzung seiner Positionen sollte jeden Demokraten beunruhigen, weil konservative und unabhängig wirkende und kommunizierende Politiker in Deutschland dringend gebraucht werden. Nicht nur im Sinne der für die Gesundheit unseres politischen Systems unerlässlichen Meinungsvielfalt, sondern auch weil unabänderliche konservative Werte in unserer Gesellschaft nicht ausgedient haben. Auf einer persönlicheren Ebene lehren Leben und Laufbahn Bosbachs vor allem eines: Wenn man versucht, jede Entscheidung und jede Handlung für sich zu betrachten und um ihrer selbst willen zu vollziehen, ist das Leben sowohl im Erfolg wie auch im Misserfolg besser erträglich. Es geht dabei nicht darum, sich zu finden, sondern sich in dem zu verlieren, an das man glaubt.

Wolfgang Bosbachs Geschichte ist relevant und spannend, weil sie aus demselben Stoff gestrickt ist wie alle großen Geschichten: aus Leidenschaft und Macht, aus Sieg und Niederlage, aus Liebe und Verlust.

# AUFSTAND MIT ANSAGE

Weil er mit Hiobsbotschaften keine Zeit verschwendet, fasst Wolfgang Bosbach sich kurz. In einem Satz sagt er seinen drei Töchtern Caroline, Natalie und Viktoria, dass er todkrank ist. So sei es, so gehe es jetzt weiter, und mehr gebe es dazu bis zu einem neuen Befund nicht zu sagen. »Und jetzt nicht den Papa mit traurigen Augen anschauen, armer Papa, das will ich nicht, da kriege ich die Krise.« Danach möchte er zu Hause nicht mehr über den Krebs sprechen. Auch wenn man sich auf eine solch niederschmetternde Diagnose nicht vorbereiten kann, hat Wolfgang Bosbach sie doch in den vergangenen Monaten angesichts des steigenden PSA-Wertes zumindest in Betracht ziehen können. Für seine Töchter hingegen sitzt der Schock tief. Dennoch akzeptieren sie, dass ihr Vater mit ihnen darüber nicht mehr reden will. Nur dass er es andererseits so bereitwillig in der Öffentlichkeit tut, das ist schwierig für die Familie. Mit dem *Stern* spricht er wenig später über die Angst vor dem Tod (»Keine, wenn der kommt, bin ich ja weg«), über Inkontinenz und Erektionsstörungen (»Damit hatte ich nur ein paar Tage zu tun, dann war das Thema durch«). Dem *Spiegel* erzählt er, dass er gerne zu Hause sterben würde (»Ich möchte meinen Lieben dann alles sagen können, was für mich noch wichtig ist und was ich ihnen schon immer sagen wollte«) und wie er sich sein Begräbnis vorstellt (»Nicht nur Kirchenlieder und keine langen Reden, die

Leute wollen was zu essen haben«). In *Bild* lässt er sich lachend mit seinem ebenfalls krebskranken Freund, dem Bestatter Fritz Roth, ablichten (»Wir haben beide Krebs! Wir lachen trotzdem!«), und *Bunte* erzählt er, dass er mit Gott gehadert habe (»mit dem Krebs nicht«). Er spricht in Talkshows über Krebs, über Vorsorge, über den Tod und über seinen christlichen Glauben an ein Leben danach.

Als seine Frau Sabine eines Morgens in der Zeitung lesen muss, dass ihr Mann »dem Tod ins Auge sieht«, platzt ihr der Kragen. Ob denn das alles sein müsse? Irgendwann würden die Leute sagen: Der Bosbach, ist der immer noch nicht tot? Von Freunden und Bekannten genauso wie von Wildfremden werden sie und die Töchter unentwegt auf die Krankheit ihres Mannes angesprochen. Ständig ruft jemand an, der eine Therapieempfehlung aussprechen möchte. Weil Sabine Bosbach weiß, dass die Anrufer es nur gut meinen, möchte sie sie nicht einfach abwürgen. Manchmal klingelt sie dann mit dem Hörer in der Hand an ihrer eigenen Haustür, Besuch sei da, sie müsse leider auflegen. Einmal steht ein fremdes älteres Ehepaar vor der Tür. Die Frau packt ihren Mann am Schlafittchen und hält ihn der erstaunten Frau Bosbach entgegen. »Das ist mein Mann! Sehen sie den? Der müsste schon zwei Jahre tot sein!«, ruft sie. Die Dame möchte Herrn Bosbach ein Vitaminpräparat empfehlen, von dem sie überzeugt ist, dass es ihren Mann geheilt hat. Frau Bosbach bedankt sich für die Mühe, das Präparat hat sie bereits. So wohlmeinend die Menschen auch sind, so sehr belastet es sie, permanent mit der Krankheit ihres Mannes konfrontiert zu werden. Sie merkt, dass die Kinder darunter leiden. Sie will den Fernseher schon nicht mehr anmachen und die Zeitung morgens nicht aufschlagen. Sie will das alles nicht mehr, sagt sie ihrem Mann und bittet ihn um Verständnis.

Doch für Wolfgang Bosbach ist der Gang in die Öffentlichkeit so etwas wie die Flucht nach vorn. So lange er konnte, hat er seine Krankheiten geheim gehalten. Die Herzmuskelerkrankung in seinem ersten Wahlkampf durfte auf keinen Fall herauskommen, deshalb nahm er sich nicht die Zeit, sie auszukurieren. Er fürchtete, die Leute würden sich fragen, ob er im Vollbesitz seiner Kräfte sei, ob er das Pensum wirklich bewältigen könne, ob er sich auch nicht übernehme.[3] Auch über die erste Krebsdiagnose spricht er nicht. Er lässt sich in Hamburg operieren, wo er nicht befürchten muss, Menschen zu begegnen, die er kennt. Doch als die Strahlentherapie beginnt, weiß er, dass er in die Offensive gehen muss. Im Wartezimmer in seiner Heimat kennen ihn zwei Drittel der Leute. Dann wird sich schnell herumsprechen, dass Bosbach zum Onkologen muss. Und bevor er für halb tot erklärt wird, sagt er lieber selber, wie es um ihn steht. Allerdings sagt er es eben nicht nur einmal, sondern wiederholt es jedem, der es hören will. Vielleicht ist die öffentliche Beschäftigung mit dem Thema für ihn auch therapeutisch. Die Reaktionen auf seine Verletzlichkeit, das Mitgefühl und der Zuspruch, rühren ihn. Vielleicht tut es gut, über so schwere Dinge wie den eigenen Tod mit Menschen zu reden, die davon emotional nicht in Mitleidenschaft gezogen werden. Mit Journalisten kann Bosbach ganz sachlich über seine Unheilbarkeit sprechen und dabei immer wieder sagen, dass er nicht mit Dingen hadert, die er nicht ändern kann. Vielleicht muss er es so oft sagen, weil er hofft, es irgendwann selbst zu glauben.

Ich bin mit Wolfgang Bosbach auf der Lieblingsinsel der Deutschen verabredet, um über das zu sprechen, was ihm wichtig ist. Eigene Memoiren hat er nie schreiben wollen, weil er sich nicht wichtiger nehme, als er ist, sagt er. Das spare der Partei außerdem viel Geld, denn dann müsste sie seine Bücher nicht kaufen, um sie bei Jubilarenehrungen zu verschenken.[4] Doch meinen Vorschlag, über ihn zu schreiben, nimmt er an. Wolfgang Bosbach, muss man wissen, kann nicht Nein sagen. Wir kennen einander, weil ich mich als Redakteurin der *Bild am Sonntag* immer mal wieder an ihn wandte. Brauchte man am Samstagabend noch eine Einschätzung oder ein Zitat zu einem innenpolitischen Thema, war Bosbach stets eine sichere Bank: immer zu erreichen, unkompliziert, seine Worte präzise, sachdienlich und wenn nötig zugespitzt. Mit dieser extrem seltenen Kombination ist Bosbach für jeden politischen Journalisten sein Gewicht in Gold wert. Auf Mallorca macht er mit seiner 21-jährigen Tochter Natalie vier Tage Urlaub. Anlass ist die jährliche Reise seiner Fußballfreunde, der Sponsoren des SV Bergisch Gladbach, dessen Präsident Bosbach lange war. Die alljährliche Zusammenkunft möchte er nicht verpassen, allerdings wohnen die beiden nicht bei der Reisegruppe, sondern in einem Hotel in Sa Coma, etwa hundert Meter vom Strand entfernt. Im Pool inmitten des parkähnlichen Gartens tummeln sich vorwiegend deutsche Rentner. Bosbach hat Halbpension gebucht: Das Buffet sei gut. Er hat dieses Hotel gewählt, weil gleich gegenüber eine Tennisakademie liegt, in der er täglich trainiert. Die Tochter des Besitzers war mal auf der Weltrangliste platziert. Bosbach spielt mit ihrem Bruder, der sei auch nicht schlecht. »Tagsüber schnarch und Sport, abends können wir reden«, hatte Bosbach mir geschrieben, aber weil es ein kühler Tag ist, hat er nun doch schon am Vormittag Zeit. *»In fünf Minuten?«*, frage ich per SMS. *»Sitze schon und warte. Kenne ich vom Schuhkauf mit meinen Damen«*, antwortet Bosbach.

Die Hotellobby ist leer, eine Traumschiffversion von *Moonlight Shadow* läuft nicht leise genug. Bosbach sitzt hinten am Fenster zum Garten auf einem rosa Sofa. Er trägt ein modisch gebleichtes, gestreiftes Jeanshemd, eine helle Hose, weiße Turnschuhe und ist braun gebrannt wie immer. Er sieht fit aus. Einen Kaffee möchte er nicht. »Ich muss morgens immer so viel laufen«, sagt er und meint: auf das Klo, deshalb versuche er, möglichst wenig zu trinken. Jeden Morgen muss er Entwässerungstabletten nehmen. »Dann laufe ich eigentlich alle zwanzig Minuten.« Mühsam sei das bei morgendlichen Sitzungen. Da habe er schon mal versucht, die Tabletten erst später zu nehmen, aber das wurde irgendwann zu verlockend, er verlor den Überblick, ob er sie an diesem Tag bereits eingenommen hatte oder nicht. »Also zwinge ich mich jetzt dazu, sie immer gleich morgens zu nehmen.« Wirklich störend sei das im Flieger, wenn er zum dritten Mal in einer Stunde über den Nachbarn hinweg zum Gang klettern müsse. »Aber am Kölner Flughafen wissen die schon, wenn ich morgens komme, dass ich einen Gangplatz brauche.« Bosbach lacht: Sonst könne er mit den Nebenwirkungen seiner Medikamente ganz gut leben. Nur furchtbar müde mache ihn die Hormonentzugstherapie, sagt er. Seine langen Tage wirken auf mich nicht wie die eines müden Mannes. »Gegen die Müdigkeit muss ich immer auf den Beinen bleiben«, sagt er. »Es darf keinen Stillstand geben, sonst schlafe ich sofort ein.« Eines müsse er aber sagen, wechselt er plötzlich das Thema und zeigt auf meine rosa Strickjacke: »Ihr Pullover passt prima zum Sofa.«

Bosbach spricht das Rheinisch seiner Heimat Bergisch Gladbach, verschluckt keine Silbe; er spricht es strukturiert und druckreif. Keine Füllwörter, kein Ähs und Öhs. Er betont oft den zweiten Vokal und spricht die Konsonanten scharf aus, deutliches R, sodass seine Sprache einen Rhythmus hat, dem man gerne zuhört. Jedenfalls scheint das eine ältere Dame im bunten Sommerkleid so zu empfinden, die sich vor Bosbach aufgebaut hat.

»Jetzt ist mir alles klar. Ich kenne Ihre Stimme«, sagt sie.

»Entschuldigung, habe ich Sie gestört?«, fragt Bosbach.

»Nein, das ist doch unser toller Politiker von der CDU. Wie war noch der Name?« Die Dame wendet sich zu ihrem Mann, der einige Meter hinter ihr stehen geblieben ist und offensichtlich gerne ganz anderswo wäre.

»Jetzt machen Sie es bitte nicht wie ein Herr neulich in der

Bäckerei, der sagte mir: Ich kenne Sie aus dem Fernsehen, schön, dass Sie mal hier waren, Herr Dr. Wiefelspütz. Mein Name ist Bosbach.« Wiefelspütz ist ein Parlamentskollege von der SPD.

»Ich dachte erst, Sie seien unser Zahnarzt. Aber Ihre Stimme verrät sie. Ihr Aussehen nicht so.« Sie holt aus zu einem Bericht über ihre Anreise, ihre Urlaubsgewohnheiten im Allgemeinen und ihre diesjährigen Erlebnisse im Besonderen. Ihrem Mann ist vor einigen Tagen die Brieftasche gestohlen worden. Bosbach hört nicht unbedingt geduldig, aber aufmerksam zu und bietet seine Hilfe bei den Behördengängen an. »Obwohl ja 'ne gestohlene Kreditkarte noch immer billiger ist, als wenn die Frau damit einkaufen geht«, schiebt er hinterher. Jetzt kommt Tochter Natalie durch die Lobby. Ihr ist es im Zimmer zu kalt, die Heizung lässt sich nicht hochdrehen, sondern richtet sich nach der Außentemperatur. »Dann leg ein paar Eiswürfel aufs Thermostat. Tschö, mein Schatz!« Bosbach, so scheint es, hat auf alles eine schnelle Antwort. Ich möchte von ihm wissen, wie es sich für ihn angefühlt hat, als er mal sprachlos war. Es geht um das Thema, das seine Bekanntheit mehr noch als seine Krankheit bundesweit gesteigert hat: seine Ablehnung der Regierungslinie in der Euro-Rettungsfrage. Um seine Wandlung vom Parteisoldaten zum Rebellen, als der er sich nicht sieht. Auch jetzt, eineinhalb Jahre später, ist er noch etwas ungläubig beim Gedanken an die Geschehnisse jenes 26. September 2011. Damals ist er tatsächlich sprachlos gewesen, und das überrascht niemanden mehr als ihn selbst.

Er denkt, der Kampf um seine ablehnende Haltung gegenüber der Erweiterung der EFSF, euphemistisch auch Euro-Rettungsschirm genannt, sei ausgefochten. Deshalb geht er ganz entspannt zum Treffen der NRW-Landesgruppe der CDU-Bundestagsfraktion. Er hat ohnehin anderes im Kopf. Kurz zuvor hat er von der Unheilbarkeit seiner Krankheit erfahren, was ihm eine neue Distanz zum politischen Geschäft geschaffen hat. Dennoch: Es ist ein wichtiges Treffen, denn es geht darum, die Regierungsmehrheit für die anstehende EFSF-Erweiterung zu sichern. So wichtig, dass selbst Bundesfinanzminister Wolfgang Schäuble und Kanzleramtsminister Ronald Pofalla in die Landesvertretung Nordrhein-Westfalens an der Berliner Hiroshimastraße gekommen sind. Doch die inhaltliche Diskussion ist bereits geführt und die Mehrheit der Partei auf der Linie der Kanzlerin, die sich unter »Euro-Rettung um jeden Preis« zusammenfassen lässt. Die Sache ist durch, denkt Bosbach. Doch der Abend soll ein Wendepunkt in seiner 39-jährigen politischen Karriere werden.

Er ist nicht auf Linie, das ist in seiner Partei bekannt, das ist sein Kampf. Er hatte dem ersten Rettungspaket für Griechenland, dem Währungsunionfinanzstabilitätsgesetz, ein Jahr zuvor noch zugestimmt. Damals stand Griechenland vor der Staatspleite, man befürchtete eine »Ansteckungsgefahr« für andere Krisenländer. Die Spekulanten, die auf eine Zahlungsunfähigkeit Griechenlands gewettet hatten, würden sich das nächste Land vornehmen, so die Argumentation. In der Folge könnte die Währungsunion zerbrechen. Der Bundestag beschloss das Gesetz, mit dem die Regierung ermächtigt wurde, einen Kredit an Griechenland von bis zu 22,4 Milliarden zu garantieren, mit deutlicher Mehrheit. In der Koalition gab es fünf Abweichler, Bosbach war nicht darunter. Er stimmte zu. Kurz darauf wurde die EFSF als ein provisorischer Stabilisierungsmechanismus gegründet, Deutschland haftete mit 123 Milliarden Euro. Eine einmalige Maßnahme sollte das sein. Doch nur ein Jahr später ist die Lage nicht etwa besser, sondern weitere Staaten brauchen Hilfe: Portugal, Irland, Spanien, Italien. Nun soll nicht nur die deutsche Bürgschaft auf mindestens 211 Milliarden steigen. Die EFSF soll außerdem ermächtigt werden, Darlehen an Regierungen zur Kapitalisierung von Banken zu vergeben und Anleihen von Krisenländern aufzukaufen. Eine einmalige, befristete Aktion droht vielfältig und dauerhaft zu werden. Bosbach hält das für falsch. Er ist dagegen.

Er hat im Laufe der Jahre einigen Gesetzen zugestimmt, von denen er nicht überzeugt war. Die Laufzeitenverlängerungen für Kernkraftwerke fand er genauso falsch wie den Beschluss zum Ausstieg aus der Kernkraftnutzung nur wenige Monate später nach dem Reaktorunglück in Fukushima. Damals hieß es, die Strompreise würden nur marginal steigen, und Bosbach beschlich das Gefühl, hier könne etwas nicht stimmen. Er war dagegen, die Kernkraftwerke in Deutschland, »die sichersten der Welt«, sofort abzustellen. Trotzdem stimmte er beiden Gesetzen zu, die Parteiführung wollte es so. Doch dieses Mal ist es anders. Dieses Mal empfindet er es als »Gewissensentscheidung«. Er will nicht zustimmen.

Abweichen ist eigentlich nicht sein Ding und die Finanzpolitik nicht sein Thema. Aber nun hat er sich über Monate in die Materie gekniet und seinen Kollegen bereits im Juni seine Position mitgeteilt. Er habe erhebliche Zweifel, sagt er, »dass immer größere Rettungsschirme immer größere Probleme dauerhaft lösen können«.[5] Der anfängliche Applaus und die Zustimmung der Kollegen nehmen im Laufe der Monate ab. Und Bundeskanzlerin Angela Merkel macht deutlich, dass es nicht mehr um ein Für und Wider der erweiterten Rettungsmaßnahme gehe, sondern darum, diese ohne Wenn und Aber durchzuboxen. Bosbach ist kein Einzelkämpfer, er leidet unter der Isolation und dem Druck durch die Kollegen. Die finden, Bosbach mache sich auf ihre Kosten einen schlanken Fuß, profiliere sich als Hüter deutscher Interessen, obwohl er doch von der »Alternativlosigkeit« der Rettungsmaßnahmen wisse. In der Fraktion wird ihm mediale Zurückhaltung nahegelegt. In einer Sitzung sagt CDU-Fraktionschef Volker Kauder: »Diejenigen, die meinen, nicht zustimmen zu können, sollten auch mal an einem Mikro vorbeigehen.«[6] Im Kanzleramt rechnet man wohl nicht damit, dass Bosbach tatsächlich dagegenstimmen wird. Der werde schon wieder die Kurve kriegen, heißt es. In einer Fraktionssitzung sagt ein Kollege: »Jetzt hast du vier Wochen deinen Spaß gehabt, jetzt musst du aber mitstimmen.« »Wie bitte?«, fragt Bosbach. »Meinst du, ich mache das hier aus Jux und Dollerei?« Der Kollege bleibt unbeirrt. Bosbach habe jetzt seine Fernsehauftritte gehabt, jetzt solle er auch zustimmen. »Erstens verbitte ich mir die Tonlage«, sagt Bosbach, »und zweitens das Argument.«

In der Woche vor der Abstimmung im Bundestag fragt Kauder Bosbach, ob er denn in jeder Talkshow gegen die Regierungslinie wettern müsse. Er sei doch nur bei Maybritt Illner gewesen, rechtfertigt der sich. Dann machen die beiden einen Deal: Bosbach wird nicht für seine abweichende Position werben, dafür werde man ihn aber »in Ruhe lassen«.[7] Daraufhin sagt Bosbach fünf Einladungen zu Fernsehauftritten ab. Bei der NRW-Landesgruppensitzung an diesem Montagabend ergreift er nicht mehr das Wort. Es gibt eine Probeabstimmung mit nur drei Gegenstimmen. Bosbach hat mit mehr Abweichlern gerechnet. Nur drei bedeuteten weniger Probleme für die Regierung, so gesehen ist es eine gute Sitzung. In Bosbach schlägt trotz seiner eigenen Gegenstimme auch noch das Herz des stellvertretenden Fraktionsvorsitzenden, der er neun Jahre lang war und der sich darüber freut, wenn die Debattenknoten sich lösen und die Partei zu einer gemeinsamen Linie findet.

Es ist 21.15 Uhr, die Sitzung ist zu Ende. Kanzleramtsminister Ronald Pofalla sitzt neben Bosbach und Carsten Linnemann, Letzterer ebenfalls ein Abweichler. Der 34-Jährige ist erst seit zwei Jahren Abgeordneter, doch als promovierter Volkswirt und ehemaliger Assistent von Professor Norbert Walter, dem Chefökonomen der Deutschen Bank, alles andere als ein Leichtgewicht. Linnemann und Pofalla beginnen zu diskutieren, es wird laut. »Ronald«, sagt Bosbach, »nun lass doch den Carsten in Ruhe, der hat seine Überzeugungen, der steht zu seiner Meinung, das musst du akzeptieren.« Jetzt dreht Pofalla sich zu Bosbach. »Jeden Abend sehe ich dich mit deiner Fresse im Fernsehen. Ich kann deine Fresse nicht mehr sehen.«[8] Er nimmt seine Akten und stürmt aus dem Konferenzsaal. Bosbach ist verdattert. Da ist er, sein Moment der Sprachlosigkeit. Er läuft Pofalla hinterher, ruft: »Jetzt bleib doch mal stehen, Ronald!« Mehr fällt ihm nicht ein. Der ruft im Gehen: »Du machst mit deiner Scheiße alle Leute verrückt.«

Er verlässt die Landesvertretung und eilt zu seiner Dienstlimousine. »Ronald, jetzt warte doch auch mal«, sagt Bosbach wieder. »Hast du mal ins Grundgesetz geschaut? Das ist für mich eine Gewissensentscheidung.« Pofalla setzt sich ins Auto. »Ich kann deine Scheiße nicht mehr hören«, sagt er, ohne Bosbach anzusehen. Die Tür fällt zu, Bosbach bleibt auf dem Parkplatz zurück. Als er in den Konferenzsaal zurückkehrt, um seine Sachen zu holen, legt eine Kollegin den Arm um ihn. »Nimm dir das nicht zu Herzen, Wolfang«, sagt sie und meint das auch ganz wörtlich, weil sie von seinen Herzproblemen weiß. In solchen Momenten fühlt Bosbach den Herzschrittmacher wie einen Stein, es wird ihm buchstäblich schwer ums Herz. Er ist aufgewühlt. Im Auto der Fahrbereitschaft des Bundestags schreibt er eine Kurznachricht an Kauder. »Ich bin gerade auf ganz üblem Niveau beleidigt worden«, simst er. Kauder antwortet umgehend: »Wir bleiben doch Freunde«.[9] Dann ruft Bosbach seine Frau an. Es ist erst das zweite Mal in seinen 17 Jahren als Abgeordneter des Deutschen Bundestages, dass Bosbach sie anruft, um ihr über seine Arbeit zu erzählen. Das erste Mal war es ein schöner Anlass, er wollte die Freude über seine Wahl zum stellvertretenden Fraktionsvorsitzenden mit ihr teilen. Jetzt braucht er Trost. Sabine Bosbach ist dementsprechend erstaunt und weiß nicht, wie sie ihren Mann beruhigen soll. »Was hätte ich auch sagen sollen?«, fragt sie. Aber eines weiß sie nun: Wie nahe ihrem Mann der Ärger um sein Abweichen geht.

Wolfang Bosbach sei ein wenig wie einer dieser Schauspieler, die man kennt, weil sie ständig irgendwo mitspielen, deren Namen man jedoch nicht weiß, weil sie nie eine wirklich große Rolle bekommen haben, hat die *Zeit*-Journalistin Tina Hildebrandt 2010 geschrieben. Das hat sich seitdem geändert. Das große politische Amt hat Bosbach nicht bekommen, aber in den Medien ist er eine Marke geworden. 2012 war er mit 85 Auftritten in den großen Talkshows von ARD und ZDF präsenter als alle Bundesminister außer Arbeitsministerin Ursula von der Leyen.[10] Das Bekanntwerden seiner Krankheit brachte ihm zudem menschliche Sympathien ein, seine Ablehnung der Euro-Rettungsmaßnahmen Respekt. Paradoxerweise war es Pofalla, der in der öffentlichen Wahrnehmung Bosbachs Haltung in der Euro-Frage durch seine Ausfälligkeit auszeichnete und durch seine Nervosität ihre Relevanz unterstrich.

»Zum Glück ist mir damals nichts mehr zu Pofalla eingefallen«, sagt Bosbach. »Denn wer weiß, *was* mir eingefallen wäre.« Er lacht. Da habe natürlich ein enormer Druck auf dem Kanzleramtsminister gelastet, die Mehrheit zu beschaffen. Er habe zuvor nie Streit mit Pofalla gehabt. Immerhin kennen sich die beiden seit fast 40 Jahren. Sie haben beide an der Universität Köln Jura studiert, waren gemeinsam im Landesvorstand der CDU Nordrhein-Westfalen und beide stellvertretende Vorsitzende der Bundestagsfraktion ihrer Partei.

Kleine Ironie der Geschichte: Bosbach war auf Vermittlung Pofallas nur wenige Monate zuvor in dessen Wahlkreis am Niederrhein zu Gast beim Hüthumer CDU-Tag. Dort empfing man Bosbach mit den Worten, er werde »in CDU-Kreisen wegen seines Mutes geschätzt, sich dann zu Themen zu äußern, wenn andere den Mumm nicht aufbringen und lange um den heißen Brei herumreden«.[11] Nun waren manchen Parteikollegen aber seine mutigen Äußerungen offenkundig doch etwas zu häufig und bunt geworden. Bei Pofalla habe sich einfach Frust angesammelt, sagt Bosbach: »Irgendwann musste es mal raus. Es gibt Schlimmeres.«

Doch diese Meinung teilen viele seiner Mitbürger nicht, als Pofallas Äußerungen sechs Tage nach der Sitzung durch die *Bild am Sonntag* bekannt werden. Deutschland hat einen neuen Skandal. Man überschlägt sich vor Empörung über »Fresse-Gate«. Im Feuilleton werden vermeintlich diktatorische Verhältnisse der Regierung Merkel ausgemacht, der Untergang der politischen Kultur und der zwischenmenschlichen Umgangsformen im Allgemeinen beschworen. In Pofallas Ausfälligkeit drücke sich Angst aus, meinen viele – »die Angst des Establishments vor einem, dem die Basis vertraut«.[12] Pofallas Reaktion sei Ausdruck von »Hilf- und Ratlosigkeit und damit das Ventil einer grenzenlosen Überforderung«, kommentiert die *Welt*.[13] Bosbach habe mit seiner Ablehnung Pofallas und Merkels eine »tiefe Furcht vor dem Scheitern« geschürt.[14] Wie wenig sich die Organisatoren der Kanzlermehrheit für den neuen Euro-Rettungsschirm um die Gewissensfreiheit der Volksvertreter scherten, sei jetzt erschreckend klar, schreibt Helmut Böger in einem Kommentar in der *Bild am Sonntag*. Ohne die öffentlich bekundete Skepsis gegen den Rettungsschirm, die von 58 Prozent der Deutschen geteilt werde, würde der Bundestag »auf das Niveau einer DDR-Volkskammer sinken, wo Gegenreden unerwünscht waren«.[15] Die Redaktion erhält eine ungewöhnliche Menge an Leserbriefen. So könne man mit einem verdienten Mann wie Bosbach nicht umgehen, schreibt ein Leser aus Bielefeld. Pofalla wolle wohl den Bürgern gerne das Denken verbieten, mutmaßt ein weiterer. Bosbach spreche der Bevölkerung aus dem Herzen, heißt es, Pofalla solle gehen und Platz für Politiker machen, die ihre Tätigkeit als Dienst am Volk verstünden – wie Herr Bosbach. Vielfach werden Rücktrittsforderungen laut, auch von den Jungen Liberalen. Ein Minister, der einen Abgeordneten quasi öffentlich anpöbelt und den Verweis auf das Grundgesetz als

»Scheiße« bezeichnet, gehört eigentlich entlassen. Viele hohe Amtsträger mussten schon für weniger ihre Posten räumen. Aber Merkel ist der Schutz Pofallas wichtiger als die negative Signalwirkung seines Verbleibes im Amt. Wichtiger auch als die Wahrung des Anspruches, dass der Umgang miteinander im politischen Betrieb Vorbildfunktion hat und daher zivilisiert bleiben sollte. Wichtiger als Bosbach ist ihr Pofalla sowieso.

Die Sympathien der Bevölkerung sind hingegen bundesweit auf Bosbachs Seite. Auf Facebook entsteht eine Seite mit dem Namen »Solidarität mit WoBo«, auf der Unterstützer ihn für sein »Rückgrat« loben. Die *Süddeutsche Zeitung* bezeichnet Pofalla als einen »besserwisserischen Polterer« und spricht ihm die Eignung für sein Amt ab.[16] Der Chefredakteur des *Kölner Stadtanzeigers*, Peter Pauls, beobachtet eine Entfremdung zwischen Regierenden und Regierten. Unter dem Titel »Ein Zweifler für die Demokratie« schreibt er, Bosbach gebe der Politik ein menschliches Gesicht. »Er formuliert Zweifel, innere Not und integriert Bürger, die sich sonst abwenden von einer Politik, in der eher Abstimmungsroboter als denkende Menschen gefragt sind.« Damit erwiesen Abgeordnete wie Bosbach der Politik einen Dienst, so Pauls.[17] In Frank Plasbergs Sendung *Hart aber fair* lobt sogar Enthüllungsreporter Günter Wallraff Bosbach als Idealpolitiker: »Wenn es mehr Bosbachs gäbe, würden auch mehr wählen«. Die Plasberg-Redaktion hat für einen kurzen Film Menschen auf der Kölner Domplatte mit einem lebensgroßen Bosbach aus Pappe konfrontiert. »Der Aufrichtigste, den wir haben«, meint ein Passant. Bosbach sagt in der Sendung, Geradlinigkeit falle leichter, wenn die Konsequenzen weniger drastisch seien. Er sei direkt gewählt, nicht über einen Listenplatz und deshalb weniger auf seine Partei angewiesen.[18] In der Unionsfraktion hätten überhaupt nur direkt gewählte Abgeordnete gegen die

Erweiterung des Euro-Rettungsschirms gestimmt. Fraktionsdisziplin, so scheint es, lässt sich durch Abhängigkeiten eben doch erzwingen.

Die *Bunte* macht »Eurorebell« Bosbach zum »Mann des Jahres«, weil er trotz Beschimpfung »Contenance und Manieren« bewahrt habe.[19] Die *Zeit* erklärt ihn gar zum Helden, weil er trotz des Druckes bei seiner Ablehnung der Erweiterung des Euro-Rettungsschirms geblieben sei. In dem Artikel zum Jahresende mit dem Titel »Unsere Helden, eine Verbeugung« steht Bosbach in Gesellschaft des Tunesiers Mohammed Bouazizi, der sich aus Protest gegen seine Regierung selbst verbrannte und damit die Proteste des sogenannten Arabischen Frühling auslöste, und dem US-Soldaten Bradley Manning, der wegen Geheimnisverrats an die Enthüllungsplattform WikiLeaks zu lebenslanger Haft verurteilt wurde. Auch Bosbach sei, so das Resümee des Artikels, »auf seine Art« über sich selbst hinausgewachsen.[20] Sogar das amerikanische *Wall Street Journal* widmet Bosbach unter dem Titel »Angela Merkel Encounters Rebellion From Her Own Party« eine Doppelseite.[21] Bosbachs Kollegen sind von seinem Verhalten jedoch deutlich weniger angetan. Nur zwei von ihnen schicken ihm nach dem Eklat mit Pofalla eine aufmunternde SMS, und die zwei sind nicht aus der eigenen Partei, sondern aus der CSU. Pofalla sendet am nächsten Morgen ebenfalls eine SMS und entschuldigt sich; zwar nur mit vier kurzen Worten, aber am Abend telefoniert er mit Bosbach. Die Kanzlerin meldet sich und lädt ihn zum Vieraugengespräch ins Kanzleramt ein. Sie sprechen nicht über ihren Kanzleramtsminister, der Name Pofalla fällt nicht, dafür ausführlich über den Euro, ohne dass die Kanzlerin dabei versucht, Bosbach umzustimmen. Vermutlich weiß die »Physikerin der Macht«[22], dass ein solcher Versuch bei Bekanntwerden unschön aussehen würde und ohnehin wenig erfolgversprechend wäre. Öffentlich nehmen CSU-Chef Horst Seehofer und Bundestagspräsident Norbert

Lammert Bosbach in Schutz. Den *Ruhr Nachrichten* sagt Lammert, Bosbach sei ein »hoch angesehener Kollege« und »kein notorischer Kritiker«. Er habe »wie jeder Abgeordnete für seine persönliche Entscheidung Respekt verdient«.[23] Der Parlamentarische Geschäftsführer der CSU-Landesgruppe im Bundestag, Stefan Müller, bezeichnet Pofallas Äußerungen in der *Leipziger Volkszeitung* zwar als »unangemessen«, holt aber gleich zur Kritik an Bosbach aus: Es sei »inakzeptabel«, dass »Abweichler« aus der Fraktion »mit eigener Pressearbeit den Eindruck verstärkt hätten, nur die Nein-Sager seien die eigentlich aufrechten Abgeordneten«.[24] Wie er meinen viele, Bosbach lasse sich für seine Haltung gegen die eigene Fraktion feiern, und das ärgert sie.

Weil die menschliche Affinität zu Verschwörungstheorien auch im politischen Berlin ausgeprägt ist, wittern viele hinter dem Bekanntwerden des Streits und der öffentlichen Entrüstung einen geschickten Schachzug Bosbachs. Er erscheint als einsamer Held und gewissenhafter Kämpfer für die gute Sache, während Pofalla wie Rumpelstilzchen dasteht. Bosbach wehrt sich gegen diese Interpretation. »Wenn ich es öffentlich hätte machen wollen, hätte ich doch nicht sechs Tage gewartet«, sagt er. »Da waren ja viele dabei.« Tatsächlich gilt in Berlin, dass Unterredungen mit mehr als zwei Teilnehmern früher oder später bekannt werden, wenn sie sich politisch instrumentalisieren lassen. Irgendjemand plappert immer. Häufig schicken Abgeordnete schon während geschlossener Sitzungen Details der Gespräche per SMS an die Medien ihres Vertrauens. Manchmal geht es dabei um medienstrategischen Spin, manchmal dient es der Beziehungspflege zu Journalisten, von denen man sich an anderer Stelle Informationen oder Entgegenkommen erhofft, oft genug ist es auch simple Wichtigtuerei: Ich weiß was, was du nicht weißt. Die Auseinandersetzung zwischen Bosbach und Pofalla hat die halbe Landtagsfraktion mitbekommen, inklusive der engeren Mitarbeiter und der Bundestagsfahrer. Vollkommen ausgeschlossen also, dass sie sich nicht herumsprechen würde. Aber gibt es jemanden, der einen Gewinn daraus zieht? Wem nützt das Bekanntwerden des Streits? Kann Bosbach ein Interesse daran haben, allen zu sagen, wie sehr er bei der Parteiführung in Ungnade gefallen ist? Oder gibt es andere Kollegen, die Pofalla schaden wollen, indem sie seine Ausfälligkeiten öffentlich anprangern, weil sie dessen geballten Unmut selbst schon einmal abbekommen haben? Wie dem auch sei, sicher ist: Als die Nachricht von dem Eklat die Runde macht, weiß Bosbach ihr mit entwaffnender Offenheit den richtigen Dreh zu geben. Dazu gehört, dass er immer wieder großmütig sagt, die Sache sei mit der Entschuldigung Pofallas am nächsten Tag ja längst erledigt. »Das war unter Kollegen, und das sollte es ja auch bleiben.« Da es jetzt aber schon mal raus ist, spricht er gerne ausführlich darüber. Im *Spiegel* äußert er sogar Mitgefühl für Pofalla: »Ach, der arme Ronald. Er ist halt auch nur ein Mensch.«[25] Mit Frontalangriffen habe er ohnehin kein Problem, sagt er. Wirklich sauer habe ihn ein anderer Kollege gemacht, der vor laufender Kamera ein Streitgespräch damit eröffnete zu fragen, ob es für ihn nicht an der Zeit sei, persönliche Konsequenzen aus seinem Abweichen von der Regierungslinie zu ziehen. Im Klartext: Willst du nicht das Mandat niederlegen? Da sei bei ihm wirklich die Stimmung gekippt, sagt Bosbach: »Das war für mich ein böser Angriff.«

Die gekippte Stimmung sieht man Bosbach indes nicht an, wenn man das entsprechende Streitgespräch auf *Zeit Online* vom 21. November 2011 aufruft. Es lohnt sich, weil sich darin der ganze Konflikt zwischen Bosbach und seiner Fraktion offenbart und die öffentliche Unterstützung für Bosbach nachvollziehbar wird. Auf die Frage, warum die Abstimmung über die Erweiterung des Euro-Rettungsschirmes eine Gewissensfrage sei, sagt Bosbach, eine solche liege dann vor, wenn man eine andere Entscheidung mit seinem Gewissen nicht vereinbaren könne:

»Wenn die möglichen Folgen unverantwortbar sind gegenüber denen, die unter den Folgen leiden müssen. Wir überlassen der jüngeren Generation ohnehin schon einen riesigen Schuldenberg, dem fügen wir jetzt gewaltige Risiken in dreistelliger Milliardenhöhe hinzu.« Das halte er nicht für verantwortungsbewusst. Der CDU-Haushaltspolitiker Norbert Barthle macht sich – ganz im Stil der Parteiführung – gar nicht erst die Mühe, sich inhaltlich mit Bosbachs Argumenten auseinanderzusetzen und die Zuschauer von der Wichtigkeit der Ausweitung der Stabilisierungsmaßnahmen zu überzeugen. Er zementiert auf diese Weise den öffentlichen Eindruck, dass es nur darum gehe, deren Diktat zu folgen. Seine Replik: Es sei verantwortungsbewusst, für den Rettungsschirm zu stimmen, »weil es richtig ist, ganz einfach«. Und er halte das auch nicht für eine Gewissensentscheidung, sondern für eine »politische Sachfrage«, wie es sie häufig gebe: »Da geht es um Fragen, wie wir uns innerhalb Europas aufstellen, wie wir uns wappnen gegen solche Krisen, wie wir sie erleben.« Deshalb seien es sehr weitreichende Entscheidungen und gerade bei solchen könne es durchaus vorkommen, dass einer einen anderen Weg gehen wolle. Aber: »Da gibt es andererseits schon irgendwann die Situation, wo wir alle Profis sind. Und wenn sich eine Fraktion mehrheitlich für einen Weg entscheidet, muss man eigentlich auch erwarten, dass die Kollegen diesen Weg mittragen.« Das gehöre zum professionellen Zusammenarbeiten dazu. Man könne sich nicht immer mit seiner persönlichen Meinung durchsetzen, sagt Barthle: »Sonst muss man aus der Fraktion austreten und seine eigene Fraktion gründen.«[26]

Bosbach hat ein paarmal genickt, jetzt unterbricht er Barthle. Es ist der Moment, in dem er innerlich kocht, aber man merkt es ihm nicht an. Ganz ruhig sagt er: »Da hast du recht, Norbert.« Das sehe er jetzt genauso, stimmt er ihm scheinbar zu, nur um diese Position dann ad absurdum zu führen. Wenn man seine eigene Überzeugung nicht mehr sagen dürfe, ohne dass man gemobbt werde, dann müsse man eine ganz persönliche Entscheidung treffen.«»Ich habe das 17 Jahre anders gesehen, dass Politik auch das Ringen um die richtige Entscheidung ist. Aber wenn die Mehrheit der Minderheit sagt: Es ist schon schlimm genug, dass du eine andere Überzeugung hast, du darfst sie aber unter keinen Umständen öffentlich sagen und begründen, dann wird die Politik ihres Sinnes entleert.« Im Übrigen kenne er keinen Entscheidungsprozess, in dem die Union derart oft ihre Meinung geändert habe wie in der Frage der Euro-Rettungsmaßnahmen. Die Partei würde ihre Linie nicht lediglich korrigieren, sondern ändern. Und man erwarte nun, dass die Abgeordneten diese Kurswechsel mitmachten.»Ich kann das nicht. Das ist für mich eine Frage der Glaubwürdigkeit.« Barthle entgegnet, das Ringen um die richtige Entscheidung fände innerhalb der Fraktion statt, »bis die Entscheidung getroffen ist«. Dort hätte man sich intensiv mit dem Thema beschäftigt und sei irgendwann zu dem Schluss gekommen, dass die Alternative zur Ausweitung des Rettungsschirms schlechter sei.

Barthles Position ist nachvollziehbarer, als sie klingt. Es geht in einer repräsentativen Demokratie darum, Mehrheiten zu beschaffen. Die oft verpönte Fraktionsdisziplin erfüllt den wichtigen Zweck, die Regierung stark und handlungsfähig erscheinen zu lassen. Das weiß Bosbach auch. Wenn jeder Abgeordnete machte, was er für richtig hielte, könnte man nicht erfolgreich regieren.[27] In diesem Zwiespalt befindet er sich, deshalb fällt ihm das Abweichen so schwer. Es gibt Pfadentscheidungen, die einem nicht gefallen und die man trotzdem treffen muss, weil die Alternative angesichts des eingeschlagenen Weges schlechter erscheint. Es gibt Sachfragen, gerade in der Finanzpolitik, die so hochkomplex sind, dass sie einer breiten Öffentlichkeit kaum zu vermitteln sind. Deshalb werden gewählte Volksvertreter mit dem Vertrauen ausgestattet, sich stellvertretend für die Bürger mit diesen Fragen zu beschäftigen und für sie zu entscheiden. Es muss politische Entscheidungen gegen die Mehrheitsmeinung in der Bevölkerung geben. Wahr ist aber auch, dass der einzelne Abgeordnete laut Artikel 38 des Grundgesetzes nur »seinem Gewissen unterworfen« und »an Aufträge und Weisungen nicht gebunden« ist. Und in einer Frage wie der Euro-Rettung, in der die Skepsis in der Bevölkerung so groß ist, ist Bosbachs Berufung auf sein Gewissen unschlagbar populär.

Ich möchte von Bosbach wissen, ob er es sich mit seiner Ablehnung nicht etwas einfach gemacht hat. Wie konnte er ablehnen, ohne einen besseren Vorschlag zu haben? Ist Politik nicht die Kunst des Möglichen? Schließlich hat er ja dem ersten »Rettungsschirm« zugestimmt. War das ein Fehler, frage ich ihn. »Nein«, sagt Bosbach, »denn wir hatten einen Plan: Wir nehmen die Problemstaaten für eine überschaubare Zeit vom Markt, wir helfen ihnen, dass sie sich zu günstigen Konditionen finanzieren können, und diese Zeit nutzen wir zur Reform der Staaten und zur Konsolidierung der Staatsfinanzen«. Dann sollten die Staaten wieder aus eigener Kraft an die Märkte zurück gehen. »Meine Haltung war von Anfang an: Dieser Plan muss aufgehen.« Das tat er aber nicht. Die Probleme wurden tendenziell größer, neue Staaten kamen hinzu. »Ich gelangte zu der Überzeugung: Du kannst nicht eine Krise, die durch zu hohe Staatsverschuldung entstanden ist, durch immer weitere Staatsschulden lösen, und du kannst nicht immer die Risiken vergrößern, ohne dass es durchgreifende Reformerfolge gibt.«

Bosbach hat keinen Wirtschaftsberater. Er hat sich seine Meinung durch intensives Studium von Fachliteratur und Presse, insbesondere *Wirtschaftswoche* und *Handelsblatt,* gebildet. »Wie ich früher Vokabeln gelernt habe, so lerne ich heute Zahlen, Daten, Fakten und versuche, das zu durchdringen«, erklärt er. Er nahm an einer Veranstaltung mit Hans-Werner Sinn teil, dem

Präsidenten des Ifo-Instituts für Wirtschaftsforschung, der die Euro-Rettungsmaßnahmen als »ein unkalkulierbares Abenteuer« für Deutschland und »eine sichere Wachstumsbremse« bezeichnet. Er sprach lange mit Professor Wilhelm Hankel, einem selbst ernannten »Eurokritiker der ersten Stunde«. Vor allem aber glich er die Prognosen mit der Wirklichkeit ab. Und wenn er eine große Diskrepanz feststellte und die Planabweichungen immer größer wurden, dann schien ihm der Plan wenig überzeugend. Er lese auch viele der Vorlagen, die die Bundesregierung an die Abgeordneten verschicke, sagt Bosbach noch. Das klingt ein wenig so, als sei das Studieren der Regierungsvorlagen unter Abgeordneten nicht unbedingt die Norm, was angesichts ihres schieren Volumens nachvollziehbar ist. Die Unterlagen zu den Euro-Rettungsmaßnahmen maßen nach Bosbachs Einschätzung eineinhalb Regalmeter. Alles könne man gar nicht lesen. Ich erinnere ihn an eine *Panorama*-Sendung der ARD, in der Abgeordnete kurz vor der Abstimmung ihre geballte Unkenntnis der einfachsten Fakten zum Besten gaben: Die Redakteure befragten 25 Politiker aller Fraktionen, fast die Hälfte konnte ihnen die Haftungssumme für den deutschen Steuerzahler (211 Milliarden), über die sie wenig später abstimmen sollten, nicht nennen.[28] Meiner Frage, wie viele seiner Kollegen seiner Einschätzung nach die Euro-Thematik wirklich durchdringen würden, weicht Bosbach aus: »Es ist aber auch schwer.« Es könne eben nicht jeder Kollege in allen politischen Fragen gleichermaßen informiert sein. »In Fragen der Gesundheitspolitik hätte ich auch meine Probleme.«

Gerade in den Vorlagen der Bundesregierung zur Eurokrise fühlt sich Bosbach, um es »vorsichtig auszudrücken, unterschätzt«. Im Zuge des zweiten Hilfspakets für Griechenland hat die Bundesregierung eine Aufstellung mit den erwarteten Privatisierungserlösen Griechenlands gemacht. »Ich habe mir das mal durchgelesen, und da war mir sofort klar, dass diese Ziele nie und nimmer erreichbar sind, völlig ausgeschlossen. Und wenn man dann von mir verlangt zu glauben, dass diese Zahlen realistisch seien, dann hört bei mir der Spaß auf.« Bis zum Jahr 2012 war der Erlös aus Privatisierungen beispielsweise mit 42 Milliarden Euro berechnet. »Wenn wenigstens 32 Milliarden erreicht worden wären, hätte ich gesagt: Riesenerfolg.« Tatsächlich betrugen die Erträge der griechischen Regierung aus Privatisierung aber nicht einmal 10 Prozent der Summe. Seitdem ist das Ziel mehrmals gesenkt worden. Von den ursprünglichen 50 Milliarden bis 2015 soll es nun nicht einmal ein Fünftel werden. Auch dieses reduzierte Ziel erscheint vielen Skeptikern noch als zu ehrgeizig. »Mich ärgert es, dass man uns diese Zahlen gibt in der Erwartung, wir würden das schon glauben«, sagt Bosbach und fasst damit nicht nur die Skepsis der Abgeordneten gegenüber der Regierung zusammen, sondern desgleichen die der Bevölkerung.

Das Mühsame für Bosbachs Gegner ist, dass man ihn nicht als Antieuropäer abstempeln kann. Er unterstützte den Weg des Bundeskanzlers Helmut Kohl zur europäischen Währungsunion, der vielen als der Preis gilt, den Deutschland für die Wiedervereinigung zahlen musste. Natürlich sei der Euro mehr als eine Währung, sagt Bosbach. »Er ist auch ein Symbol für den europäischen Einigungsprozess und seine Unumkehrbarkeit.« Doch im Moment habe er keine verbindende Wirkung. Die Menschen sollten aufeinander zugehen, jetzt gingen sie ehcr aufeinander los. Der Sparkurs, den Deutschland den Menschen in Südeuropa zumute, sei das Gegenteil von dem, was wir selbst in wirtschaftlichen Krisen praktizierten. Im Zuge der Finanzkrise 2008 und 2009 verordnete sich die deutsche Regierung nicht etwa einen Sparkurs, sondern stabilisierte die Wirtschaft mit zusätzlichen Milliardenausgaben. »Jetzt bricht die wirtschaftliche Leistung in Südeuropa ein, und wir fordern von ihnen, strikt zu sparen.« Damit würden aber die wirtschaftlichen Probleme eher größer. »Da sind Millionen, die wir wirklich in die Verzweiflung treiben.« Die gravierende Arbeitslosigkeit, besonders unter den unter 25-Jährigen (laut Eurostat in Portugal im März 2013 38 Prozent, in Spanien 56 Prozent und in Griechenland 59 Prozent) könne man sich hierzulande kaum vorstellen. »Wir werfen den Menschen Rettungswesten zu, die sie als Bleiwesten empfinden. Die Probleme werden größer, und wir sagen ihnen: Haltet durch! In zwei oder drei Jahren kommt der Aufschwung.« Was aber, fragt Bosbach, wenn sich diese Hoffnung nicht erfüllt?

Welche konkrete Lösung für die Eurokrise er denn vorschlagen würde, möchte ich von ihm wissen. Bosbach sagt, einen wie auch immer gearteten Austritt Deutschlands aus der Gemeinschaftswährung halte er für fatal. Er sei kein Gegner des Euro. Doch wichtig seien ihm die Maastrichter Stabilitätskriterien und insbesondere die No-Bail-Out-Klausel, die die Haftung der Mitgliedstaaten für Verbindlichkeiten anderer Mitgliedstaaten ausschließt. »Das ist der rechtliche Ausdruck der Selbstverantwortlichkeit der Staaten für die Folgen ihrer eigenen finanz- und haushaltspolitischen Entscheidungen«, sagt Bosbach. »Handlung und Haftung gehören zusammen.« Bei der Einführung des Euro, die ja in Deutschland nie populär gewesen sei, habe man den Menschen versprochen, dass aus der Währungs- nie eine Transferunion werden könne. An dieses Versprechen fühle er sich gebunden. Aus dieser Überzeugung heraus hat er eine Insolvenz Griechenlands nie ausschließen wollen. Die Staatsschuldenquote des Landes beträgt mittlerweile 180 Prozent. Selbst wenn alle Schulden erlassen würden, bräuchte es gleich neue Kredite. Doch mit immer höherer Schuldenlast könne Griechenland nicht zu neuer Stärke finden, zumal der Sparkurs die Wirtschaft weiter schwäche. »Man sollte nie versuchen, Politik gegen die Mathematik zu machen«, sagt Bosbach.

Ob er denn die Bedeutung der No-Bail-Out-Klausel erst kürzlich für sich entdeckt habe, frage ich ihn. Schließlich hat er der ersten Rettungsmaßnahme noch zugestimmt. »Das war die Übernahme von Garantien«, sagt Bosbach. Dadurch habe es ja gerade nicht zu einem dauerhaften Bail-out kommen sollen. Es habe einen zeitlich begrenzten Plan gegeben, doch der ging nicht auf. Mittlerweile zweifelt Bosbach daran, ob der Plan überhaupt aufgehen kann, weil die Volkswirtschaften in der Eurozone so unterschiedlich stark sind. »Wenn du den Regierungen die Fähigkeit nimmst, sich durch Abwertung der eigenen Währung einen Wettbewerbsvorteil zu verschaffen, dann fürchte ich, dass es einige Länder in der Eurozone nicht schaffen werden.« Er könne diese Befürchtung nicht beweisen. »Deshalb wird man von mir auch nie hören, ich habe recht und alle anderen unrecht.« Es könne sein, dass seine Befürchtung unbegründet sei. »Es kann aber auch sein, dass sie sich eines Tages bestätigt, und für diesen Fall braucht es einen Plan B.« Den dürfe es den Befürwortern der Euro-Rettungsmaßnahmen zufolge jedoch nicht geben, weil damit Zweifel an dem Fortbestehen der Währungsunion deutlich würden. Das Flugzeug sei nun mal gestartet, nun könne man nicht auf halbem Weg die Motoren ausstellen. »Aber ich muss eine Vorsorge treffen für den Fall, dass die Motoren ausfallen.« Meine Frage, ob man damit nicht schon den Absturz kommuniziere, weist er zurück: »Wenn die Stewardess für den Fall des Falles den Gebrauch der Schwimmwesten erklärt, sendet sie schließlich auch nicht das Signal, dass die Maschine im Meer landet. Ich halte das Argument für nicht zwingend.«

Bosbach ist von seiner Position so überzeugt, dass er es nicht lassen kann, dafür zu werben. Als am Tag der Abstimmung um kurz vor neun die schrille Klingel den Beginn der Bundestagssitzung ankündigte, stand Bosbach noch vor den Mikrofonen im Gang vor dem Plenarsaal und gab Interviews. Die ständige Erweiterung des Rettungsschirms bringe nichts, wiederholte er. In der CDU fühlte sich Bosbach isoliert, aber an der Basis, das spürte er, war er es nicht. In der Bundestagsdebatte hätte er gerne geredet, unterließ es aber. Er brachte es nicht übers Herz, gegen seine eigene Fraktion zu sprechen. Er hängt an der Partei, er habe ihr mehr zu verdanken als sie ihm, sagt er. Er will »nicht der Held sein, der gegen ein ganzes Bataillon antritt.«[29] Er möchte auch kein Rebell sein. Früher warst du Rebell, wenn du eine revolutionäre Bewegung angeführt hast, sagt er. »Heute bist du schon ein Rebell, wenn du bei deiner Meinung bleibst.«[30]

Für Bosbach waren dies die schwersten Tage seiner Karriere. In seinen zwei Gesprächen mit der Kanzlerin hatte er das Gefühl, dass sie seine Bedenken nachvollziehen konnte. Sie habe seine Argumente nicht infrage gestellt, sagt er, sondern eher versucht, dafür Verständnis zu wecken, dass eine andere Lösung in Europa nicht zu vermitteln sei. »Und das glaube ich ihr übrigens sofort.« Vielleicht ist das auch ein Grund dafür, dass er Schuldgefühle hatte. In einem Interview wenige Tage nach der Abstimmung sagte er dem *Stern:* »Man denkt: Eigentlich hast du alle Höhen und Tiefen mitgemacht. Aber jetzt habe ich Dinge erlebt, die ich nie erleben wollte.«[31] Die Frage, ob er mal gedacht habe, er lasse die Kanzlerin durch seine Ablehnung im Stich, bejahte Bosbach, und hatte laut *Stern*-Redakteur dabei Tränen in den Augen. »Sie sind ja richtig mitgenommen«, sagte der zu Bosbach. »Ja, klar, ich sehe Angela Merkel heute noch an meinem Krankenbett, das hat mich gerührt.« 2004, als Bosbach wegen seiner Herzerkrankung in der Klinik lag, hat Merkel ihn besucht. Sie schenkte ihm *Die Entdeckung der Langsamkeit* von Sten Nadolny. Nach seiner Krebsoperation meldete sie sich gleich mehrfach bei ihm per SMS und wünschte gute Besserung. Das war mitten in der Eurokrise, sie hatte viel um die Ohren. Ob er jetzt das Gefühl habe, wenn sie in Nöten sei, nicht für sie da zu sein, fragte der Redakteur. »Genau so. Ja«, sagte Bosbach. Man duze sich seit vielen Jahren. »Deswegen überlegt man: Denkt sie jetzt, warum tut der mir das an?«[32]

Zum ersten Mal in seiner langen Karriere dachte Bosbach an

einen Rückzug aus der Politik. »Wenn du immer das Gefühl hast, du schwimmst da gegen den Strom und bist die Kuh, die quer im Stall steht, du machst der Partei mehr Probleme, als dass du ihr hilfst, dann muss man sich überlegen, ob man das noch einmal vier Jahre haben will.« Das wirkt etwas dünnhäutig für einen Politprofi wie Bosbach und sagt viel über ihn. Nicht nur dass er die Harmonie braucht. »Auch zu Hause. Ich kann es nicht ab, wenn sich meine drei Töchter streiten, das belastet mich ungemein.«[33] Die CDU sei doch seine politische Heimat, seine »zweite Familie«. Schließlich habe er zwei Drittel seines Lebens in der Politik verbracht.[34] Freunde beobachteten, dass Bosbach sich zum ersten Mal auch privat zurückzog. Der Konflikt fiel in die Zeit, als Bosbachs Hormonentzugstherapie medikamentös auf ihn eingestellt wurde. Sicherlich machte ihm das zusätzlich zu schaffen. Seine Reaktion zeigt aber auch, wie sehr er sich im Laufe der 17 Jahre im Bundestag daran gewöhnt hat, in seiner Partei nicht nur respektiert, sondern auch beliebt zu sein. Er ist erfolgsverwöhnt, hat nie kandidiert, ohne gewählt zu werden, weder im Stadtrat noch im Kreistag oder im Bundestag. Oft hat er Rekordergebnisse eingefahren, unter anderem bei seinen Wahlen zum stellvertretenden Fraktionsvorsitzenden. Die Rolle des Außenseiters kannte er nicht, und sie schmerzte ihn. Am meisten getroffen hätten ihn die Vorwürfe, er sei aus Rache für enttäuschte Karriereerwartungen zum Abweichler geworden, sagt Bosbach. Für ihn ist das üble Nachrede. Er habe immer offen gesagt, dass er 2005 gerne Innenminister geworden wäre. Merkel habe dann anders entschieden, und das habe er akzeptiert. Dass er aus Frust darüber angeblich noch sechs Jahre später in einer wichtigen Frage gegen sie stimme, bezeichnet Bosbach als »so was von abwegig«.[35] Zumal er ja der ersten Euro-Rettungsmaßnahme zustimmte.

Vielleicht hat ja seine Krankheit zu seiner abweichenden Haltung beigetragen. Durch sie erfährt er eine neue Distanz zum

39

politischen Betrieb und fühlt sich noch unabhängiger. Die Krebsdiagnose habe seinen Blick auf die politische Arbeit verändert,
sagt er. Bis dahin sei Politik neben seiner Familie sein Lebens-
inhalt gewesen. Jetzt denke er, er habe eigentlich wirklich andere
Probleme. »Wenn du mit der Krankheit fertig wirst, stehst du
ebenfalls die Probleme in der Politik durch.«[36]

»Zur Demokratie gehört, Ambivalenz zu ertragen und sie als
besonderen Wert des demokratischen Systems zu betrachten«,
hat die Kommunikationswissenschaftlerin Miriam Meckel geschrieben.[37] Auch einer Volkspartei wie der CDU tue es gut,
wenn sie unterschiedlichen Auffassungen Raum gebe, findet
Bosbach. Aus der Bevölkerung erfuhr er in den Tagen nach der
Abstimmung viel Rückhalt. In den folgenden sechs Wochen er-
hielt er einige tausend E-Mails, Faxe und Briefe, fast alle positiv.
Dieser Rückhalt bestärkte ihn, der Politik doch noch nicht den
Rücken zu kehren. Es ist ja auch nicht gerade seine Art aufzugeben. Als er vor vielen Jahren zum ersten und einzigen Mal so
verzweifelt war, dass er der Politik wegen weinte, führte das
dazu, dass er überhaupt erst den Narren an ihr fraß. Verzweiflung ist wie Superplus in seinem Motor.

# SIEG UND NIEDERLAGE

Ich gebe zu, ich habe gekniffen. Als Bosbach mich am nächsten Tag zum Tennisspiel herausfordert, lehne ich dankend ab. Er hat mit seinem Verein Tennisfreunde 75 in der zweiten Bezirksliga gespielt und in der Mannschaft des Deutschen Bundestages, er hat in all den Jahren regelmäßig trainiert (im Gegensatz zu mir), und zwar absolut schonungslos (noch mehr im Gegensatz zu mir). Dabei begann er erst als 16-Jähriger mit diesem Sport, der ja damals noch als exklusiv galt. Bosbach hatte sich als Junge ein Spiel im örtlichen Tennisverein angeschaut und war gleich fasziniert gewesen. Er bot sich als Balljunge an und lernte so die Regeln. Irgendwann fragten ihn seine Eltern, ob er nicht mal selbst spielen wolle, und ermöglichten ihm den Eintritt in den Verein. Bald wurde Bosbach in die Mannschaft aufgenommen, trainierte abends nach der Lehre dreimal die Woche und spielte jedes Wochenende auf Turnieren. Nach dem Gefühl, den perfekten Ball zu schlagen, wird man süchtig, findet er. Von denen schlägt er ziemlich viele, wenn man ihn auf dem Platz bei brennender Sonne beobachtet. Er steht weit hinter der Grundlinie und knallt die Bälle dem Trainer entgegen, der sie ebenso heftig zurückknallt. Keine Fragen, kein langsames Bällesammeln oder andere Tricks, mit denen man beim Training kleine Verschnaufpausen rausschlagen kann. Nur einmal, nach 30 Minuten, wechselt Bosbach das nass geschwitzte Shirt. Er trinkt schnell etwas, dann geht es weiter. Wenn stimmt, was er sagt, nämlich dass für ihn physische Erschöpfung die beste Form der Entspannung ist, muss er jetzt sehr entspannt sein.

Nach dem Spiel möchte ich mit Bosbach über seine Wege in die CDU sprechen, aber zunächst geht es um Tennis. »Alles Kopfsache«, sagt er. Er erinnert sich an ein Spiel um die Rangliste seines Vereins. Es liegt bald 40 Jahre zurück, doch Bosbach weiß sogar noch den Namen seines Gegners. Für Bosbach lief in diesem Spiel nichts zusammen, egal was er machte: Vorhand, Rückhand, Slice, Volley, es ging gar nichts. »Ich habe an diesem Tag auf der Anlage mehr Bekannte getroffen als Bälle«, sagt Bosbach. Bald stand es 0:6, 0:5 und 15:40 gegen ihn. Der Gegner hatte zwei Matchbälle, um das Spiel für sich zu entscheiden. Da packte es Bosbach. Ich dachte mir: »So gehst du hier nicht vom Platz«, erzählt er. »Wenn ich 0:6, 0:6 verliere, kann ich mich ja an keiner Theke mehr blicken lassen, da lacht der ganze Verein.« Ein Spiel wollte er wenigstens gewinnen. Einen Ball konnte er für sich entscheiden, dann den zweiten, der Gegner machte einen Fehler. Er hatte jetzt zwei Matchbälle vergeben. »Und auf einmal merkte ich, der kommt ins Grübeln.« Je unsicherer er wurde, desto sicherer wurde Bosbach. Der Gegner traf die Bälle nicht mehr. Als es 1:5 stand, war der Widerstand gebrochen, das Spiel kippte. »Auf einmal wirst du leichter und der Gegner immer schwerer.« Ist das Ehrgeiz aus Eitelkeit? Ja, sagt Bosbach, der Eitelkeit entsprungener Ehrgeiz. Verlieren könne er, wenn es denn unbedingt sein müsse, aber blamieren wolle er sich nicht. »Und eines habe ich gelernt«, sagt er: »Niemals aufgeben. Nie. Es geht immer weiter.«

Das Interessante am Sport sei im Übrigen, dass die Gesellschaft hier im Gegensatz zu anderen Lebensbereichen Wettbewerb und Leistungsunterschiede noch akzeptiere. Bei acht 100-Meter-Läufern müsse es einen ersten und einen letzten geben, und jeder sehe ein, dass sich damit die Leistung durchsetze. Keiner käme auf die Idee, dass alle Läufer gleichzeitig ins Ziel laufen müssten, weil das etwa gerechter wäre. Bei der Bildung sei das anders, da stünden wir Leistungsunterschieden sehr skeptisch gegenüber, obwohl wir eigentlich wissen müssten, dass Talente, Interessen, Neigungen und Fleiß sehr unterschiedlich ausgeprägt seien. »Aber hier gilt die Gleichheit plötzlich als wichtigeres Ziel als die Leistungsgerechtigkeit.« Bosbach beobachtet mit Sorge, dass Gleichheit im öffentlichen Diskurs langsam, aber sicher wichtiger werde als Gerechtigkeit. Denn staatlich verordnete Gleichheit könne eben auch sehr ungerecht sein, wenn unterschiedliche Ergebnisse in gleicher Weise honoriert würden. Es werde immer Leistungsstärkere und Leistungsschwächere geben, und es könne nicht darum gehen, die Starken zu bremsen, sondern darum, die Schwachen zu fördern. Mit der Abschaffung von Noten und Sitzenbleiben tue man den Kindern keinen Gefallen. »Es sei denn, wir wollen Nivellierung auf dem untersten Niveau«, sagt Bosbach. »Aber ich fürchte, wir steuern dahin. Gerechtigkeit und Gleichheit werden miteinander verwechselt.«

Gleichmacherei steht für Bosbach in diametralem Gegensatz zu seinem christlichen Menschenbild, das ihn in die CDU führte. »Es ist ein fundamentaler Unterschied, ob ich den Menschen als Teil einer Masse betrachte, für die der Staat Verantwortung trägt, oder ob ich den Menschen als eigenverantwortliches Individuum sehe.« Selbstverständlich müsse der Mensch im Sinne praktizierter Nächstenliebe ebenfalls Verantwortung für die übernehmen, die sich nicht selbst helfen könnten. Aber auch das Wesen des Sozialstaates müsse auf der Eigenverantwortung der Bürger basieren. Gleiches gelte für die soziale Marktwirtschaft, die erst falsch interpretiert problematisch sei, wenn Handlung und Haftung aufgelöst würden. Natürlich gebe es Menschen, die die Freiheit ausnutzten zum Nachteil anderer. »Aber ich bleibe im Grundsatz dabei, dass der Staat nicht regeln soll, was geregelt werden kann, sondern nur das, was er unbedingt regeln muss.« Deshalb habe er mit Sozialismus nie etwas anfangen können. Bosbach bedauert, dass die Menschen immer mehr auf staatliche Reglementierungen bauen. Der Staat wird es schon richten, sei oft die Einstellung. »Doch daran sind wir Politiker mitschuldig, denn wir erwecken immer selbst den Eindruck, dass es einen Mangel an Gerechtigkeit gibt, der sich durch immer höhere Steuern und staatliche Ausgaben beheben lässt.« Weil es nun einmal gut zu verkaufen ist, würden sich die Politiker an ständig neue unerträgliche Gerechtigkeitslücken machen wie beispielsweise im Fall der Finanztransaktionssteuer. Die werde damit begründet, dass sie insbesondere die Banken belastet, die sich als Verursacher der Finanzkrise endlich an den Kosten für die Aufräumarbeiten beteiligen müssten. Das erscheint Bosbach naiv: »Natürlich werden am Ende die Bürgerinnen und Bürger die Kosten der Finanztransaktionssteuer tragen und nicht die Kreditinstitute«, sagt er, die würden die Kosten schon an die Kunden weitergeben. Und trotzdem erwecke die Politik immer wieder den Eindruck, sie könne durch gesetzliche Regelungen dafür sorgen, dass die Banken und Kreditinstitute die Belastungen tragen werden. »Nach dem Motto: Jetzt verdienen die Vorstände aber weniger. Natürlich wird das nicht die Folge sein.«

Bosbach vergleicht die deutsche Mentalität mit der amerikanischen, wo man mehr auf Eigenverantwortung fokussiert sei und Leistung bewundere. Im US-Wahlkampf 2012 hat Bosbach einen deutschen Filmbericht über amerikanische Lebensverhältnisse gesehen, der ihn beeindruckte. Da wurde ein Obdachloser befragt, der in einen Parka gekleidet neben einem brennenden Korb und seinem Einkaufswagen voller Habseligkeiten stand. »Wahrscheinlich fuhr darüber noch die Bahn, jedenfalls waren alle Klischees erfüllt«, sagt Bosbach. Das deutsche Filmteam fragte nun den Obdachlosen, ob er nicht von Präsident Barack Obama enttäuscht sei. Der Mann war nicht enttäuscht. Ob er sich von Obama denn nicht mehr versprochen habe? Nein, eigentlich auch nicht. Aber Obama sei doch gerade für Menschen wie ihn angetreten, für sozial Schwächere. Der Obdachlose war immer noch nicht enttäuscht. Er schlafe regelmäßig im YMCA, sagte er, da bekäme er auch seine Suppe. Als die Reporter sich mit so wenig Verbitterung nicht zufriedengeben wollten, fragte der Obdachlose schließlich genervt: »Ich habe es nicht geschafft. Was hat Obama damit zu tun?«

Eine solche Antwort, sagt Bosbach, sei in Deutschland völlig unvorstellbar. »Selbstverständlich würde man in Deutschland sagen, der Staat lässt mich im Stich, und ich bin sozusagen der wandelnde Nachweis der ungerechten Lebensverhältnisse hierzulande.« An immer mehr tatsächliche oder vermeintliche Ungerechtigkeiten würden immer mehr politische Forderungen geknüpft. Ein Beispiel sei die Debatte über die Gehaltsexzesse einiger Topmanager. Auch er frage sich, ob zweistellige Millionengehälter noch vermittelbar seien, sagt Bosbach. »Aber es ist doch nicht Aufgabe des Staates, den Eigentümern vorzuschreiben, wie viel sie ihren Topmanagern bezahlen.« Typisch deutsch ist für Bosbach an der Debatte, dass sie nie über die hohen Gehälter im Sport geführt würde. »Ich kann mir eine Debatte darüber, dass ein Fußballer nicht mehr als 500 000 Euro verdienen darf, nicht vorstellen.« Offensichtlich gelte das Freistoßtor aus 30 Metern links oben in den Torwinkel als Leistungsnachweis, nicht jedoch die Verdoppelung des Aktienkurses oder die Schaffung 10 000 neuer Arbeitsplätze. Im Sport werde vieles anders gesehen als in der Wirtschaft, sagt Bosbach. Der einfache Grundsatz, dass Leistung sich lohnen müsse, dass es Leistungsunterschiede gebe und auch geben müsse, das sei im Sport im Gegensatz zur Wirtschaft ganz selbstverständlich.

Als weiteren Grund für seinen Weg in die CDU benennt Bosbach deren Fokus auf die innere Sicherheit. Im Jahr 1972, seinem Eintrittsjahr in die Partei, ereignete sich das Olympiaattentat in München, als palästinensische Terroristen Mitglieder der israelischen Olympiamannschaft als Geiseln nahmen. Bei dem desaströsen Befreiungsversuch auf dem Militärflughafen Fürstenfeldbruck kamen 17 Menschen ums Leben. Bosbach saß im Auto auf der Rückfahrt von München, als er davon im Radio hörte. Wie die gesamte deutsche Öffentlichkeit war er bestürzt über das Blutbad. Es weckte sein Interesse für Terrorbekämpfung. Er fragte sich: Unterschätzen wir internationale Konflikte und ihre Folgen für Deutschland? Wie entsteht Terror? Warum gehen Menschen mit tödlicher Gewalt aufeinander los? Die RAF-Zeit hat Bosbach geprägt und sein Interesse für die innere Sicherheit vertieft. Er erinnert sich an die Entführung des Arbeitgeberpräsidenten Hanns Martin Schleyer am 5. September 1977 in Köln durch die Linksterroristen. Bosbach war damals zufällig in der Stadt und beobachtete das enorme Polizeiaufgebot. Seitdem beschäftigt ihn, wie der Staat dem Terrorismus begegnet. »Ich bin mir ziemlich sicher, dass man es im Fall der RAF versäumt hat, sehr früh einen breiten öffentlichen Widerstand gegen politisch motivierte Gewalt zu organisieren«, sagt er. Das habe schon mit den Kaufhausbrandschlägen angefangen. »Da gab es viele, die sagten: Die Mittel sind nicht akzeptabel, aber die junge Generation begehrt eben auf gegen die Ungerechtigkeiten.« Es sei viel Verständnis geäußert worden. Das sei heute in der Debatte um Linksterrorismus ähnlich. Da gebe es viele, die sagten: Die Mittel sind nicht tolerabel, aber man muss sich mit den Anliegen der jungen Leute beschäftigen. Was man, so Bosbach, bei Rechtsradikalen übrigens nie sagen würde. Irgendwie werde bei Linksradikalen immer nach einem legitimen Motiv gefahndet. Irgendwie meine man, diese Leute seien ja doch auf der guten Seite, auch wenn man ihre Mittel nicht in Ordnung findet. Heute seien das Sabotageakte, so wie es früher die Kaufhausbrände waren. Da habe man gesagt, es sei ja bloß Gewalt gegen Sachen. Es sei aber immer nur eine Frage der Zeit, bis Gewalt gegen Sachen zu Gewalt gegen Personen werde. »Weil Gewalt gegen Sachen den Extremisten irgendwann eben nicht mehr reicht.«

Auf der weniger ideologischen Ebene ist der Fußball daran schuld, dass Bosbach bei der Jungen Union und später bei der CDU landete. In ihrer Fußballmannschaft begann seine Parteikarriere. Das viele Ballspielen ist vielleicht auch eine Erklärung für die nur mäßig erfolgreiche Schullaufbahn. »Wenn ich bei den Hausaufgaben saß und ein Freund anrief, war ich weg«, sagt Wolfgang Bosbach. Er habe schon alles vor sich hergetreten, bevor er überhaupt laufen konnte, sagt seine Mutter Else. Nur Fußball habe er im Kopf gehabt. »Wenn der Ball rollt, rollt der Verstand«, sagte sie immer. Sein schönstes Weihnachtsgeschenk: ein Lederfußball, als er zehn Jahre alt war. Den hütete er wie einen Schatz.

Mit Vater und Tochter Bosbach bin ich nun unterwegs zur Feier der Fußballfreunde des SV Bergisch Gladbach 09 in Cala Rajada, an der östlichsten Spitze Mallorcas. Bosbach lenkt den kleinen Mietwagen auf schmalen Straßen durch die Hügel. Weil die Beschilderung zu vernachlässigen ist, hat er Zeit, mir die Faszination am Fußball zu erklären. Die, sagt Bosbach, bestehe in der Komplexität. Er zitiert Sepp Herberger: »Die Menschen gehen zum Fußball, weil sie nicht wissen, wie es ausgeht.« Mal abgesehen von Bayern München, dem Sonderfall der Saison, sei es in der Bundesliga tatsächlich so, dass jeder jeden schlagen könne. »Das eigentlich Faszinierende für mich ist, dass die elf besten Spieler der Welt nicht auch gleichzeitig die beste Mannschaft abgeben würden.« Es gehe eben nicht um die individuelle Klasse einzelner Spieler, sondern um das Zusammenspiel und die Ausgeglichenheit der Mannschaft. »Aus einer Vielzahl von Talenten die beste Mannschaft zu formen, das ist die große Kunst, und das macht den Sport so interessant.« Und dazu die

Unberechenbarkeit. Wenn Roger Federer gegen die Nummer 50 der Tennisweltrangliste anträte, dann sei das Ergebnis mit 95-prozentiger Sicherheit klar. »Wenn aber Dortmund zu Hause gegen Hoffenheim verliert, dann ist das eine Überraschung, keine Sensation.« Oftmals gewinne eben nicht die Mannschaft mit dem höchsten Ballanteil oder die mit den meisten Torchancen.

»Jetzt hätten wir nach rechts gemusst«, sagt Natalie, die auf den Weg achtet. »Haben wir gleich«, sagt ihr Vater. »Hier wäre es gewesen«, sagt sie. »Ganz ruhig«, sagt der Vater. »Bin ich doch«, sagt Natalie. Das ist sie tatsächlich, aber Beifahren ist eben undankbar. Die attraktive Brünette macht gerade eine Lehre zur Bankkauffrau in Bergisch Gladbach. »Wenn die Leute hören, dass *der* Bosbach mein Vater ist, rasten sie manchmal völlig aus«, sagt sie. Sie erzählten dann immer, wie toll sie ihn fänden. Und weil die Reaktionen immer positiv seien, störe es sie auch meistens nicht. Mit Fußball oder Tennis hat sie allerdings genauso wenig zu tun wie ihre Schwestern. Aber zum SV Bergisch Gladbach hat ihr Vater sie früher gerne mitgenommen, verbunden fühlt sie sich schon.

Die kleine Feier findet statt auf der Terrasse eines italienischen Lokals mit dem originellen Namen »Pasta, Pasta!« direkt am Meer. Als wir eintreffen, stelle ich fest, dass es eigentlich gar nichts zu feiern gibt. Der Verein ist dieses Jahr aus der Regionalliga abgestiegen. Aber das tut der Heiterkeit hier keinen Abbruch. Im Rheinland werde anlassunabhängig gefeiert, lerne ich, da seien selbst die Beerdigungen lustiger als anderswo die Hochzeiten. Die großen Jahre des Vereins liegen ohnehin eine Weile zurück, drei Jahrzehnte um genau zu sein, und die verdankt er den Frauen. Sie gewannen für den DFB sogar zweimal den Weltpokal, den Vorläufer der Frauen-Fußball-WM, wurden mehrfach deutscher Meister und Pokalsieger, während Bosbach Präsident war. Viele der Fußballfreunde, die heute Abend hier sind, kennt Bosbach noch aus dieser Zeit. Er begrüßt alle mit

Handschlag, einigen stellt er sich vor. Gleich bildet sich ein Kreis um ihn. Ruhm wirkt magnetisch, wenn auch hier auf gänzlich unaufgeregte Weise. Es gibt ein Buffet mit Pasta und Salaten, Bier und Sambuca. Einen trinkt Bosbach, den hier alle nur WoBo nennen, mit. Es ist sein Spitzname seit der Realschule, als es drei Bosbachs in der Klasse gab und jeder deshalb mit einem Akronym versehen wurde. Die Stimmung ist ausgelassen, einzig das Wetter spielt nicht so ganz mit. Der Wind weht, es ist ungewöhnlich kalt für die Jahreszeit.

»Wussten sie eigentlich, dass WoBo mit Tiefdruckgebiet reist?« fragt mich Horst Becker, laut Bosbach sein bester Freund.

»Jetzt hör aber mal auf, Horst!« sagt Bosbach und lacht.

»Das stimmt doch. Ich werde nie vergessen, wie wir uns in Südfrankreich treffen wollten, und als ihr gelandet seid, hat es geschneit.«

»Das ist 25 Jahre her, Horst«, sagt Bosbach.

Bosbach und Becker kennen sich seit über 30 Jahren. Sie begegneten sich auf dem Fußballfeld als Gegner. Bosbach unterlag mit der Mannschaft der Jungen Union, Becker war der Torschütze des anderen Teams. »Das nächste Mal spielst du für uns«, sagte Bosbach danach zu Becker, und so geschah es auch. Noch heute spielen die Freunde jedes Jahr am zweiten Weihnachtstag zusammen Fußball. Einmal im Jahr geht es in den gemeinsamen Skiurlaub. Becker, der heute ein erfolgreicher Unternehmer ist und nach wie vor sehr athletisch aussieht, bewundert Bosbachs politische Leistung. »Er vertritt nur Dinge, hinter denen er steht.« Deshalb sei er 100-prozentig authentisch. »Er hat noch nie etwas gesagt, was er hätte zurücknehmen müssen.« Und dann diese rhetorische Gabe. Er sei immer perfekt vorbereitet, rede immer ohne Manuskript. Und er könne gut über sich selbst lachen. Zu seinem 60. Geburtstag hielt Becker eine Rede, während der er feierlich unter großem Gelächter des Publikums die alten Sportklamotten Bosbachs entsorgte. Darunter einen bunten Skianzug mit dem Schriftzug »Mozambique«, den Bosbach laut Becker immer trug. Alle Anregungen, es sei vielleicht einmal Zeit, die Skimode aus den Achtzigerjahren zu ersetzen, verhallten ungehört. Bosbach war höchst amüsiert über Beckers Rede, aber am nächsten Tag erkundigte er sich doch, ob er vielleicht seine Kleider zurückhaben könnte.

Auch in der Jungen Union stritten Becker und Bosbach Seite an Seite. Bei der berühmten »Willy-Wahl« war Becker allerdings noch nicht dabei. Der Wahlkampf 1972 polarisierte und mobilisierte die Deutschen wie keiner zuvor oder seitdem. Auf den Autos klebten Parteisticker, in den Hausfenstern standen Wahlplakate, viele Menschen trugen politische Buttons. An Wahlkampfständen kam es zwischen Anhängern unterschiedlicher Parteien zu Gerangel und Handgreiflichkeiten. Die Ostpolitik des Bundeskanzlers Willy Brandt, mit der er den »Wandel durch Annäherung« erreichen wollte, war hoch umstritten. Es war das erste Mal, dass Wolfgang Bosbach in einer Bundestagswahl wählen durfte. Umso mehr wollte er den Sieger wählen. Bosbach war mittendrin in der Wahlschlacht. Er klebte Plakate, die er in der Garage seiner Eltern verwahrte, und fuhr nachts mit Freunden Patrouille, um das CDU-Material vor Vandalismus zu schützen. Seine Eltern versorgten die Wahlkämpfer mit geschmierten Broten. Zunächst lag die CDU in den Umfragen vorn, dann sanken ihre Aussichten. Bosbach kämpfte bis zum Schluss. Er dachte an seinen Fußballtrainer, der mit Blick auf eine überlegene gegnerische Mannschaft immer sagte: Wenn wir nicht gewinnen können, dann machen wir denen wenigstens den Platz kaputt. Am Ende des Kampfes stand die bittere Niederlage. Die SPD erzielte mit 45,8 Prozent ihr bis heute bestes Ergebnis und konnte ihre Koalition mit der FDP fortführen. Die Wahlbeteiligung lag bei sensationellen und in Deutschland einmaligen 91 Prozent. Die CDU war mit 44,9 Prozent geschlagen. Wolfgang Bosbach weinte – und trat in die CDU ein. Jetzt erst recht!

Horst Becker hat seinen Freund nie so verzweifelt erlebt. »Der ist eigentlich immer gut drauf«, sagt Becker. Er bewundert das, gerade weil er weiß, wie es um Bosbach steht. Er könne eigentlich mit ihm über alles reden, sagt er und denkt kurz nach. »Bloß über die Krankheit, über die reden wir nicht.« Mit dem Freund Fritz Roth, dem Bestatter, habe Bosbach darüber gesprochen, als der ebenfalls Krebs bekam. Aber auch die unterhielten sich mehr über das Leben als über den Tod, schmiedeten gemeinsame Reisepläne, die Seidenstraße wollten sie entlangfahren, irgendwann. Doch dazu sollte es nicht kommen. Neun Monate nach seiner Diagnose starb Fritz Roth, der bis zuletzt zuversichtlich war, die Krankheit zu besiegen. Sein Schicksal hat Bosbach tief bewegt. Er hat sich vorgenommen, nicht wie Roth auf Heilung zu hoffen. Wenn man nicht hoffe, könne man auch nicht enttäuscht werden, sagt er. Trotzdem liest er alles über Krebsforschung. Sogar die vielen Zuschriften mit Therapieempfehlungen, teilweise sehr skurriler Natur von selbst ernannten Wunderheilern und Quacksalbern, lässt er sich komplett vorlegen. Ob er die wirklich alle sehen wolle, fragte ihn seine Mitarbeiterin, die täglich Anrufe mit Ferndiagnosen und guten Ratschlägen abwimmeln muss. Es überraschte sie, dass er bejahte. Aber wie jeder Mensch will Bosbach gleichzeitig unterschiedliche Dinge: Er will nicht hoffen und kann doch nicht von der Hoffnung lassen. Trost, so meint Horst Becker, finde Bosbach besonders in seinem christlichen Glauben.

Mit seinem Glauben begründet Bosbach auch, dass eine andere Partei als die CDU für ihn nie infrage kam. Obwohl er fürchtet, dass das C im Parteinamen an Bedeutung verloren hat, war es für ihn immer ein Markenzeichen, sagt er. Für ihn steht es in erster Linie für den Schutz des Lebens. Die emotionale Abtreibungsdebatte Anfang der Siebzigerjahre war einer der Auslöser für sein politisches Engagement. Aus Teilen der Achtundsechziger und der Frauenbewegung entstand die Forderung nach Abschaffung des Paragrafen 218, der eine Abtreibung unter Strafe stellte. Bei der Neuregelung des Gesetzes wollte die CDU eine »Indikationsregelung« durchsetzen, die Abtreibungen nur unter bestimmten Bedingungen zulässt wie beispielsweise im Falle einer Vergewaltigung oder bei Gefahr für das Leben der Mutter. SPD und FDP hingegen befürworteten eine »Fristenregelung«, welche Abtreibungen grundsätzlich bis zur zwölften Schwangerschaftswoche straffrei zulässt. Wolfgang Bosbach besuchte in dieser Zeit mit seinen Eltern eine Podiumsdiskussion zum Thema. Wie sie war er der Auffassung, dass das menschliche Leben mit der Verschmelzung von Ei- und Samenzelle beginnt. Aus dieser Überzeugung heraus war ihm der Schutz des Ungeborenen ein besonderes Anliegen. Als sie die Veranstaltung verließen, sagte er zu seiner Mutter: »Darum muss ich mich kümmern.«

Bosbach, so erzählt er, beobachtete die Debatte mit wachsender Skepsis. Vordergründig schien es ihm darin immer um Schwangere in besonders schlimmen Lebenssituationen zu gehen. Diese Frauen sollten durch die Neuregelung davor bewahrt werden, in ihrer Not zu Pfuschern oder ins Ausland zu gehen und erhebliche gesundheitliche Risiken auf sich zu nehmen. Im Hintergrund ging es aber viel grundsätzlicher um Emanzipation und Selbstbestimmung der Frau. Höhepunkt der Debatte war die berühmte Titelgeschichte »Wir haben abgetrieben« 1971 im *Stern,* in der sich Frauen zum Schwangerschaftsabbruch bekannten. »Ich glaube nicht, dass das alles Frauen waren, die sich in äußerster Not befanden«, sagt Bosbach. Er bedauert, dass die Debatte sich inzwischen gedreht habe. »Im Mittelpunkt des öffentlichen Interesses steht nicht mehr der Schutz des ungeborenen Lebens, sondern das Selbstbestimmungsrecht der Frau.« Dass die Emanzipation der Frauen, ihr Kampf für Selbstbestimmung und Gleichberechtigung, als eine der größten sozialen Errungenschaften des vergangenen Jahrhunderts gilt, fällt für ihn in dieser Frage nicht ins Gewicht.

Die Abgeordneten entschieden sich 1974 mit knapper Mehrheit für die »Fristenregelung«. 1995, ein Jahr nach Bosbachs Wahl in den Bundestag wurde der Paragraf 218 dann neu geregelt. Ein Schwangerschaftsabbruch sollte zwar rechtswidrig, aber innerhalb der ersten drei Monate und nach einer Beratung straffrei bleiben. Das Gesetz würde, so argumentierten die Befürworter, die Zahl der Abtreibungen deutlich reduzieren. Bosbach glaubte das nicht, er stimmte zum ersten Mal gegen seine Fraktion. »Leider hat sich meine damalige Einschätzung bestätigt«, sagt Bosbach heute. Die Statistik zeigt zwar, dass die Zahl der Abtreibungen in Deutschland in den vergangenen Jahren leicht rückläufig ist, doch sie ist noch immer sehr hoch. Laut Statistischem Bundesamt wurden 2012 in Deutschland 106 800 Abtreibungen vorgenommen, das entspricht 14 Prozent aller Schwangerschaften. Die Zahl der Spätabtreibungen nimmt zu, viele Deutsche lassen den Eingriff weiterhin im Ausland vornehmen. Doch die öffentliche Debatte sei befriedet, deshalb wolle keine Partei das Gesetz mehr thematisieren. Er sehe ein, dass ein werdendes Leben nicht gegen den Willen der Frau zu schützen sei, sagt Bosbach. Das Strafrecht könne diesen Zweck nicht erfüllen. »Aber die Strafandrohung ist der eine, das Verhalten und die Situationen der Frauen der andere Punkt, an dem man ansetzen kann.« Wichtig seien deshalb schnellere und bessere staatliche Hilfen für Schwangere in Not sowie mehr Verständnis.

Bosbach bewegt, dass jene Werte, die in unseren Grundrechten verankert sind und die den Schutz allen Lebens, auch des ungeborenen, beinhalten, immer mehr erodieren. Er vermutet: »Wenn man in einem Beitrag über die hohe Zahl der Abtreibungen berichten würde und in einem zweiten über qualvolle Tiertransporte, dann wäre die Empörung über die Tiertransporte sicherlich größer.« Deshalb unterstützt er Initiativen gegen Abtreibung, so etwa 2011 den »Marsch für das Leben« des Bundesverbands Lebensrecht. Doch er unterscheidet zwischen dem Schutz dieser Werte und einer moralischen Verurteilung der Frauen, die sich aus Not heraus für eine Abtreibung entscheiden. Eine solche Verurteilung lehnt er ab. Darin, so betont er, unterscheide er sich von seiner Kirche. Wie würde er reagieren, wenn eine seiner Töchter nach einer Vergewaltigung abtriebe? Grundsätzlich ist für ihn jedes Leben schützenswert, sagt er. »Aber ich könnte eine solche Entscheidung verstehen, auch wenn ich sie bedauern würde. Ich würde niemals ein Unwerturteil aussprechen, wenn eine Frau nach einer Vergewaltigung eine Abtreibung vornehmen ließe.« Ein solches Szenario sei doch eine fast unlösbare Konfliktsituation. Auf der einen Seite das schreckliche Erlebnis und das Leiden der Frau, auf der anderen Seite der Schutz des ungeborenen Lebens. »Wenn es für die Schwangere im wahrsten Sinne des Wortes unerträglich ist, das Kind auszutragen, dann glaube ich nicht, dass der Staat das Recht hat, darauf zu bestehen, indem er die Abtreibung unter Strafe stellt.« Er käme nicht auf den Gedanken, über eine solche Entscheidung den Stab zu brechen, sagt er, und eine ähnliche Haltung nimmt er auch in der Debatte über die Sterbehilfe ein.

Bosbach ist ein scharfer Kritiker des früheren Hamburger Justizsenators Roger Kusch und dessen kommerzieller Suizidhilfe. Der letzte Fall Kuschs, mit dem sich Bosbach intensiv auseinandergesetzt hat, betraf eine Frau aus Bergisch Gladbach. Sie sei auf einen Rollator angewiesen, aber nicht dem Tode geweiht gewesen, sagt Bosbach. »Die brauchte Lebenshilfe und keine Sterbehilfe.« Doch vielleicht wollte sie keine Lebenshilfe? Bosbach antwortet typisch Bosbach: »Das wird man sie jetzt nicht mehr fragen können.« Er würde nie auf den Gedanken kommen, den Sterbewunsch der alten Frau zu verurteilen. Das Treiben von Herrn Kusch hingegen verurteile er scharf. Denn der sage, er helfe Menschen nur beim Sterben, wenn ganz bestimmte Kriterien erfüllt seien. Für Bosbach heißt das im Klartext: Wir bestimmen darüber, wer sterben darf oder wer weiterleben muss. »Dass Vereine sich aufschwingen, bei der Entscheidung über Leben und Tod den Daumen zu heben oder zu senken, ist für mich eine unerträgliche Vorstellung.« Bosbach beobachtet, dass in bioethischen Fragen stets mit Einzelfällen politisch argumentiert werde. Das gelte auch für die Präimplantationsdiagnostik, die sogenannte PID, bei der Embryonen auf Erbkrankheiten untersucht werden, bevor sie in die Gebärmutter eingesetzt werden. Tragische Einzelschicksale ließen die PID wünschenswert erscheinen, und mit ebendiesen werde stets für die Früherkennung argumentiert. Als Kritiker habe man es in einer so emotional aufgeladenen Debatte schwer, sagt Bosbach. »Aber wir regeln ja mit einem Gesetz nicht diesen einen Fall, sondern finden eine generelle Lösung.« Er ist besorgt, dass mit der PID eine Grenze zur Selektion überschritten wird. Liegt es nicht, wie Hannah Arendt sagte, »im Wesen der Wissenschaft, jeden einmal eingeschlagenen Weg bis an sein Ende zu verfolgen?«[38] Bosbach geht es dabei nicht um das oft zitierte Horrorszenario der Selektion nach Geschlecht und Augenfarbe. Aber wenn man es zulasse, dass Embryos auf schwere Erbkrankheiten untersucht werden, um sie dann zu entfernen und »gesunde« zu selektieren, dann müsse man einen Katalog erstellen, der schwere und schwerste Erbkrankheiten differenziert. »Und wer maßt sich denn an, diese Differenzierung zu treffen?«, fragt er. Welche Erbkrankheiten darf ein Embryo haben, um als lebenswürdig zu gelten?

Grundsätzlich müsse für den Gesetzgeber der Schutz eines jeden Lebens an erster Stelle stehen, findet Bosbach. Deshalb hat ihn der Fall Wolfgang Daschner wütend gemacht. Der damalige stellvertretende Frankfurter Polizeipräsident ließ zu, dass dem Entführer des elfjährigen Jakob von Metzler in der Vernehmung Gewalt angedroht wurde. So wollte man ihn dazu bewegen, den Aufenthaltsort des Kindes zu verraten, das man noch lebend zu finden hoffte. Dafür wurden Daschner und sein untergebener Kriminalhauptkommissar zu Geldstrafen verurteilt. Das Land Hessen musste zudem dem Mörder eine Entschädigung von 3000 Euro wegen Folterandrohung im Verhör zahlen. Bosbach hält das Urteil und die Begründung des Gerichts für falsch. Bei der Abwägung zwischen der möglichen Rettung eines Menschenlebens und dem Gebot, nicht mit Gewalt zu drohen, könne er verstehen, dass Daschner sich dazu entschied, alles zu tun, um das Leben des Jungen zu retten. Außerdem sei es in strafprozessoraler Hinsicht keine Maßnahme zur Aufklärung einer Straftat gewesen, denn der Mann hatte die Entführung bereits gestanden. Es ging also ausdrücklich nicht darum, mit Gewaltandrohung ein Geständnis zu erzwingen. Es sei vielmehr eine Maßnahme zur Gefahrenabwehr gewesen, denn nur der Entführer kannte den Aufenthaltsort des Jungen. Bosbach vertrat diese Meinung damals in Sabine Christiansens Talkshow. Am nächsten Tag wurde er mit Hassmails regelrecht überschüttet, als sei er ein Befürworter der Folter. »Das sind so Situationen, wo du denkst, du bist im falschen Film«, sagt Bosbach. »Da dachte ich mir: Der Einzige, der hier gefoltert worden ist, das ist der kleine Junge. Der Jakob von Metzler, der ist gefoltert worden.«

Mit dem Untergang der Sonne ist es auf der Terrasse des Lokals noch frischer geworden. Bosbach friert. Er sieht erschöpft aus. »Ich würde ja noch bleiben, aber es ist einfach zu kalt«, sagt er und wirkt dabei ganz dankbar für einen guten Grund zur Heimfahrt. »Du warst übrigens gestern im Fernsehen«, sagt seine Tochter. »Worum ging es?«, frage ich. »War ein langes Interview, und man weiß ja nie, was die so rausschneiden«, sagt Bosbach. Was denn das Thema gewesen sei, frage ich wieder. »Krebs«, sagt Natalie Bosbach. Ihr Vater dreht noch eine Runde auf der Terrasse und verabschiedet sich. Hinter ihm liegt unter

dünnen Wolkenstreifen das schwarze Mittelmeer sternenge-
sprenkelt, und es fällt bei diesem Anblick schwer, an Endlich-
keit zu glauben.

# LEBENSRETTENDE TIEFKÜHLWARE

Auch im Einzelhandel geht es bisweilen um Leben und Tod. Das lerne ich an unserem dritten Tag auf Mallorca, an dem Bosbach ein Bekenntnis ablegt. Er outet sich als Supermarktfreak. Nicht nur zu Hause gehe er gerne einkaufen, auch hier im Urlaub studiere er die Geschäfte. »Ich schaue mir an, was die anders machen als bei uns«, sagt er. Und was sich im Laufe der Jahre im Handel so verändert habe. Manchmal ertappe er sich dabei, wie er in den Gängen zwischen den Regalen stehe und die Ablaufdaten der Produkte kontrolliere wie in alten Zeiten.

Nach seinem Realschulabschluss begann Bosbach als 16-Jähriger bei der Konsumgenossenschaft Köln eG/Coop West AG eine Lehre zum Einzelhandelskaufmann und wurde sieben Jahre später ihr jüngster Supermarktleiter. Es ist ein relativ kurzer Abschnitt seines Lebens, nicht einmal zehn Jahre, doch er ist ein fester Bestandteil seiner öffentlichen Identität. Die Karriere als Supermarktleiter, Abitur und Studium erst auf dem zweiten Bildungsweg taugen auch als Beleg für Volksnähe. Das gilt insbesondere im Vergleich zu vielen Berufspolitikern, die nie eine Arbeit außerhalb der Politik ausgeübt haben. »Kreißsaal, Hörsaal, Plenarsaal«, hat Otto Graf Lambsdorff über die gelästert, die sich noch während oder gleich nach dem Studium zur Wahl aufstellen ließen. Gerne heißt es auch: Der Plenarsaal ist mal voller, mal leerer, aber immer voller Lehrer. Tatsächlich ist von den 622 Abgeordneten des 17. Bundestages fast die Hälfte zuvor im öffentlichen Dienst oder in politischen und gesellschaftlichen Organisationen tätig gewesen. Nur 14 Prozent waren laut Statistik des Bundestages in der freien Wirtschaft angestellt. Gerne wird deshalb der Vorwurf erhoben, unseren Parlamentariern fehle der Kontakt zum sogenannten wirklichen Leben. Über die idealen Voraussetzungen für die Politik als Beruf lässt sich streiten, doch eines ist sicher: Möglichst handfeste Berufserfahrung ist gut fürs Image. Bosbach und seine Schwester sind die ersten in der Familie, die studiert haben, sein Jurastudium erfolgte auf dem dritten Bildungsweg. Er selbst wird mit Blick auf seine Herkunft nicht müde zu betonen, er sei ein »Mann des Volkes«.

Die Frage, was er aus seiner Zeit im Einzelhandel für die Politik mitgenommen hat, ist in unseren Gesprächen die erste, über die Bosbach kurz nachdenken muss. Er hat kein Narrativ parat, nach dem sich aus seiner Managementerfahrung eine zwangsläufige Politikerqualifikation ergibt. Das könnte einem amerikanischen Politiker nicht passieren. Offenkundig wird jedoch sofort, dass er die Leidenschaft, mit der er damals den Job machte, bis heute nicht abgelegt hat. In einem Geschäft fällt ihm als Erstes auf, ob es einen Links- oder Rechtsumlauf hat: »Das registriere ich sofort.« Er vergleicht die Preise. »Da fällt mir auch auf, dass die Lebensmittelpreise in Deutschland relativ niedrig sind, besonders im Vergleich zu Frankreich.« Er achtet darauf, wie die Ware platziert wird. »Die teuren Produkte für 1,99 in Augenhöhe oder Griffhöhe, die für 0,99 in Kniehöhe.« Und darauf, wie viele Bedientheken es gibt, wie lang die Warteschlangen vor den Kassen sind und wie die Ware präsentiert wird. Das Weinregal zum Beispiel: »Ist es ein Regal wie alle anderen auch, oder hat es eine anlockende Atmosphäre wie etwa Holzimitate auf dem Boden, die eine natürliche Umgebung nachahmen?« Bosbach beobachtet auch den Umgang der Geschäfte mit den steigenden Energiepreisen. Die offenen Tiefkühltruhen sind teurer im Unterhalt als etwa Tiefkühlregale mit Türen. Aber eine Tür sei eben zugleich ein Zugriffhemmnis und koste deshalb Umsatz. So wie ein ebenerdiges Ladenlokal einfach attraktiver sei als eines mit drei Stufen. »Jede Stufe kostet 10 Prozent Umsatz, heißt es«, erklärt Bosbach.

Er studiert auch dieses Gefühl der Orientierungslosigkeit in einem fremden Geschäft. Das hat System, erklärt er. Der Kunde soll möglichst den ganzen Laden sehen und nicht nur das, was er kaufen will. Am schlimmsten seien die Leute, die stur ihren Einkaufszettel abarbeiteten. »Man möchte ja den Kunden zu Impulskäufen animieren.« Und die Wahrscheinlichkeit des Impulskaufes erhöhe sich eben mit der Zeit, die der Kunde durch die Gänge laufe. Und natürlich mit Sonderangeboten. Damit hat Bosbach gerne experimentiert. Die Reaktionen der Kunden erstaunten ihn oft. Wenn drei Dosen Kaffeesahne für 99 Pfennig angeboten wurden, nahmen viele das Angebot an, auch wenn die einzelne Dose nur 30 Pfennig kostete. Der Kunde gehe oft einfach davon aus, dass er mit dem Dreierpack günstiger wegkomme, weil das ja in der Regel wirklich der Fall sei. Ein ähnliches Verhalten beobachtet Bosbach bei Discountern. Weil die Ware dort weniger aufwendig präsentiert werde und weniger Personal zur Verfügung stünde, setze der Kunde voraus, dass die Produkte günstiger seien. »Aber gerade bei den Eigenmarken der großen Handelsketten gibt es im Vergleich zu Aldi keinen Preisunterschied.« Ein guter Supermarkt zeichnet sich für Bosbach nicht nur durch die Breite, sondern auch durch die Tiefe des Sortiments aus: »Also nicht nur Ketchup, sondern drei bis vier verschiedene Sorten und Qualitäten.« Die Spezialisierung nehme ja auch im Handel zu. Mit der Tiefe des Sortiments könne sich ein Geschäft von der Konkurrenz abheben. Viele Läden hätten heute eine große Non-Food-Abteilung, Kosmetika zum Beispiel, sagt Bosbach. »Daran scheiden sich natürlich die Geister.« Denn die Non-Food-Abteilung nehme viel Platz ein, jeder Regalmeter im Laden sei umkämpft. Die Non-Food-Abteilung gehe also zu Lasten der Tiefe des Lebensmittelsortiments. Bosbach, ahnt man, ist kein Freund der Non-Food-Abteilung.

Bis heute ärgert es ihn, wenn Verkäufer nicht gut beraten können. Bei manchen Produkten, er nennt sie »beratungsintensiv«, erwarteten Kunden Orientierung, zum Beispiel bei Wein, Fleisch, Kaffee oder Tee, von dem es im Laden manchmal 30 bis 40 Sorten gibt. Zumindest ein Mitarbeiter müsse sich mit solchen Produkten wirklich auskennen und ein Gefühl dafür entwickeln, was der Kunde wünsche. Bei anderen Produkten hingegen werde kaum nach Qualitätsunterschieden gefragt. Kartoffeln kann man fest oder weich kochen, sagt Bosbach, auch bei Tomaten seien die Unterschiede überschaubar. In einem Berliner Supermarkt hat er beobachtet, wie ein Kunde sich bei einer Verkäuferin nach dem Qualitätsunterschied zwischen zwei Flaschen Wein erkundigte. Warum denn dieser Wein 5,20 Euro koste und dieser 7 Euro? Darauf antwortete die Verkäuferin, der Unterschied sei 1,80 Euro. »Das ist für mich als Lebensmittelkaufmann natürlich der GAU«, sagt Bosbach. Die Antwort sei zwar richtig gewesen, beantwortete aber nicht die Frage des Kunden. »So etwas hätte auch ein Politiker sagen können«, sagt Bosbach.

Der Einzelhandelskaufmann in ihm meldet sich täglich. Er lässt ihn beim Wurstkauf »instinktiv« nach hinten greifen. »Weil ich weiß, die ältere Ware steht vorne.« Es empört ihn, wie häufig bereits abgelaufene Ware angeboten wird. Man könne sie zwar meistens noch essen, trotzdem gehörten solche Produkte nicht mehr ins Regal. Als Filialleiter musste er regelmäßig Lebensmittel wegschmeißen. Er tat es immer ungern, aber die Lebensmittelkontrolle war schon zu seiner Zeit sehr streng. Zu Hause achtet sein Frau heute penibel darauf, dass nichts im Kühlschrank steht, was länger als einen Tag abgelaufen ist. »Und wenn ich das dann trotzdem esse, bekommt Sabine regelmäßig die Krise«, sagt er. Er könne eben nicht gut Lebensmittel wegschmeißen, sagt er. »Das stammt noch aus dieser Zeit.«

Diese Aversion ist nicht das Einzige, was ihm aus den Tagen im Einzelhandel geblieben ist. So wie Bosbach im Karneval das Reden lernte, so lernte er im Supermarkt das Management und den Umgang mit Menschen. Die Arbeit bedeutete für ihn eine ideale Vorbereitung auf die Politik. In seiner Filiale an der Straße Siebenmorgen in Refrath war er bereits als Lehrling beschäftigt. Aus dieser Zeit kennt er viele der Mitarbeiter und erinnert sich daran, wer damals freundlich mit ihm umging. *Behandelt eure Untergebenen pfleglich, sie könnten eure Chefs werden,* ist eine Lehre. Und es ist nur die erste von vielen. Er lernte, dass man sich den Respekt der Angestellten nur durch Fleiß und Fairness verdienen kann. Der Chef müsse morgens als Erster kommen und abends als Letzter gehen, sagt er. Er dürfe keine längeren Pausen machen als die Mitarbeiter. Wichtig sei auch das berühmte offene Ohr. Der Mitarbeiter müsse das Gefühl haben, dass er immer zum Chef gehen könne, wenn er einen Fehler gemacht habe, und dass er dafür nicht einen Kopf kürzer gemacht werde. Deshalb müsse der Chef selbst bei größtem Ärger bedacht reagieren. Ebenso gebe es in Ministerien immer zwei Haltungen, sagt Bosbach. Entweder: Es ist ein Fehler passiert, und das darf der Chef auf keinen Fall wissen. Oder: Es ist ein Fehler passiert, und das muss der Chef sofort wissen. Nur wenn letzterer Fall die Regel sei, könne der Chef die Kontrolle behalten.

Bosbach lernt auch, dass die Kundenfreundlichkeit beim Chef beginnt. Die Mitarbeiter müssten gerne zur Arbeit kommen, weil sie täglich hundertfachen Kundenkontakt haben. Sie seien nur dann freundlich, wenn sie sich wohlfühlten, dafür müsse der Chef sorgen. »Nicht durch Bespaßung, sondern durch fairen Umgang«, so Bosbach. Kundenfreundlichkeit sei nicht zuletzt eine Frage der Disziplin. Er sagte früher seinen Mitarbeitern: Die Kunden machen keine Arbeit, die Kunden *sind* unsere Arbeit.

Dieses Mantra hat er mit in die Politik genommen. Auch hier predigt er seinen Mitarbeitern: »Die Bürger machen keine Arbeit, wenn sie mit Problemen zu uns kommen, sondern sie *sind* unsere Arbeit. Und wer die nicht gerne macht, ist im falschen Beruf.« Unzufriedene Kunden, lernte er, kommen nie wieder. Deshalb ging er sensibel mit Reklamationen um, obwohl sie eigentlich nicht berechtigt waren. Die Menschen würden akzeptieren, dass man nicht jedem Anliegen Rechnung tragen könne, wenn sie das Gefühl hätten, dass man sich ernsthaft damit auseinandersetze, so Bosbach. Ein älterer Herr reklamierte einmal eine Flasche Asbach Uralt bei ihm, die fast leer war. Die sei schlecht, sagte der Mann. Er hatte sie seinen Skatfreunden angeboten. Nach der ersten Runde sagte einer, mit dem Weinbrand stimme doch was nicht. Nach der zweiten Runde wuchs die Skepsis, und nach der dritten Runde waren sich alle einig, dass er den Asbach besser zurückbringen solle. Bosbach setzte sich mit dem Mann hin und trank den Rest der Flasche. »Der schmeckt doch wie alle anderen auch«, sagte Bosbach. Ja, stimmte daraufhin der Mann zu, »der war eigentlich gar nicht so schlecht.«

Bosbach erfährt auch, wie wirtschaftlich schädlich staatliche Reglementierung sein kann. Die Ladenschlusszeit um 18.30 Uhr ärgerte ihn. Einerseits habe es Tage gegeben, an denen er schon um 18 Uhr hätte schließen können, es aber der Konkurrenz wegen nicht tat. An anderen Tagen hätte er gerne die Öffnungszeit verlängert, weil die Kunden noch kurz vor Ladenschluss im totalen Einkaufsstress durch das Geschäft hetzten. Am Gründonnerstag zum Beispiel, einem der umsatzstärksten Tage im Einzelhandel: »Da war der Laden um halb sieben noch gerammelt voll.« Doch er musste die Kunden aussperren, sonst hätte die Konkurrenz gleich beim Ordnungsamt angerufen. »Ich habe nie verstanden, warum man an diesen Tagen nicht sagen kann, man macht um 19 oder 20 Uhr zu.« Das hätte auch den Stress für die Mitarbeiter deutlich reduziert, meint er. Einmal übte Bosbach den zivilen Ungehorsam und verkaufte hinter dem Geschäft auf der Rampe weiter. Aber eben nur einmal. Das gab Ärger. Den hatte er auch täglich mit Ladendiebstählen. Kameras oder andere Sicherheitsmaßnahmen existierten in seiner Filiale nicht. Er war auf Tipps von Mitarbeitern und Kunden angewiesen. Die Diebe stahlen nicht nur Waren, sondern auch Zeit. Besonders zeitraubend fand er es, sie der Polizei zu melden. Eine Strafanzeige erforderte stundenlanges Warten auf den Fluren des Amtsgerichtes, selbst wenn der Täter geständig war und gar keine Zeugen gebraucht wurden. Bosbach ließ deshalb manche Diebe nur mit einer Verwarnung oder einem Hausverbot davonkommen. Er entwickelte ein Gefühl für die unterschiedlichen Tätertypen. »Da habe ich viel gelernt fürs Leben«, sagt er. Wer ist potenzieller Wiederholungstäter, und wer macht so etwas nie wieder? Da ist der Schüler, der Zigaretten geklaut hat, sich danach entschuldigt und verzweifelt darum bittet, dass seine Eltern nicht benachrichtigt werden. Und da sind die anderen Täter, die routinierten und die gewalttätigen. Einmal wurde er von der ganzen Sippe eines jungen Diebes bedroht. Weil die Familie bis zur Schließung vor dem Laden auf Bosbach wartete, fuhr die Polizei ihn nach Hause.

Manche Diebe überraschen, manche sind gut gekleidet und professionell, doch einer ist Bosbach gleich aufgefallen. Er trägt einen Mantel, obwohl es warm draußen ist, und lädt sich gleich beim Reinkommen einen Haufen Zigarettenpakete in den Korb. Es gibt keinen Grund, sich Zigaretten gleich zu Beginn des Einkaufes zu holen, wenn man vorhat, sie später zu bezahlen, schließlich stehen die Zigaretten gleich bei der Kasse. Irgendwo zwischen den Gängen verschwinden die Packungen in seinem Mantel. Der Mann, ungefähr Bosbachs Alter, legt sich einen Saft in den Korb, mehr nicht. Es ist kurz vor Ladenschluss, und es war ein langer Tag, der für Bosbach wie immer morgens um sieben mit der Annahme der Lieferungen begonnen hat. Eigentlich hat er

*Der zweijährige Wolfgang Walter Wilhelm Bosbach mit Mutter Else, Vater Alfred und Schwester Hannelore im Wohnzimmer des Elternhauses in Bergisch Gladbach, in dem er aufwächst. Erst im Alter von 28 Jahren wird er von zu Hause ausziehen.*

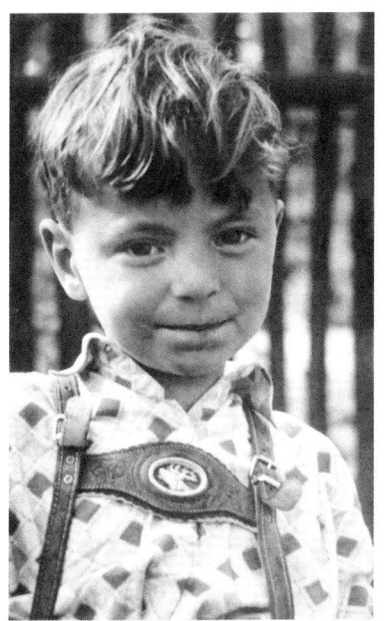

*Der kleine Wolfgang liebt seine Lederhose und die Wasserpistole, die er zu seinem fünften Geburtstag bekam. Als glücklich und unbeschwert habe er seine Kindheit erlebt, sagt er, seinen Eltern verdanke er alles, was er geworden sei.*

*»Mit der Wasserpistole spritzte er allen in den Nacken«, erinnert sich seine Mutter Else Bosbach. So auch beim Besuch ihrer Mutter im Westerwald 1957. »Der war schon ein wilder Bursche«, sagt Vater Alfred Bosbach heute über seinen Sohn.*

*Im Alter von neun Jahren wird Bosbach bei der Katholischen Jugend und als Messdiener bei einem karnevalsbegeisterten Kaplan seine ersten Büttenreden halten. Hier 1961 zu sehen als kleiner Prinzengardist ...*

*... und als Clown. Später wird er Präsident der Messdiener-Karnevalssitzungen, eine Vorbereitung auf höhere karnevalistische Würden. Früh übt sich eben schließlich, wer einmal ein Prinz werden will.*

*Bosbach als Schulkind mit seiner Schwester Hannelore. Sie war stets eine Musterschülerin, während er nicht durch übermäßigen Fleiß auffiel. »Ein gutes Pferd springt eben nur so hoch, wie es muss«, sagt Wolfgang Bosbach dazu heute.*

*Wenn es mal eng wurde, übte die Schwester mit ihrem Bruder für die Schule. Die spätere Lateinlehrerin half ihm auch, als er für das Abitur als Voraussetzung für das Jurastudium mit 28 Jahren Latein pauken musste.*

Besonders brav war Wolfgang Bosbach wohl nicht gewesen, wie man seinen Zeugnissen entnehmen kann, aber der Nikolaus kam 1960 trotzdem auch zu ihm in die Volksschule Bergisch Gladbach-Gronau.

Seinen Kommunionsanzug empfand Bosbach als »Höchststrafe«. Nach der Messe kaum zu Hause angekommen, fiel er in seinem feinen Zwirn gleich in den Bach im Garten, womit ihn Mutter Else bis heute gerne aufzieht.

*Leidenschaft Fußball: Der Sohn habe schon gegen alles getreten, bevor er überhaupt laufen konnte, erzählt seine Mutter. Sein schönstes Weihnachtsgeschenk war dieser Lederfußball, den er als Zehnjähriger bekam und hütete wie einen Schatz.*

*Der vierzehnjährige Bosbach schickte dieses Bild aus seinem Ferienaufenthalt im Kinder- und Jugendheim in St. Peter-Ording an seine Eltern. Er war das erste Mal von seiner Familie getrennt und hatte Heimweh.*

*Teenager Bosbach: Mit sechzehn Jahren begann er seine Lehre zum Einzelhandelskaufmann bei der Coop West AG. Hier kontrolliert er die Kartoffel-Lieferung. Fünf Jahre später wird er der bis dahin jüngste Supermarktleiter des Unternehmens sein.*

*Bosbach, 3.v.r., beim Fußballturnier des Kreisverbandes der Jungen Union. Sein bester Freund Horst Becker, 2.v.r., den Bosbach aus einer gegnerischen Mannschaft rekrutierte, ist nun der Torjäger im Team.*

*Einmal Prinz sein, das sei für einen Kölner das höchste Glücksgefühl, sagt Bosbachs politischer Ziehvater Franz Heinrich Krey, der ihn 1977 für die Rolle vorschlug. Prinz Wolfgang I. war geboren. »Das hat ihn über Nacht bekannt gemacht«, sagt Krey.*

keine Lust auf Konfrontation. Doch als der Dieb ganz gelassen an der Tiefkühltheke vorbei Richtung Kasse schlendert, spricht Bosbach ihn an. Ob es nicht sein könne, dass er sich zuvor schon Zigaretten geholt habe? Bosbach muss zweimal fragen, aber der Mann zuckt nur die Achseln und schüttelt den Kopf. Bosbach wird ungeduldig. Die Berieselungsmusik, die er sonst gar nicht mehr hört, nervt ihn jetzt. Er habe gesehen, wie er die Zigaretten holte, und wolle gerne wissen, wo die jetzt seien. Der Dieb setzt seinen Korb ab, kramt in seiner Tasche und zückt ein Messer. Entschlossen steht er da, das Messer auf Bosbach gerichtet. Der schaut in die Tiefkühltruhe zu seiner Rechten, sieht die gefrorenen Pizzen, das Eis, das Tiefkühlgemüse im Sonderangebot und – das ganze gefrorene Kaninchen, Vorder- und Hinterbeine von sich gestreckt. Wie oft hat er sich überlegt, ob man ein ganzes Kaninchen nicht attraktiver anbieten könnte, so archaisch ist der Anblick. Doch jetzt ist er dafür dankbar. Er packt es an den Hinterläufen und streckt es dem Dieb entgegen. Ein Florett. En garde!

»Es tat mir leid um das Tier«, sagt Bosbach heute, »aber es war ja schon tot.« Schlimmer als solche Situationen seien für ihn jedoch die Personaldiebstähle gewesen. Zweimal sei ihm das passiert. Eine Kassiererin rechnete für eine Bekannte immer nur jeden dritten Artikel ab. Eine andere stahl aus der Kasse. In beiden Fällen war er total überrascht. Er kannte die Mitarbeiterinnen schon aus Lehrlingszeiten, sie waren immer nett und freundlich. Der Vertrauensverlust war dramatisch, sagt Bosbach. »Du guckst den Menschen eben immer nur vor den Kopf. Eine Lehre fürs Leben.«

Eine weitere Lehre ist, dass Fleiß sich lohnt. Den Ehrgeiz, der ihm in der Schule fehlte, habe er im Beruf umso stärker entwickelt, so Bosbach. Im Supermarkt bekommt er das Resultat seiner Arbeit Schwarz auf Weiß. Wenn er im Vergleich sehen kann, dass seine Filiale über dem Durchschnitt des Umsatzzuwachses liegt, fühlt er sich bestätigt. Der Ehrgeiz sei es auch gewesen, der ihn wieder in die Ausbildung trieb. Nach zwei Jahren habe er sich gefragt, was er mit den restlichen 45 Jahren seines Berufsleben anfangen solle. Um im Unternehmen weiter Karriere machen zu können, schreibt er sich an der Rheinischen Akademie in Köln ein, einer Fachhochschule für Betriebswirtschaft. Hier kommt Bosbach das erste Mal mit Jura in Berührung. Handels- und Gesellschaftsrecht ist ein Unterrichtsfach. Da habe es bei ihm Klick gemacht, sagt Bosbach. »Ich wusste, die Beschäftigung mit dem Recht ist das, was ich eigentlich gerne machen möchte.« Möglicherweise hat auch die Berührung mit der Politik sein Interesse an Jura gesteigert. Zu dieser Zeit ist Bosbach bereits Mitglied des Kreistages im Rheinisch-Bergischen Kreis. Tagsüber macht er die Ausbildung, abends und am Wochenende widmet er sich der Politik. Für das Jurastudium, das ihm nun vorschwebt, braucht er ein Abitur. »Es wäre aber meinen Eltern gegenüber völlig unmöglich gewesen, die dreijährige Ausbildung abzubrechen, um das Abitur nachzuholen.« Also macht er erst mit einer Note von 2,3 das Examen zum staatlich geprüften Betriebswirt, um sich dann auf das Abitur vorzubereiten. Zu seinem Leidwesen muss er dafür Latein lernen, was ihm schwerfällt. Zweieinhalb Jahre paukt er am Köln Kolleg. Seine Schwester, die mittlerweile Lateinlehrerin geworden ist, hilft ihm. 1980, Bosbach ist 28 Jahre alt, besteht er das Abitur mit 2,1. Erst jetzt zieht er von zu Hause aus. »Nun ist auch mal gut«, denkt seine Mutter da.

Bisher hatte sich Bosbach durch Ersparnisse aus seiner Supermarktzeit finanziert und einen Sommer lang für die Post Briefe ausgefahren, weil das damals, wie er sich erinnert, gut bezahlt wurde und er seine Runde mit dem Fahrrad schnell erledigen konnte. Doch mit Blick auf das bevorstehende lange Studium braucht er einen Job. Er nimmt eine Halbtagsstelle bei dem Bundestagsabgeordneten seines Kreises, Franz Heinrich Krey, an, dessen Wahlkampf er geleitet hat. Die beiden kennen sich schon aus Bosbachs Anfängen bei der Jungen Union. Bosbach wird 1972 Vorsitzender des JU-Stadtverbandes mit etwa 300 Mitgliedern. Auch Krey hatte über sechs Jahre lang dieses Amt inne. So tritt Bosbach schon in Kreys Fußstapfen, bevor der überhaupt damit begonnen hat, ihn zu fordern. Die Beziehung wird Bosbachs politische Laufbahn entscheidend prägen. Krey setzt sich als Präsident der Großen Bergisch Gladbacher Karnevalsgesellschaft von 1927 e.V., dafür ein, dass Bosbach Karnevalsprinz wird, wodurch er lokale Prominenz erlangt und sich mit den Wirtschaftsführern der Region vernetzen kann. Bosbach übernimmt später von Krey die Präsidentschaft der Großen Gladbacher ebenso wie den Wahlkreis. Krey spezialisiert sich auf innere Sicherheit, wird stellvertretender Vorsitzender des Innenausschusses, dessen Vorsitz Bosbach 2009 übernimmt. Häufig wird Krey deshalb als Bosbachs Ziehvater bezeichnet. Bosbach selbst bezeichnet Krey als Mentor. Er ist sein politisches Vorbild: »Ich habe in der Politik nie einen getroffen, der so bürgernah war wie er.« Krey habe ihm immer gesagt, das Wichtigste für einen Politiker seien Papier und Bleistift. Wenn ein Mensch mit einem Anliegen komme, müsse man es sofort aufschreiben. »Man kann nicht immer helfen, aber man kann sich zumindest kümmern.«

Nach unserer Abreise aus Mallorca besuche ich Franz Heinrich Krey in seinem Haus in Bergisch Gladbach. Als ich ihm diese Anekdote erzähle, muss er lächeln. Er habe sich nicht als Vorbild für Bosbach gefühlt, sagt er. »Eher wie sein Vorläufer in der Rolle von Johannes dem Täufer.« Er lacht. Es könne ja sein, dass Bosbach ein bisschen was von ihm gelernt hat, sagt er dann. »Aber ich habe mindestens ebenso viel von ihm profitiert.« Wir sitzen im großen Wohnzimmer, das eine offene Glasfront zum gepflegten Garten hin hat. Die goldenen Holzstühle sind mit altrosa Samt bezogen, auch die Tischdecke ist altrosa, darüber liegt eine weiße Spitzendecke. An der Wand hängt ein beleuchtetes Ölbild mit Schiffen auf hoher See. Der 83-Jährige trägt eine elegante Leinenjacke und zeigt mir die auf dem PC gespeicherten Fotos der Einfachheit halber auf dem großen Fernseher. Ein Buch, von dem ich ihm erzähle, will er später im Internet suchen. Krey ist beeindruckend fit. Nur seine Frau Inge, die uns gebrühten Kaffee bringt, findet das heute nicht.

»Schau mich mal an, Franz Heinrich«, sagt sie. »Was ist denn mit deinem rechten Auge?«

»Was ist denn da?«

»Das ist geschwollen.«

»Kann sein«, sagt er.

»So ist der normal nicht«, sagt sie zu mir und geht.

Wir treffen uns einen Tag, nachdem Bosbach den Preis für Zivilcourage des Düsseldorfer Freundeskreises Heinrich Heine entgegengenommen hat. Die Lokalzeitungen berichten groß darüber. Bosbach hat in den vergangenen Monaten viele solcher Preise erhalten. Die Bürgergesellschaft Thielenbruch hat ihm den Orden für Zivilcourage und Charakter verliehen, dafür dass er an seinen Prinzipien festhalte und nicht mit dem Strom schwimme. Der Bonner Medienclub hat ihn mit dem Bröckemännche-Preis für mutiges Verhalten geehrt. Es ist seine abweichende Haltung beim zweiten Euro-Rettungspaket, für die er gefeiert wird. »Jetzt fehlt eigentlich nur noch die Seligsprechung«, sagt Krey und lacht wieder. Den rheinischen Humor, so scheint es, hat er mit Bosbach gemeinsam.

Die Frage, wann er gewusst habe, dass Bosbach sein Nachfolger werde, kann er nicht beantworten. Es scheint, als sei das einfach selbstverständlich und beinahe zwangsläufig gewesen. Krey weiß noch, wie angetan er von dem jungen Bosbach war, als er ihn kennenlernte. »Ich hatte gleich das Gefühl, aus dem wird mal was.« Obwohl sich die beiden im Karneval bereits begegnet sind, lernen sie sich erst besser kennen, als Bosbach 20-jährig JU-Vorsitzender wird. WoBo habe damals schon eine beachtliche Fähigkeit gehabt, sich auszudrücken, sagt Krey. Damals begann die örtliche CDU damit, Gruppenreisen zu organisieren. Krey erinnert sich gut an eine Veranstaltung für Teilnehmer einer Amerikareise, bei der Bosbach einer der Reiseführer war. Sein Briefing der Teilnehmer sei humorvoll und spritzig gewesen, habe aber zugleich eine profunde Kenntnis der amerikanischen Geschichte und der aktuellen Lage bewiesen. »Das hat mich ungeheuer beeindruckt«, sagt Krey. Bosbach war noch nie in den USA gewesen. »Es war offensichtlich, dass er sich gründlich vorbereitet hatte.« Krey ist damals als Präsident der Großen Gladbacher und Mitglied im Prinzenküraussschuss auf der Suche nach einem neuen Prinz Karneval. Kann man sich einen Karnevalsprinzen so ungefähr als ein Pendant zur Weinkönigin vorstellen? Für Karnevalsanalphabeten wie mich erklärt Krey geduldig, dass das sogenannte Dreigestirn aus den Symbolfiguren Prinz, Bauer und Jungfrau besteht, welche die Hauptrepräsentanten des Karnevals sind. Sie nehmen während der Session, die am 11.11. um 11.11 Uhr beginnt und an Aschermittwoch endet, an zahllosen Veranstaltungen teil und halten Reden. Ihren größten Auftritt haben sie auf dem großen Umzug in Bergisch Gladbach am Karnevalssonntag, dessen Höhepunkt der Wagen Seiner Tollität, des Prinzen, ist. Er kommt zuletzt und ist am prunkvollsten geschmückt. Die Darsteller des Dreigestirns wechseln jährlich und sind oft Gegenstand heftigen Lobbyings. »Einmal Prinz sein, das ist für einen Kölner das höchste Glücksgefühl«, sagt Krey völlig ohne Ironie. Die Rolle ist zwar für die Darsteller mit großem persönlichem und materiellem Aufwand verbunden, verspricht aber Ehre, lokale Bekanntheit und ein Netzwerk an neuen Bekanntschaften.

Krey hat hohe Ansprüche an das Dreigestirn: Einen guten Leumund müssten sie haben, was man heutzutage wohl als Ruf oder Image bezeichnen würde, eine gewisse Ausstrahlung mitbringen, hübsch anzusehen sein. Und noch etwas sei wichtig: »Man muss ihnen ansehen, dass ihnen Karneval Freude macht.« Krey hat Bosbach schon erlebt, als dieser noch Sitzungspräsident des Messdienerkarnevals war. Er hält ihn für eine ideale Prinzenbesetzung und schlägt ihn vor. Der Rest ist, wenn man Krey glauben darf, Geschichte. »Das hat ihn über Nacht bekannt gemacht«, sagt er. »Er hat eine glänzende närrische Regierungszeit hingelegt.« Die Medien hätten umfangreich berichtet, so sei er nicht nur in der Stadt, sondern auch in der Region bekannt geworden.

Aber nicht nur im Karneval, auch in der Politik laufen sich Krey und Bosbach immer häufiger über den Weg. Bosbach lässt sich 1975 das erste Mal zur Wahl für ein öffentliches Amt, die Mitgliedschaft im Kreistag des Rheinisch-Bergischen Kreises, aufstellen und wird für vier Jahre gewählt. Als Krey Geschäftsführer der CDU-Rheinland ist, wird Bosbach kurzzeitig Vorsitzender des CDU-Stadtverbandes, ist ungewöhnlich jung für das Amt. Es wird ein kurzes Missvergnügen, er hat Ärger mit alt eingesessenen Vorstandsmitgliedern, bald gibt er das Amt wieder auf. »Er hat die Wirkung seiner lockeren Art auf die Zuhörer manchmal unterschätzt«, sagt Krey. Seine schlagfertigen Kommentare wurden manchmal nicht als Spaß verstanden, sondern als Sarkasmus. »Das hat dann schon mal Wunden geschlagen«. Vielleicht habe Bosbach aber damals einfach die Geduld und das Sitzfleisch für diese Arbeit gefehlt. Kreys CDU-Vorgänger im Wahlkreis, der langjährige Bundesminister Paul Lücke, hatte Krey einen Rat mit auf den Weg gegeben: »Politik wird nicht nur mit dem Kopf gemacht, sondern auch mit dem Hintern. Du musst aussitzen können!« Und das, so Krey, liege nun einmal dem Wolfgang Bosbach so gar nicht.

Wenig später zeichnet sich ab, dass Krey gute Chancen hat, als CDU-Bundestagskandidat für den Wahlkreis nominiert zu werden. »Ich habe dann relativ schnell den Kontakt zu WoBo gesucht«, sagt er. Gleich nach seiner Nominierung bittet Krey ihn, sein Wahlkampfleiter zu werden. Die Kampagne 1976 wird ein Erfolg. Er gewinnt fast 50 Prozent der Erststimmen und löst damit seinen SPD-Vorgänger ab. Weil Bosbach eine Halbtagsstelle braucht, soll er fortan für Krey die Wahlkreisarbeit organisieren. Über zwölf Jahre wird er sein Mitarbeiter sein. Während dieser Zeit studiert Bosbach nach dem Abitur zwölf Semester Jura und absolviert 1988 das Erste Juristische Staatsexamen mit der Note Ausreichend. Er wird Referendar beim Amtsgericht Wipperfürth, bei der Staatsanwaltschaft in Köln und bei der heimatlichen Kreisverwaltung. Einige Monate seines Referendariats verbringt er in der Kanzlei Winter, Jansen und Lamsfuß, die sich heute Winter Rechtsanwälte nennt. Sie bieten Bosbach nach seinem Zweiten Juristischen Staatsexamen 1991 eine Stelle an, unabhängig von der Note, die ein Befriedigend wird. Bosbach ärgert, dass er am Vollbefriedigend knapp gescheitert ist, ein Prädikatsexamen hätte er schon gerne gehabt. Doch auch ein Befriedigend gilt unter Juristen als überdurchschnittliche und höchst respektable Note. Nebenher verfolgt er seine eigene politische Karriere, wird Mitglied des Rates der Stadt Bergisch Gladbach, dem er 20 Jahre lang angehört.

Krey schätzt die Ausbildung seines Mitarbeiters, die auch für die Politik ein Gewinn ist. Er ist beeindruckt von Bosbachs Pensum, selbst wenn es manchmal zulasten der Zusammenarbeit geht. »Ich habe ihn oft nicht zu packen bekommen«, sagt er. Wenn er Bosbach um Unterlagen oder Ausarbeitungen bittet, kommt dieser manchmal abends bei ihm vorbei und wirft die Unterlagen in den Briefkasten, obwohl Krey sie gerne mit ihm besprochen hätte. Wenn es Klärungsbedarf gibt, ist Bosbach schon längst wieder weg. Er sei eigentlich immer gehetzt gewesen, erinnert sich Krey. Daran habe sich bis heute nichts geändert. Er komme einfach selten zur Ruhe, sei meist auf dem Sprung oder am Handy. Dadurch gelinge ihm aber auch das

Kunststück der Multipräsenz. »Ich habe damals nicht die Bonner Karriere, sondern den Wahlkreis in den Vordergrund meiner Arbeit gestellt«, sagt Krey. Bosbach hingegen gelänge beides. »Er ist bundesweit präsent, aber jeden Tag auch bei einer wichtigen Begegnung im Wahlkreis.« Wie er das beides schaffe, das sei wirklich beachtlich. Ein typisches Beispiel für Bosbachs Allgegenwärtigkeit: Nach seinem Auftritt auf dem Gladbacher Karnevalszug 2011 saß er abends in Günter Jauchs ARD-Sendung, um über den möglichen neuen Bundespräsidenten zu diskutieren. Was den *Kölner Stadtanzeiger* zu der Frage verleitete: »Hat der Mann sich klonen lassen?« Bosbach erinnert den Autor Malte Ewert mit seiner Termindichte an den ehemaligen Bundesaußenminister Hans-Dietrich Genscher, der sich, so heißt es, bei seinen zahlreichen Auslandsreisen selbst in der Luft begegnet sei, als Passagier in Flugzeugen mit unterschiedlichen Zielen.[39]

Nur gesund, sagt Krey, gesund sei das alles sicher nicht. Nach seiner Herz-OP an der Berliner Charité sei Bosbach gleich zu Sabine Christiansen in die Talkshow gegangen. Woran liegt das, möchte ich wissen? Ist es die Sucht, öffentlich zu wirken, eine Gier nach Anerkennung? Krey setzt an, hält inne. »Also ich würde mich auch nicht davon freisprechen, so eine Art der Präsentation interessant zu finden«, sagt er dann. »Aber die richtigen Prioritäten zu setzen und auch mal Nein zu sagen, das fällt dem Wolfgang Bosbach besonders schwer.« Darüber spreche er jedoch nicht mit ihm, das würde auch gar nichts nutzen. Bosbach habe ihm früh von seiner Krebserkrankung erzählt, er wolle das nicht an die große Glocke hängen, habe er damals gesagt, und es machte dann trotzdem ziemlich schnell die Runde. Inzwischen erwähne er das Thema gar nicht mehr, weil er ihn nicht immer wieder mit seiner Krankheit konfrontieren wolle. »Aber es ist schon zu beobachten, dass das nicht einfach ist.« An seinem Arbeitspensum habe Bosbach ohnehin überhaupt nichts verändert, sagt Krey. »Mein Vater hat immer gesagt: wo es nicht drin ist, da kann man es nicht reinschlagen.«

Inge Krey schenkt Kaffee nach. Auch sie kennt Bosbach bereits viele Jahre. An der von ihm organisierten USA-Reise hat sie teilgenommen. »Damals war der Wolfgang noch loss und ledig, wie man hier sagt.« Ihr Mann nickt. »Der war unter den jungen Damen schon sehr bekannt.« Einige von ihnen werden, wie es in Liebesdingen gelegentlich vorkommen soll, von ihm enttäuscht. Krey erfährt das, weil Menschen auf ihn zukommen, die ihn davor warnen, Bosbach zu seinem Nachfolger zu machen. Er macht sich die Mühe, die Motivationen dieser Menschen zu recherchieren. »In zwei Fällen weiß ich sicher, dass das Väter von enttäuschten Töchtern waren, die sich Hoffnungen gemacht hatten«, sagt er. An fundierte oder berechtigte Kritik an Bosbach kann Krey sich hingegen nicht erinnern. Im Gegenteil: Bosbach habe als Karnevalspräsident begeistert, und er leiste großen Einsatz für seinen Wahlkreis, wo er für seinen Fleiß und seine Kompetenz geschätzt werde. Auch später, als Bosbach Mitglied des Bundestages wird, hört Krey oft Worte des Lobes für ihn. Einen guten Nachfolger habe er da, sagen ihm ehemalige Fraktionskollegen: »Der wird Minister.« Bosbach selbst scheint das ebenfalls geglaubt zu haben. Es ist nicht die einzige Karriererechnung, die ohne eine Pfarrerstochter aus der Uckermark gemacht wurde.

# MANDATSSTRAMPELN

Skifahrer sind beim Kölner Karneval klar im Vorteil. Zumindest bei diesem Rosenmontagszug. Es hat um die null Grad, und Pippi Langstrumpf vor mir tritt von einem Fuß auf den anderen. Ihre Freundin Biene Maja reibt sich die Hände, ihre goldenen Fühler zittern in der klaren Luft. Nur Wolfgang Bosbach friert nicht. Wir stehen auf der Ehrentribüne der ältesten Kölner Karnevalsgesellschaft, der Kölsche Funke Rut-Wiess. »Skiunterwäsche!«, ruft er über die Musik des vorüberziehenden Zuges hinweg. Der Mann ist offensichtlich kein Anfänger. Immer wieder kommen Leute vorbei, die ihm die Hand schütteln wollen. »Wie geht es Ihnen denn?«, fragt eine runde Person in rotem Tüll mit mütterlicher Stimme. »Ach gut, danke«, antwortet Bosbach. In der Gardeuniform der Roten Funken bietet er heute einen ungewöhnlichen Anblick. Er trägt kniehohe Lederstiefel, weiße Hosen mit roten Seitenstreifen, ein weißes Rüschenhemd, darüber einen roten Frack, der mit goldenen Schließen und Schulterstücken verziert ist. Sein Kopf steckt unter einem schwarzen Dreieckshut mit weißem Federbusch, unter dem an den Seiten graue Perückenlocken hervorschauen. Er sieht, nun ja, verkleidet aus, denke ich, als mich der Schlag trifft. Und zwar buchstäblich. Bei näherem Hinsehen stellt sich der als eine Tafel Schokolade heraus, die mir von einem Wagen an den Kopf geschleudert wurde. Bosbach hatte mich gebrieft: Alaaf heißt es, auf gar keinen Fall Helau, aber auf einen Beschuss war ich nicht vorbereitet. Bosbach schon. Er duckt sich rechtzeitig. Kein Anfänger eben.

Wie ein roter Faden zieht sich der Karneval durch sein Leben. Seine Rollen und die Begegnungen im Karneval haben ihm nicht nur in seiner politischen Karriere geholfen, sie haben zugleich sein privates Leben entscheidend geprägt. Schließlich war es eine Karnevalsfeier, auf der er seine Frau Sabine kennenlernte, auch sie kommt aus einer Karnevalsfamilie, ihr Vater war Bauer im Gladbacher Dreigestirn. Deshalb, so bilde ich mir ein, muss man Bosbach im Karneval erleben, um ihn zu verstehen. Ob ich denn überhaupt wisse, wann Karneval sei, will der wissen, als ich vorschlage, ihn zu begleiten. Na ja, vor Aschermittwoch? Aber wie werde das ermittelt, will Bosbach wissen. »Es stellt sich ja keiner hin und sagt, an diesem Datum ist Karneval.« Ich muss passen und lerne: Am ersten Sonntag, der auf den ersten Vollmond im Frühling folgt, ist Ostersonntag. Und genau 48 Tage davor ist Rosenmontag. Der heutige ist sogar für einen eingefleischten Karnevalisten wie Bosbach ein besonderer. Er darf als Ehrengast des Rote-Funken-Präsidenten auf dem mit üppigen Blumenbouquets geschmückten Wagen der Garde mitfahren und von dort Kamelle ins Volk werfen. Die Uniform hat er eigens für diesen Tag schneidern lassen. Viermal musste er sie probieren, zunächst wurde nur ein Dummy gefertigt. Lediglich die Stiefel waren ihm mit 700 Euro zu teuer, die konnte er von einem Freund leihen. Bosbachs Tag hat um sechs in der Früh begonnen, als er mit dem Spielmannszug durch die noch dunklen Straßen zog, um die Menschen zu wecken. Nach einem Frühstück um sieben ging es dann für fast acht Stunden auf den Wagen zu Deutschlands größtem Karnevalsumzug. Über eine Million Menschen feiern heute in Köln. Weil der Wagen der Roten Funken relativ weit vorne fährt und deshalb gegen Nachmittag durch ist, kann Bosbach von der Tribüne aus noch den hinteren Teil des Zuges anschauen. Er lacht und staunt, als sähe er das alles zum ersten Mal. »Oh, was für ein schöner Anblick«, sagt er, als die Funkenmariechen vor uns von starken Männern durch die Luft gewirbelt werden. »Das arme Pferd!«, ruft er über einen Mann, der etwas überdimensioniert für sein Tier aussieht. Und als ein Lied seiner Lieblingsband Höhner gespielt wird, singt er im Kamelle-Hagel laut mit: »Der liebe Gott weiß, dass ich kein Engel bin … das mit dem Himmel, das kriegen wir schon hin.«

Die ganze Familie Bosbach ist heute dabei, die Töchter Caroline, Natalie, Viktoria und seine Frau Sabine. Auf politische Veranstaltungen kommt Sabine Bosbach selten mit, zum Karneval dafür fast immer. Heute trägt die sportliche 49-Jährige bunte Blumen im dunklen Haar und etwas Glitzer im Gesicht. Tochter Caroline, die extra aus Berlin eingeflogen ist, hat sich am Flughafen schnell umgezogen und lange silberne Wimpern aufgeklebt. Es ist also so etwas wie ein Familienausflug, dieses wilde Getümmel unter Dauerbeschuss. Da gehört die ganze Familie zusammen wie an Heiligabend auch. »An Weihnachten und Karneval gehören wir nach Hause«, sagt Bosbach. Vor vielen Jahren ist es ihm passiert, dass er zu Fasching in den Alpen war und auf einer Skihütte im Fernsehen den Kölner Rosenmontagszug sah. Ein echter emotionaler Tiefpunkt sei das gewesen, sagt er.[40]

Nur einmal war selbst Bosbach dafür, den Karneval ausfallen zu lassen. 1991 votierte er wegen des ersten Golfkrieges für eine Absage. Seit der Hamburger Flutkatastrophe 1962 war es das zweite Mal, dass Sitzungskarneval und Umzug ausfielen. Die Entscheidung war hoch umstritten, wurde als bigott und populistisch kritisiert: War nicht auch in den vorangegangenen Jahren irgendwo auf der Welt Krieg gewesen, und man hatte trotzdem gefeiert? Sollte man jetzt nur deshalb, weil der Irakkrieg in Deutschland medial präsenter war, das Feiern lassen? Ja, fand Bosbach. »Der Unterschied lag in der Kraft der Bilder«, sagt er.

»Der Krieg war durch das Fernsehen erstmals live in allen Wohnzimmern, und niemand wusste zu Beginn, wie lange er dauern, wie verlustreich er werden würde.«[41] Natürlich waren viele in seiner Heimat damals enttäuscht von Bosbachs Haltung. Als Rechtsanwalt musste er dann auch die Konsequenzen der Absage ausbaden, weil seine Karnevalsgesellschaft von Künstlern verklagt wurde. Ein unerfreuliches Kapitel in Bosbachs Narrenleben.

»Karneval spürt man, oder man spürt ihn nicht«, sagt Bosbach, gerade als sich mir ein Marzipanbrot in die Stirn bohrt. Für alle, die es eher schmerzlich spüren, versucht er zu erklären, dass der Reiz darin bestehe, einmal in eine andere Rolle zu schlüpfen, ausgelassen zu feiern, die Sorgen des Alltags zu vergessen. »Karneval ist ungezwungene Fröhlichkeit.« Für Bosbach ist er auch ein Symbol für die klassenlose Gesellschaft. »Da tanzt der Vorstandsvorsitzende mit der Reinigungskraft, und nicht weil er Bürgernähe demonstrieren will, sondern weil das ganz selbstverständlich ist.«[42] Schon von seinen Anfängen her sei Karneval herrschaftskritisch gewesen, eine Persiflage auf die Attitüden der Herrschenden, ihre Traditionen, das Militärische. Und die Karnevalsorden seien Persiflagen auf militärische Auszeichnungen, ebenso wie die Karnevalsgarden sich mit ihren Blumen im Holzgewehr über sich selbst lustig machten. »Das war *Give peace a chance* lange vor den Hippies«, sagt Bosbach.[43] Die Kölner haben, wenn man ihm glauben darf, nie viel für Revolutionen oder tapferes Soldatentum übriggehabt. Gerne zitiert er eine alte kölsche Legende, der zufolge ein Soldat im scharfen Schusswechsel ausrief: »Wie könnt ihr nur schießen? Hier stehen doch Menschen!« Nicht einmal die Kölner Uni sei ein Ort revolutionärer Bewegung gewesen. Bosbach erinnert sich, dass während der RAF-Zeit eines Morgens jemand »Rosa Luxemburg« an die Wand der Hochschule geschrieben hatte. Bis zum Mittag hatte jemand das »Rosa« in »Radio« verwandelt. Damit war die Revolution ins Karnevalistische abgeglitten, und damit war sie dann auch zu Ende. Der Psychologe Wolfgang Oelsner erklärt diese rheinische Leichtigkeit damit, dass die Kölner sich nie an einer Obrigkeit abarbeiten mussten.[44] Seit 1288 war der Erzbischof nicht mehr Stadtherr in Köln, Fürst und Hof gab es nicht. Die Kölner Gesellschaft habe deshalb alles unter sich ausgemacht.

Bosbach liebt dieses rheinische Lebensgefühl. Man nehme hier, sagt er, die Dinge nicht wichtiger oder ernster, als sie seien. Beim Fußball werde das auch deutlich. Beim letzten Saisonspiel des 1. FC Köln in Ingolstadt, als der Aufstieg schon ausgeschlossen und eigentlich nichts mehr zu holen war, fuhren trotzdem noch 4000 Fans mit. »Die hatten Riesenfreude! Wo gibt's denn so was? Aber wir sagen: Et jeht immer wigger, Hauptsach mer hann Spaß.« In keinem Stadion sei die Stimmung vor Anpfiff und nach Abpfiff so gut wie in Köln. Einmal als der Verein abstieg, sangen im Stadion 40 000 Menschen Karnevalslieder. »Woanders wird der Trainer entlassen, die Mannschaft bedroht und der Bus mit Steinen beworfen, und wir haben Karnevalslieder gesungen!« Als weltoffen, aber provinziell werden die Kölner bezeichnet, und das gilt auch für Bosbach. Er ist nicht nur heimatverbunden, sondern geradezu patriotisch, und zwar patriotischer Bergisch Gladbacher. Im vergangenen Jahr habe er sich mit kroatischen Politikern in Berlin getroffen, erzählt er, die gerade auf Deutschlandreise waren. München und Berlin hätten ihnen gefallen, aber ins Schwärmen gerieten sie erst, als sie von ihrem Aufenthalt in Köln erzählten. Die Menschen seien gleich mit ihnen ins Gespräch gekommen, die ganze Stadt sei von Herzlichkeit und Wärme geprägt gewesen. Bosbach wirkt beinahe gerührt, als er das erzählt. Er ist stolz auf seine Heimat. Auch im Ausland bekommt er Sehnsucht danach. Als er mit seiner Frau das kalifornische Napa Valley besuchte, war er von der hügeligen grünen Landschaft sehr angetan. »Das gefällt dir ja nur so gut, weil es aussieht wie zu Hause«, habe seine Frau gesagt. Und als er einmal durch Zufall in einer Sommernacht auf dem Londoner Trafalgar Square auf eine Schülergruppe aus Köln stieß, die das Lied der Bläck Fööss, *En unserem Veedel,* sangen, seien ihm die Tränen gekommen. Er stellte sich dazu und sang mit, so wie er es im Karneval immer wieder gerne mitsingt.

Seit Wochen ist Bosbach nun unterwegs in Sachen ungezwungener Fröhlichkeit, in den letzten Tagen fast rund um die Uhr. Noch vor zwei Tagen ging er zur großen Karnevalsparty in Bergisch Gladbach. Bosbach und Freund Horst Becker waren als die Beatles vom *Sergeant-Pepper*-Album verkleidet, Bosbach in rot, Becker in grün. Am Tag darauf dann der große Umzug in Bergisch Gladbach, am Montag Köln. Anstrengend findet er das alles nicht. »Karneval ist für mich Vergnügen pur«, sagt er. Jede Karnevalssitzung habe für ihn mindestens so viel therapeutische Wirkung wie eine ganze Ladung Pillen.[45] Bei den Umzügen freuen ihn nicht nur die Choreografie und die Kreativität, sondern auch die Logistik. Eine absolute Meisterleistung sei es, wie so ein ganzer Zug im richtigen Tempo durch die Menge geschleust werde. »Und fällt Ihnen eigentlich auf, dass man kaum ein Martinshorn hört?« Dass bei so vielen Menschen alles glattläuft, das ist schon beachtlich, findet er. Bosbachs ausgelassene Stimmung trübt sich nur kurz, als ein Wagen vorbeifährt, auf dem ein riesiges Schwein aus Pappmaché liegt, dessen Gesichtszüge sehr an die der Bundeskanzlerin erinnern. »Geschmacklos« findet er das. Oft verwechselten eben die Leute krass mit lustig. Scherze sollten über der Gürtellinie bleiben und nicht auf Kosten von Minderheiten gehen. Es stört ihn auch, wenn die Kirchen angegriffen werden. Er empfindet das nicht als mutig, sondern als Mainstream.

Politik im Karneval nervt Bosbach. Für ihn ist entscheidend, dass »zweckfrei« gefeiert wird, dass damit kein bestimmtes Ziel verfolgt wird.[46] Er hält nichts von Politikern, die die Narrenzeit nutzen, um Volksnähe zu demonstrieren. Die Frage, ob es ihm im Leben mehr bedeute, Vorsitzender des Innenausschusses geworden zu sein oder Prinz Karneval, kann er nicht beantworten. »Genauso könnten Sie mich fragen: Welche Tochter lieben Sie am meisten?«[47] Die allerletzte Karnevalssitzung werde jedenfalls für ihn schwerer sein als die letzte Parteiversammlung. Doch Bosbach bestreitet nicht, dass der Karneval seiner Karriere geholfen hat. In seinem Wahlkreis ist seit fast 40 Jahren der Präsident der größten Karnevalsgesellschaft und in Personalunion der Abgeordnete des Bundestags. Sowohl sein Vorgänger Krey wie auch er wurden Präsidenten, bevor sie Parlamentarier wurden. »Natürlich kann man auch ohne Bezug zum Karneval Karriere machen«, sagt Bosbach, »aber er erleichtert vor allem den Zugang zu den Menschen.« Er erinnert sich an eine Podiumsdiskussion in seinem ersten Wahlkampf. Damals fragten ihn seine Mitbewerber, woher er so viele Leute im Publikum kenne. Die dachten, er habe seine Fans mitgebracht. »Aber die meisten Leute kannte ich aus dem Karneval oder vom Sport, die wollten einfach mal sehen, wie ich mich da so schlage.« Im Karneval wurde er schnell vielen tausend Menschen bekannt. »Man hat gemeinsame Erlebnisse und Erinnerungen, dadurch bildet sich Vertrauen.«

Aber hat seine Liebe zum Karneval Bosbach vielleicht auch geschadet? Der Berliner *FAZ*-Korrespondent Günter Bannas, auch er ein rheinischer Katholik, hat in einem Leitartikel am Samstag vor Rosenmontag die These aufgestellt, dass im politischen Berlin zu viel Lebensfreude nicht goutiert werde. Als Beispiel dafür führt er an, dass man Bosbach nicht zum Minister gemacht habe. Er sei zwar eigentlich an der Reihe gewesen, doch nicht nur sein rheinischer Singsang klinge in Berlin zu sehr nach Provinzfasching, schreibt Bannas, die Bilder von ihm mitten im närrischen Frohsinn sähen auch zu sehr danach aus. Das Schlimmste indes sei, dass Bosbach eben Karnevalspräsident war und als solcher kostümiert Büttenreden hielt. »Dies aber wirkt sich für einen aus der Berliner Politik noch schlimmer aus als etwa Auftritte des örtlichen Bürgermeisters auf einer Modemesse.« Für unbedachte Rede oder Ironie sei in Berlin kein Platz, in der Deckung lebe es sich am besten, die Kanzlerin mache es vor. Im Fernsehen sei deutlich zu sehen, dass Bosbach nicht aus Karrieregründen zum Karneval ginge, sondern »weil er es gerne tut und es genießt«. Das aber gehe, wie Bannas resümiert, nun schon gar nicht: »Die Leute rund um den Reichstag dürfen alles sein: zynisch und frech, strebsam und ehrgeizig, machtversessen und hinterlistig, sogar gutmenschlich. Aber eines dürfen sie nicht: sich sichtbar des Lebens erfreuen – nicht zweckgerichtet, sondern einfach so.«[48] Bosbach stimmt der These grundsätzlich zu. Er merke zunehmend, dass man Fröhlichkeit im Berliner Politikbetrieb skeptisch betrachte. »Wenn du fröhlich bist, dann giltst du schon als Bruder Leichtfuß.« Fröhlichkeit gelte als oberflächlich, und die Kombination von Fröhlichkeit und Fleiß könnten sich viele nicht vorstellen. »Dabei werden die Ergebnisse nicht besser, wenn die Politiker schlecht gelaunt sind.« Inwieweit jedoch seine Fröhlichkeit seiner Karriere genutzt oder geschadet hätte, darüber kann Bosbach nichts sagen. Er hat den für ihn so positiven Kommentar, der vor zwei Tagen auf der ersten Seite einer der wichtigsten Zeitungen des Landes erschien, noch nicht gelesen. Er hat nicht einmal davon gehört. Er singt lauthals *Viva Colonia*.

Die größte Stärke eines Menschen ist bekanntlich zugleich seine größte Schwäche. Dieser Satz scheint sich wieder einmal zu bewahrheiten, wenn man sich Bosbachs Karriere ansieht und nach Gründen sucht, warum es ihm nicht gelungen ist, die Schallmauer zur ersten Reihe zu durchbrechen. An Ehrgeiz hat es ihm nicht gemangelt, aber vielleicht lag es an seiner rheinischen

Gelassenheit oder der fehlenden Bereitschaft, dem Ehrgeiz alles unterzuordnen. Auch den Machtwillen kann man Bosbach nicht absprechen, aber ist es der nötige *unbedingte* Machtwille? Fragt man Bosbach, wann er den Wunsch verspürte, in den Bundestag einzuziehen, will er den Eindruck des Karrieristen vermeiden. Durch die zwölfjährige Tätigkeit für Krey habe er die Arbeit eines Parlamentariers kennengelernt, sagt er. »Wenn sich dann die Chance ergibt, selbst Mandatsträger zu werden, dann ergreift man die.« Diese Sichtweise hält der Journalist Horst Breiler, der Bosbach als langjähriger Lokalchef der *Bergischen Morgenpost* seit dem Beginn seiner politischen Karriere im Kreistag kennt und ihn begleitet hat, für weit untertrieben. »WoBo hatte schon sehr früh den unerschütterlichen Willen, Kreys Nachfolger zu werden.«

Sehr zielstrebig wirkt Bosbach bereits in seiner Bewerbung um ein Kreistagsmandat: Sein Bewerbungsschreiben an die »liebe Mitbürgerin« und den »lieben Mitbürger« ziert ein Bild des 22-Jährigen, der damals noch etwas langhaariger ist und einen Schnauzbart hat. Über dem karierten Hemd trägt er ein helles Sakko und eine dunkle Krawatte. Er blickt mit leicht geöffnetem Mund am Betrachter vorbei. »Seit 1972 bin ich Mitglied der CDU und der JU«, schreibt er. »Im Januar 1974 wählte mich der Stadtverband in den Vorstand der CDU. Seit nunmehr einem Jahr bin ich außerdem noch Vorsitzender der JUNGEN UNION.« Sollte er gewählt werden, wolle er eine »gerechte und bürgernahe« Politik machen.

Breiler erlebt Bosbach, nachdem der für vier Jahre zum Kreistagsabgeordneten gewählt worden ist, in zahlreichen Sitzungen. Fürchterlich abgehetzt erscheint ihm Bosbach da immer. Weil er nie zum Essen kommt, hat er stets ein Kuchenpaket dabei. Das isst er zu Beginn der Sitzung, um sich so gestärkt in die Diskussion einzuschalten. »Dann hat er jedes Mal aufs Neue bewiesen, wie gut er im Stoff war«, sagt Breiler heute. Bosbach sei immens fleißig gewesen, aber er habe sich immer übernommen. »Er hatte damals ja quasi drei Jobs«, sagt er mit Blick auf Bosbachs Arbeit für Krey, sein Studium und den Kreistag.

Dieser Druck nimmt sogar noch zu, als Bosbach 1979 in den Stadtrat gewählt wird. Er übernimmt den Vorsitz des Finanz- und Liegenschaftsausschusses und wird Pressesprecher der CDU-Ratsfraktion. Oft weiß er gar nicht, wo ihm der Kopf steht. Aus dieser Zeit stammt eine Anekdote, die in einer Kolumne der *Bergischen Landeszeitung* erschien. Der Stadtverordnete Bosbach sei ein »mit tausend Dingen befasster und daher fast immer eiliger Mann«, heißt es da. »Trotzdem bekam er vor Tagen wetterbedingte (!) kalte Füße und beschloss spontan, sich in Gladbachs Mitte ein paar neue warme Schuhe zu kaufen.« Er fand sie schnell, zahlte, ließ sie zurücklegen und wollte sie am nächsten Tag abholen. Als er sich an diesem »auch wieder sehr eilig« aufmachte, um die Schuhe abzuholen, ließen die sich selbst nach eindringlicher Befragung des gesamten Personals nicht auftreiben. »Wolfgang Bosbach verstand die Welt nicht mehr«, so der Autor. Erst als er den Laden verlassen habe, bemerkte er, dass er sich im Geschäft geirrt und im falschen Laden nach seinen Schuhen gefragt hatte.[49] Manchmal hat der Stress allerdings gravierendere Folgen. Einmal steht Breiler dabei, als Bosbach vor einer Stadtratssitzung einen Schwächeanfall erleidet. Bosbach wird kreidebleich, muss gestützt werden, sich setzen. Nach etwas Kuchen geht es ihm wieder besser und selbstverständlich kommt es für ihn nicht infrage, deshalb etwa die Sitzung sausen zu lassen. »Politiksüchtig ist er schon«, resümiert Breiler.

Im Stadtrat beschäftigt sich Bosbach unter anderem mit Dingen wie der Privatsphäre in den Duschen der öffentlichen Schwimmbäder. Er setzt sich dafür ein, dass Brausen eingerichtet werden, in denen »man sich unbeobachtet die Zone zwischen Knie und Bauchnabel waschen kann«. Er wehrt sich gegen eine Badekappenpflicht, weil er es absurd findet, dass selbst schütteres Haupthaar eingepackt werden muss, »Rauschebärte« dagegen frei herumschwimmen dürfen. Er kämpft dafür, dass der Bund der Vertriebenen von der Stadt bezuschusst wird und macht sich öffentlichkeitswirksam über die Auslandsreisen von Kommunalpolitikern lustig. Er argumentiert gegen seine Fraktionslinie, als seine Partei vorschlägt, Verwaltungsstellen auf Jahre hinaus festzulegen. »Wir sollten auch in der öffentlichen Verwaltung den Leistungsgedanken hochhalten«, wird er in der Lokalpresse zitiert.

Es sind also nicht die großen Themen von bundespolitischer Tragweite, die Bosbach hier beackert. Und doch sind es diese langen Jahre in der Kommunalpolitik, in denen er das politische Geschäft von der Pieke auf lernt. Er geht die klassische Ochsentour, indem er sich in der Lokalpolitik und nicht zuletzt im Ortsverein seiner Partei die Sporen für höhere Würden verdient. Auch wenn Bosbach selbst findet, die Politik brauche mehr Quereinsteiger, so ist die Kommunalpolitik zweifelsohne eine gute Schule für die Bundesebene. Das Ringen um gemeinsame Lösungen und die öffentliche Meinung, das Schmieden von Allianzen und das Gift der Intrige, all das beschäftigt Bosbach hier genauso alltäglich wie später im Bundestag. Mindestens ebenso wichtig ist aber Bosbachs Erlebnis, dass auch ein zu schneller Erfolg Gefahren birgt. Das lehrt ihn die Notwendigkeit der Bodenhaftung. Seine erste Niederlage erlebt er als CDU-Stadtverbandsvorsitzender. Als frisch gekürter Prinz Karneval vor Selbstbewusstsein strotzend, kündigt er an, selbst für das Amt kandidieren zu wollen, und sichert sich die Unterstützung der von ihm geführten Jungen Union. Nachdem zwei CDU-Stadtverbände kurz zuvor fusioniert wurden, sind die Gräben tief, Bosbach bedauert öffentlich die »Funkstille« in der Partei. In der Diskussion um seine Kandidatur werden vor allem sein Alter und die Frage thematisiert, ob er genügend Autorität habe, um den eineinhalbtausend Mitglieder starken Stadtverband zu führen. Bosbach sagt dazu, dass er mit Sicherheit »einen schlechten Alterspräsidenten« abgäbe, aber für die anstehende Aufgabe eher einen Vorteil in seinem Alter sehe. Man kann sich vorstellen, dass ältere Parteimitglieder sich von dem forsch auftretenden jungen Mann, der mal eben den Stadtverband aufrollen will, brüskiert fühlen.

Umso überraschender ist dann sein Wahlsieg. Es gibt zwei Gegenkandidaten, Bosbach gilt als Außenseiter. Dennoch siegt er knapp und überraschend, weil ein anderer verhindert werden soll. Allerdings währt die Freude darüber nicht lange. Nach nur einem Jahr wirft er das Handtuch. In der Presse heißt es, die Vorstandsmitglieder hätten ihn zum Rücktritt gedrängt. Bosbach wird unter anderem öffentlich dafür kritisiert, dass er sich mit drei Jusos zum Biertrinken trifft. Als »unwürdig« soll das der damalige Oberkreisdirektor bezeichnet haben, was dieser jedoch bestreitet. Die Streitereien im Einzelnen erscheinen lächerlich. Doch Bosbach ist selbst nicht unschuldig an seinem Misserfolg, schreibt Horst Breiler in einem Kommentar. Er, »der junge Mann mit Schnüss (Schnauze) und Charme«, habe zwei der mächtigsten Ämter übernommen, die in Bergisch Gladbach zu vergeben seien: Karnevalsprinz und CDU-Vorsitzender. Bosbach, der von Breiler bereits als »hochkarätiges politisches Talent« bezeichnet wird, habe das vielleicht unterschätzt: »Die Parteimaschinerie mag es grundsätzlich nicht, wenn junge Überflieger raketengleich aufsteigen und Posten besetzen, auf die andere Leute zehn oder mehr Jahre gewartet haben.« Dem jungen Mann aus Gronau sei in letzter Zeit vieles zu glatt von den Lippen gegangen. »Die jederzeit präsenten Kompromissformeln im Stakkato-Stil, die allzu gelackten Formulierungen, die er immer parat hat, setzten ihn dem Verdacht aus, mehr an Selbstdarstellung als an Sachfragen interessiert zu sein.[50]« Für den erfolgsverwöhnten Mann auf der Überholspur muss dieser Dämpfer wichtig gewesen sein. Die Lektion ist die von der Flüchtigkeit des politischen Erfolges, eine Karriere will nachhaltig aufgebaut werden, und Demut schadet nie.

Bosbach kehrt für weitere sieben Jahre in das Amt des JU-Vorsitzenden zurück und bleibt auch danach als CDU-Kreis-wahlkampfleiter zentral in der lokalen Partei. Zur Finanzierung der Kampagnen Kreys setzt Bosbach insbesondere auf relativ geringe Spenden von Privatpersonen, über ein Drittel der Wahl-kampfkosten kann die lokale CDU mit solchen Kleinspenden finanzieren. Nebenbei profiliert sich Bosbach auf dem Feld der Innen- und Sicherheitspolitik. Nach einem Vortrag über »Frie-den und Sicherheit« im Bürgersaal Bergisch Gladbach wird er von der *Bergischen Morgenpost* hochgelobt. Mit seinem »streit-bar und fundiert vorgetragenem Beitrag« habe er »so manche Sympathien« gewinnen können. Sachlich habe er auch mit Mit-gliedern der örtlichen Friedensbewegung über den NATO-Dop-pelbeschluss diskutiert. »Sie reichten jedoch mit ihren emo-tional vorgetragenen Argumenten längst nicht an die rhetorisch brillante Art des CDU-Referenten heran«.[51]

Als Krey nach der Wiedervereinigung das fünfte Mal gewählt wird, hat er sich schon entschieden, dass es seine letzte Legis-laturperiode im Deutschen Bundestag sein wird. Bosbach, der ge-rade als Sozius mit den Schwerpunkten Handels-, Gesellschafts- und Wettbewerbsrecht in die Kanzlei Winter, Jansen & Lamsfuß eingestiegen ist, hätte nichts dagegen, wenn Krey noch weiter-machen würde. Er hat kurz zuvor geheiratet, ist Vater von Caro-line geworden und würde sich gerne als Rechtsanwalt richtig einarbeiten, bevor er seinen eigenen Bundestagswahlkampf startet. Doch Krey sagt ihm, er müsse jetzt ran. Am 28. September 1993 entscheidet die CDU in der Aula der Hubert-Berger-Schule in Kürten über sein Schicksal. Drei Kandidaten bewerben sich um Kreys Nachfolge. In einem in NRW bis dahin einmaligen Verfahren sind nicht nur Delegierte eingeladen, den Kandidaten zu wählen, sondern alle CDU-Mitglieder des Kreises. 250 werden erwartet, mehr als doppelt so viele erscheinen. In der Aula herrscht bayerische Bierzeltatmosphäre. Bosbach und einer der Mitbewerber hatten sich zuvor bereits persönlich in acht Veranstaltungen in den Ortsvereinen vorgestellt. Nun beeindruckt der 41-Jährige, der ohnehin als Kronprinz gilt, das Publikum mit einer geschliffenen Rede. Präzise umreißt er laut *Bergischer Landeszeitung* die aktuelle politische Lage und wird dabei immer wieder »von Beifall unterbrochen«. Die Konkurrenten sind spätestens jetzt »weit abgeschlagen«, der Abend entwickelt sich zum »Heimspiel« für Bosbach. Als zentrale Themen für seinen Wahlkampf nennt er innere Sicherheit und die wirtschaftliche Kompetenz seiner Partei. Mit Blick auf die Arbeitslosigkeit sagt er, die CDU müsse »auch die Partei der kleinen Leute sein«. Dann tut er noch etwas, womit jeder Wahlkämpfer gut beraten ist: Er fordert die Partei zu Selbstbewusstsein auf. »Wir sind gut, und das werde ich auch sagen«, ruft er. »Helmut Kohl – wir verzweifeln ja manchmal auch an ihm – hat mehr auf den Weg gebracht als Helmut Schmidt und Willy Brandt zusammen.«[52]

Eineinhalb Stunden müssen die Kandidaten vor der Wahl Rede und Antwort stehen. Als um 21.45 Uhr das Ergebnis verkündet wird, haben 477 der 562 Anwesenden für Bosbach gestimmt, das entspricht sagenhaften 85 Prozent. Auf den Bildern, die am nächsten Tag in der Presse erscheinen, ist zu sehen, wie Sabine Bosbach ihrem Mann freudestrahlend um den Hals fällt. Bosbach wird das schwarz-rot-goldene Trikot deutscher Radrennmeister überreicht. Das passt, schließlich ist es ein großer Etappensieg in seiner politischen Karriere. Doch Bosbach sonnt sich nicht im Lichte dieses Erfolgs, sondern er nimmt die Geste als Ansporn: Er verkündet, bis zum Wahltag alle 130 Kommunalwahlbezirke des Wahlkreises mit dem Fahrrad besuchen zu wollen. Die *Bergische Landeszeitung* kommentiert, Bosbach sei nun an dem Ziel, auf das er viele Jahre unbeirrt hingearbeitet habe:

»Er kennt seinen Sprengel und seine Partei aus dem Effeff, er bringt schnelle Intelligenz, Sachkunde und rhetorisches Talent mit. Beruflich ist er unabhängig, und er ist durch die Schule der Kommunalpolitik gegangen, immer noch die beste Schmiede für die Aktivisten der angeblich so ›großen‹ Politik«.[53]

Bosbach stürzt sich in den Wahlkampf. Von Ende April an ist er bei jedem Wetter unterwegs, um sich in jedem noch so kleinen Ort persönlich vorzustellen. »Die Leute sollen sehen, dass ich mich für meinen Wahlkreis abstrampele«, sagt er jedem, der es hören will. Fast 1500 Kilometer legt er auf dem Fahrrad zurück. Nur einmal, in einem schweren Gewitter, gibt er auf und fährt mit dem Auto nach Hause. In der kleinen Siedlung Habenichts hatte ihm ein Ortskundiger gesagt, er werde auf der nächsten Anhöhe »wahrscheinlich vom Blitz erschlagen«, wenn er weiterführe.[54] Aber sonst halten ihn weder Hitze noch Regen ab. Und eben auch nicht jene schwere Grippe, die zu seiner Herzmuskelentzündung führt. Anstatt seine Tour abzubrechen, kämpft Bosbach gegen die Krankheit. Der Grippevirus greift sein Herz an. Als er für seine Frau ein Rezept beim Arzt abholen soll, erkundigt der sich, wie es Bosbach gehe. Ja, eigentlich alles in Ordnung, bloß etwas kurzatmig sei er geworden, sagt Bosbach. Nach einem EKG diagnostiziert der Arzt einen Linksschenkelblock im Herzen. Die für die Pumpleistung des Organs besonders wichtige linke Herzkammer ist angegriffen, was seine Leistung drastisch reduziert. Der Arzt schickt ihn sofort in die Uniklinik nach Köln, aus der Bosbach sich selbst aber genauso umgehend wieder entlässt. Die Biopsie soll erst nach dem Wochenende stattfinden, bis dahin möchte Bosbach arbeiten. Die Medikamente, die er verschrieben bekommt, nimmt er bald nicht mehr.

Seinen leichtfertigen Umgang mit seiner Gesundheit infantil zu nennen, hieße wahrscheinlich, seinen Ehrgeiz zu unterschätzen. Er ordnet sein physisches Befinden radikal seinem Willen unter. Auch wenn es ihm nicht gut geht, ringt er seinem Körper weiter Leistung ab. Er weigert sich, ihm nachzugeben. Seinen gesamten Jahresurlaub verplant Bosbach für seine Besuche in Orten wie Unterbilstein, Krampenhöhe und Niedergrützenbach. Das Mittelmeer vermisst er dabei nicht, sagt er wenig überraschend, obwohl er einräumt, dass seine Familie das vielleicht anders sehe. Er besucht unterwegs Landwirte, Kindergärten, Einzelhändler, kehrt immer wieder bei Familien auf Kaffee und Kuchen ein. Er hört sich ihre Sorgen an, ob sie nun die Erzeugerpreise der Landwirte betreffen, die Wohnungsnot für junge Familien oder die Arbeitslosigkeit. Bosbach bietet keine schnellen Lösungen an, aber er nennt seine Prioritäten: die Schaffung von Arbeitsplätzen, eine solide Finanzpolitik und den Erhalt stabiler Preise. Er sagt auch wenig populäre Dinge. Jedem Bürger müsse klar sein, dass der »Aufbau Ost« Vorrang habe vor dem »Ausbau West«. Die finanziellen Belastungen, die den Bürgern zugemutet würden, solle man nicht schönreden. »Trotzdem werden wir versuchen, kinderreichen Familien Wohnraum zu verschaffen, den sie auch bezahlen können.«[55] Dass Vermieter jedoch lieber Mieter mit Haustier als Mieter mit Kind nähmen, sei nicht allein ein Problem der Politik, sondern eben ein Problem der Gesellschaft.

Wenn er gerade nicht radelt, steht er an Infoständen in den Ortschaften und verteilt seine Wahlwurfzettel mit Instant-Cappuccino-Tütchen »gegen Wahlmüdigkeit«, die seine Eltern zusammengeheftet haben. Eines Morgens soll er sich um 6 Uhr mit Helfern der Christlich-Demokratischen Arbeitnehmerschaft am Gladbacher S-Bahnhof treffen, um belegte Brote an Pendler zu verteilen. Doch Bosbach bleibt alleine im kalten Morgen, weder die Vertreter der CDA noch die Pendler erscheinen. Bosbach setzt sich frierend in sein Auto, bis eine Stunde später die Helfer plötzlich doch noch auftauchen. Sie sind pünktlich, es ist genau 6 Uhr. Bosbach hatte bloß vergessen, seine Uhr auf Winterzeit umzustellen.

Am 16. Oktober 1994 soll sich zeigen, ob sich die Schinderei gelohnt hat. Es ist ein sonniger Herbsttag. Nicht nur über den neuen Bundestag stimmen die Bergisch Gladbacher heute ab, sondern auch über Kreisrat und Stadtrat. Die Wahlbeteiligung ist hoch, im Kreis wird sie bei 85 Prozent liegen. Vor den Urnen in Bergisch Gladbach bilden sich immer wieder Schlangen. Im Kreishaus wartet Wolfgang Bosbach am Abend auf die Auszählung. Es gibt Gulaschsuppe, Würstchen und Freibier, aber Bosbach kommt kaum zum Essen. Er schüttelt Hände, spricht mit den freiwilligen Helfern, schaut zwischendurch immer wieder auf die große Leinwand, auf der die Hochrechnungen aus Bonn laufen. Nach den ersten Prognosen um 18 Uhr zeichnet sich ab, dass Union und FDP knapp im Amt bestätigt werden. Nachdem die Umfragewerte für Helmut Kohl zu Jahresbeginn noch sehr schlecht waren, scheint die Aufholjagd der Union gelungen zu sein. Auf den Monitoren laufen die öffentlich-rechtlichen Sender mit Analysen und Kommentaren, aber es gibt noch immer keine Hochrechnungen aus dem Wahlkreis. »Wann kommen denn jetzt mal die Ergebnisse aus dem Kreis?«, fragt ein Besucher.[56]

Um 19.13 Uhr gibt ein Sprecher endlich ein Zwischenergebnis bekannt: In allen ausgewählten Kommunen liegt Bosbach deutlich vorn. Bei den Zweitstimmen muss die Union zugunsten der FDP Verluste hinnehmen, aber das kann die Stimmung im Kreishaus nicht trüben. Eine Stunde später nimmt er die ersten Glückwünsche entgegen. Seine Frau kommt mit den Kindern. Sie hat eine rote Rose mitgebracht, umarmt ihn. Caroline und Natalie, die vier und zwei sind, haben einen großen Strauß für den Vater dabei. Bosbach strahlt. Um 21.50 ist es amtlich: Er hat sein Mandat nicht nur klar gewonnen, sondern sogar ein sensationelles Ergebnis eingefahren. Mit 48,7 Prozent der Erststimmen liegt er deutlich über dem Unionsergebnis von 41,4 Prozent und sogar etwas über dem letzten Ergebnis seines Vorgängers. Dass Bosbach das Rennen machen würde, daran hatte wohl niemand gezweifelt, aber ein derart gutes Resultat war auch mangels lokaler Umfragen nicht zu erahnen. Als »glänzenden Sieger« feiern ihn die Medien am nächsten Tag. Bosbachs Erfolg komme allerdings nicht von ungefähr, heißt es im *Kölner Stadt-Anzeiger*. »Bosbach hat sich in der vergangenen Legislaturperiode ausgezeichnet durch kontinuierliche, saubere politische Arbeit; Querelen um seine Person hat es nie gegeben.«[57] Ohne Zweifel habe er das Format, den Kreis im Bundestag wirkungsvoll zu vertreten. Bosbach selbst zeigt sich am Wahlabend »echt gerührt«, als er sich für den »Vertrauensvorschuss« bedankt. »Die hohe Zustimmung zu meiner Person hat mich total überrascht«, sagt er. »Das ist ein schöner Tag.« Er wolle ein Abgeordneter für alle sein, auch für die, die ihn nicht gewählt hätten, fügt er hinzu.[58]

Bosbach sagt auch, dass er seine Fahrradtour wiederholen will. Doch dazu soll es nicht kommen. Niemand außer seiner Frau weiß, wie sehr die Strapazen der Tour an ihm gezehrt haben. Doch welche gravierenden Folgen diese haben werden, das kann noch keiner von ihnen wissen.

# WATERLOO

Am Anfang ist das Chaos. Weil Politik ein erbarmungsloses Geschäft und Siegen nichts für Feiglinge ist, geht es nach dem Wahlkampfmarathon nun für den frisch gewählten Abgeordneten erst richtig los. Nach kaum zwölf Stunden führt Bosbach schon die ersten Bewerbungsgespräche für die Mitarbeiter in seinem neuen Bundestagsbüro. Über 50 Bewerbungen bekommt er. Am Dienstag ist bereits die erste Fraktionssitzung in Bonn. Er hat jedoch nicht damit gerechnet, dass sein physischer Einzug in Bonn mehr Hindernisse birgt als seine Wahl in den Bundestag.

Fast ein Drittel der Abgeordneten ist neu, doch viele der Vorgänger haben ihre Büros noch nicht geräumt. Der Regierungssitz der drittgrößten Wirtschaftsmacht der Welt gleicht einem Taubenschlag. Bosbachs Suche nach einer neuen Bleibe für sich und seine zwei neuen Mitarbeiter wird zum kafkaesken Hindernislauf über Behördenbürokratie und Kartonstapel. Das Büro seines Vorgängers Franz Heinrich Krey im Langen Eugen darf Bosbach nicht beziehen, weil es ein Eckzimmer ist und diese ausschließlich Funktionsträgern vorbehalten sind. So schickt man ihn von einem ungeräumten Büro in das nächste. Um die Verwirrung perfekt zu machen, werden ihm in den ersten Tagen täglich bis zu drei neue Telefonnummern zugeteilt, was nicht weiter schlimm ist, weil ohnehin keine funktioniert. Die dringendsten

Telefonate erledigt Bosbach vom Autotelefon eines Kollegen aus. Da sitzt also der frisch gewählte Volksvertreter auf der Straße, um mit der Arbeit beginnen zu können. Schließlich wird ihm doch noch ein Büro im 17. Stock der Heussallee 30 zugewiesen, das Mobiliar übernimmt er vom Vorgänger. Drei Computer, drei Faxgeräte, ein Fernseher, Videorekorder und Radio gehören zur Grundausstattung. Dazu erhält er den nicht weniger als 204 Seiten umfassenden *Wegweiser für Abgeordnete,* in dem die Verhaltensregeln für Parlamentarier sowie die Diäten und Entschädigungen aufgelistet sind. Monatlich 10 366 zu versteuernde Deutsche Mark erhält Bosbach nun, dazu eine steuerfreie monatliche Kostenpauschale in Höhe von 6 978 Mark zur Finanzierung seines Wahlkreisbüros und sonstiger Kosten. Weitere 13 631 Mark monatlich sind für die Gehälter der Bonner Mitarbeiter vorgesehen. Abzüge gibt es bei unentschuldigtem Fehlen in Bundestagssitzungen (150 Mark) und bei entschuldigtem Fehlen (90 Mark). Schreibmaschinen und Briefpapier sollen durch die Zentrale Beschaffungsstelle des Bundestages bestellt werden. Doch die Arbeit geht los, lange bevor beides eintrifft. Die Bürgeranfragen der ersten zwei Wochen nach der Wahl füllen bereits einen DIN-A4-Ordner.

Auch seinem Anwaltsberuf will Bosbach nebenher selbstverständlich treu bleiben. Ausschließlich Politiker zu sein, das finde er persönlich nicht gut, sagt er nach seiner Wahl. Seine finanzielle Unabhängigkeit von der Politik wird in den Medien positiv bewertet. Dass er sein Einkommen aus der Anwaltstätigkeit nicht veröffentlicht, begründet er damit, dass dies Rückschlüsse über die Einkommen seiner Partner zuließe, die jedoch politisch nicht aktiv seien und deshalb zu Recht kein Verständnis dafür hätten, wenn auch ihr Einkommen indirekt offengelegt würde. Als Bosbach nach seiner Herz-OP seine Tätigkeit als Sozius der Kanzlei aufgibt und fortan nur noch als freier Mitarbeiter tätig ist, teilt er auf Nachfragen seine Einkünfte mit:

1500 Euro monatlich plus Mehrwertsteuer. Erst viele Jahre später, als nach Bekanntwerden der üppigen Vortragshonorare des SPD-Kanzlerkandidaten Peer Steinbrück eine Debatte über Nebenverdienste in der Politik ausbricht, hat er das Gefühl, sich für seine Arbeit rechtfertigen zu müssen, was ihn maßlos ärgert. »Wenn du als Abgeordneter in deiner Freizeit im Thermalbad liegst oder Golf spielst, brauchst du dich nicht zu rechtfertigen.« Wenn ein Abgeordneter aber in seiner Freizeit stattdessen arbeite, habe er ein Problem. Auf der einen Seite würden die Bürger Parlamentarier fordern, die nicht nur von der Politik abhängig seien, auf der anderen Seite mache man sich gleich verdächtig, wenn man etwas gegen Vergütung tue. Bosbach sieht keine Überschneidungen oder Konflikte zwischen seiner Tätigkeit als Rechtsanwalt und der als Abgeordneter, im Gegenteil: Die Arbeit in der Kanzlei prägt seine Perspektive auf die Lebenswirklichkeiten der Menschen. Er könne unterscheiden, ob es den Menschen um anwaltlichen Rat oder politische Einflussnahme gehe. In letztem Fall habe er immer einfach geraten, in die Abgeordnetensprechstunde zu kommen. Ganz wenige Mandate hätten im Laufe der Jahre überhaupt etwas mit der Politik zu tun gehabt, etwa die von Anlegern, die sich in der Finanzkrise falsch beraten fühlten und ihr Geld zurückerhalten wollten. Typische Fälle, sofern man davon sprechen könne, seien hingegen eher Klagen gegen einen Reiserücktrittsversicherer gewesen, der die Kosten einer bezahlten und wegen Krankheit nicht angetretenen Reise nicht erstatten wollte.

Auch die Frage, ob man mit dieser zusätzlichen Arbeitsbelastung seiner Tätigkeit als Abgeordneter gerecht werden könne, kann Bosbach nicht verstehen. Das sei so ähnlich wie bei der Ämterhäufung: Manche seien mit einem Amt schon überfordert, andere hätten drei und erledigten alle mit Bravour. »Einige Kollegen ohne Nebentätigkeiten bewegen sich ziemlich unauffällig im politischen Geschäft, andere Leute mit Nebentätigkeiten sind erheblich beansprucht und leisten Großartiges.« Die Empörung über die Höhe mancher Vergütungen für Nebentätigkeiten von Politikern kann er allerdings nachvollziehen: Er selbst frage sich bei manchen Kollegen nach der Angemessenheit der Einkünfte, nach dem Verhältnis von Leistung und Gegenleistung. »Aber da kommt bei mir null Neid auf«, sagt er.

Im Bundestag wird Bosbach in der Nachfolge Kreys in die Fachausschüsse für Innen- und Rechtspolitik entsandt. Im Innenausschuss geht es einerseits um Fragen der inneren Sicherheit – dazu gehören Kriminalitätsbekämpfung oder Angelegenheiten der Geheimdienst- und Verfassungsschutzbehörden – und andererseits um Fragen der Asyl- und Integrationspolitik. Im Rechtsausschuss werden alle Gesetzesinitiativen durchleuchtet. Pro Jahr wird dort über etwa 120 neue Gesetze beraten, auch wenn es manchmal nur um die Änderung einiger Worte geht. Darüber hinaus wird Bosbach Mitglied des Richterwahlausschusses, der zusammen mit dem Justizminister die Richter der obersten Gerichtshöfe des Bundes (mit Ausnahme des Bundesverfassungsgerichts) beruft. Mit der Mitgliedschaft im Rechtsausschuss positioniert sich Bosbach nicht nur als Innen-, sondern zugleich als Justizpolitiker. Zehn Jahre später wird er zeitweise als möglicher Minister für beide Ressorts gehandelt. Bosbach platziert sich auch innerhalb der Fraktion an den Stellen, die für seinen Wahlkreis von Bedeutung sind. So wird er Mitglied im einflussreichen Parlamentskreis Mittelstand und im Arbeitskreis »Verwertung ehemals militärisch genutzter Liegenschaften«, der sich mit der Umwidmung solcher Flächen beschäftigt. Dieser Kreis ist für ihn von unmittelbarer Bedeutung, da die Stadt Bergisch Gladbach, in deren Rat Bosbach nach wie vor sitzt, eine Kaserne gerne in ein Gewerbegebiet verwandeln möchte, was später teilweise gelingt. Dass Bosbach sich gleich zu Beginn auch medial optimal zu positionieren weiß, beweist er dadurch, dass er sich wie sein Vorgänger Krey vom Bundestag

zu einem seiner Schriftführer wählen lässt, die das Bundestags-
präsidium bei der Sitzungsleitung unterstützen. Diese Position
ist hauptsächlich aus taktischen Gründen reizvoll: Bei wichtigen Bundestagsdebatten hat er so einen Sonderplatz im Sitzungs-
präsidium. Er. ist deshalb häufig im Fernsehen zu sehen, was
seinen Wählern den Eindruck vermittelt, ihr Mann in Bonn sei
besonders wichtig.

Außerhalb der Arbeit vernetzt sich Bosbach ebenfalls im Parlament. In der Fußballmannschaft des Deutschen Bundestags
spielt er mit Norbert Lammert, Joschka Fischer und dem SPD-
Vorsitzenden Rudolf Scharping. Letztere sind allerdings nicht
dabei, als Bosbach mit der Mannschaft 1996 den Europacup der
Parlamentsmannschaften in Finnland gewinnt. In der Tennis-
mannschaft des Bundestages hat er weniger Erfolg. Beim Europa-
cup der Parlamentarier 1995 muss sich das Team des Bundestages
mit dem letzten Platz zufriedengeben.

Gute persönliche Kontakte entwickelt Bosbach auch zu Innenminister Manfred Kanther und Justizminister Edzard Schmidt-
Jorzig. Bundeskanzler Helmut Kohl scheint den Neuen indes
nicht für sich zu entdecken. Nach vier Jahren, sagt Bosbach,
kenne er Kohl nicht näher, aber Kohl kenne immerhin seinen Namen und sein Gesicht. Ebenso hat Bosbach mit der Bundesum-
weltministerin, einer gewissen Angela Merkel, keine direkten
Berührungspunkte. Dafür entwickelt sich ein vertrauensvolles
Verhältnis zu dem Fraktionsvorsitzenden Wolfgang Schäuble.
Bosbach kann manchmal kurzfristig für ihn Termine übernehmen, weil er nahe der Hauptstadt lebt. Dass Bosbach weiterhin zu Hause wohnen kann, ist ohnehin ein großer Vorteil. Vor
allem natürlich aus privaten Gründen. Im November 1995 wird
seine dritte Tochter Viktoria geboren. Bosbach und seine Frau
haben sich immer drei Mädchen gewünscht. Nach der Geburt
ihres dritten Kindes nimmt Sabine Bosbach ihre Arbeit als Bankkauffrau bei der örtlichen Sparkasse nicht mehr auf. So kann sie

*Auf einer Karnevalsfeier 1985 lernte Bosbach seine spätere Frau Sabine kennen. Sie war 21 Jahre alt, er 32 und bereits Mitglied des Stadtrates, Wahlkampfleiter des CDU-Stadtverbandes, Mitarbeiter des Abgeordneten Krey und Jurastudent in Köln.*

*Drei Jahre später heiratet das Paar in der katholischen Pfarrkirche Bergisch Gladbach-Herrenstrunden. Der karnevalsbegeisterte Kaplan, bei dem Bosbach als Messdiener die ersten Büttenreden lernte, traute das Paar.*

Es ist so weit: Bosbach wird mit großer Mehrheit als CDU-Bundestagskandidat nominiert. Auf dem Foto für seine erste eigene Kampagne hält Sabine Bosbach Tochter Natalie, Wolfgang Bosbach Tochter Caroline. »Sahen wir nicht schrecklich aus?«, kommentiert Sabine Bosbach heute die Mode von 1994.

Ein Bild mit Bundeskanzler Helmut Kohl darf im Wahlkampfprospekt nicht fehlen. Bosbach war ihm als Mitarbeiter von Krey mehrfach begegnet, 1976 schenkte er ihm einmal Boxhandschuhe in Anspielung auf die Kampagne »Komm aus Deiner linken Ecke«.

*Endlich am Ziel: Mit 48,7 Prozent wird Bosbach am 16. Oktober 1994 erstmals in den
Deutschen Bundestag gewählt. Tochter Caroline bringt Gratulations-Rosen mit. Für den
Sieg ist Bosbach über 1500 Kilometer quer durch seinen Wahlkreis geradelt.*

*Weihnachten im Hause Bosbach mit den Töchtern Caroline, Viktoria und Natalie. Bosbach ist nun in seiner zweiten Legislaturperiode im Bundestag, der im folgenden Jahr nach Berlin umzieht, was die Familienzeit noch weiter einschränkt.*

*Bosbach redet im Bonner Plenarsaal für die CDU-Fraktion. »Sie müssen hier nicht so rumbrüllen«, sagt er einmal zu Innenminister Otto Schily. »Wir sind hier nicht in Ihrem Ministerium, sondern im Deutschen Bundestag.«*

Beim Umzug auf dem Wagen der Großen Bergisch Gladbacher Karnevalsgesellschaft von 1927 e.V., dessen Präsident Bosbach 22 Jahre lang war, werfen er und der damalige Vorsitzende der Gesellschaft, Peter Müller, und dessen Tochter Melanie Kamelle.

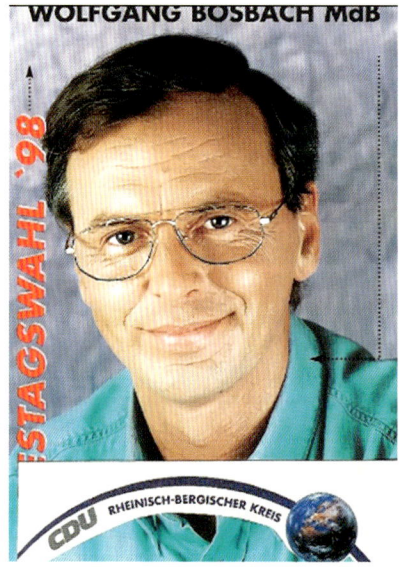

Bei der Bundestagswahl 1998 gelingt Bosbach mit 46,2 Prozent die Wiederwahl. Sein Ergebnis liegt damit wieder deutlich über dem seiner Partei, die mit desaströsen 35,1 Prozent der SPD unterliegt. Kanzler Helmut Kohl ist abgewählt.

*In der Spendenaffäre wirft Bosbach Kohl »permanenten Rechtsbruch« vor. Dennoch pflegen die beiden einen freundlichen Umgang, als sie nach Bosbachs Wahl zum stellvertretenden Fraktionsvorsitzenden 2000 Büro-Nachbarn werden.*

*Als Angela Merkel Fraktionsvorsitzende wird, arbeitet Bosbach mit ihr als Chefin täglich eng zusammen. Die beiden duzen sich, nach seiner Herzoperation 2004 besucht sie ihn im Krankenhaus. Links im Bild der CDU-Abgeordnete Ruprecht Polenz.*

*Für den* Stern *lassen sich Else und Wolfgang Bosbach im Garten der Familie im Jahr 2000 fotografieren. Die Eltern haben den Sohn in seiner politischen Laufbahn immer unterstützt. »Ich war immer griffbereit, und das war auch gut so«, sagt Else Bosbach.*

die Familie managen, wenn ihr Mann in den 22 Sitzungswochen morgens um sieben nach Bonn fährt und erst gegen Mitternacht nach Hause kommt. In den sitzungsfreien Wochen ist der Vater dann etwas präsenter. Er bringt morgens um Viertel vor acht die Kinder in die Schule, fährt dann in sein Wahlkreisbüro und am Nachmittag in die Kanzlei.

An allen Montagen während der sitzungsfreien Wochen hält er Bürgersprechstunden, die zahlreich besucht werden. Manchmal geht es um sehr individuelle Probleme, wenn beispielsweise ein junger Wehrdienstleistender an einen Standort in seiner Heimat versetzt werden will. Doch überwiegend betreffen die Anliegen Asyl-, Ausländer- und Staatsbürgerschaftsfragen. Typisches Beispiel: Ein Handwerksmeister klagt darüber, dass sein Mitarbeiter, Kriegsflüchtling aus Bosnien, zurück in die Heimat muss und dass das Arbeitsamt keinen ähnlich qualifizierten Mitarbeiter vermitteln kann. Über die Bürgersprechstunden hinaus legt Bosbach sich ins Zeug, um seinen Wählern die Arbeit in Bonn zu vermitteln. Er empfängt in seiner ersten Legislaturperiode über 5000 Besucher aus seinem Wahlkreis in Bonn.

Typisch für ihn ist, dass er seine von der Fraktion kurzfristig angefragte Jungfernrede im Bundestag verschiebt, um eine Besuchergruppe zu empfangen, und zugleich dafür sorgt, dass dies in seiner Heimat medial gewürdigt wird. In seinen ersten beiden Jahren wird er viermal im Plenum für die Unionsfraktion sprechen. Das kommuniziert er in seinem ersten Rechenschaftsbericht«, den er wie im Wahlkampf versprochen nach der Halbzeit der Legislaturperiode vorlegt. Auf 39 Seiten schildert er hier sehr ausführlich seine Arbeit im Bundestag. Vielleicht war das etwas viel des Guten, jedenfalls schrumpfen die späteren Rechenschaftsberichte auf einen Umfang von vier Seiten.

Politisch steht Bosbachs erste Legislaturperiode, die Jahre 1994 bis 1998, ganz unter dem Zeichen der Globalisierung und des »Aufbaus Ost«. Das wiedervereinte Deutschland wächst langsam zusammen und beschäftigt sich damit, ob es ein Einwanderungsland ist und wie viel Souveränität es an Europa abgeben will. An den Bruchstellen der durch die Wiedervereinigung verschobenen und neu gewachsenen Strukturen entstehen nicht nur Unsicherheit, Angst vor Arbeitslosigkeit und Ausländerhass, sondern auch eine von Optimismus und Freisinn begleitete Aufbruchsstimmung. Das ist das Lebensgefühl in Deutschland in diesen Jahren. In Berlin tanzen die Raver auf der Love Parade, total angesagte Inlineskater rollen zu *Rhythm is a Dancer* auf Blade-Nights durch verkehrsberuhigte Innenstädte, und im Kino laufen *Forrest Gump* und *Titanic*. Michael Schumacher wird gleich zweimal in Folge Formel-1-Weltmeister und Jan Ullrich freut sich als erster und bislang einziger Deutscher über den Sieg bei der Tour de France. Wie nebenbei beginnt zunächst wenig beachtet nichts Geringeres als eine totale Kommunikationsrevolution, die in ihren fundamentalen Auswirkungen mit der Erfindung des Buchdruckes vergleichbar ist. In Deutschland steigt die Zahl der Internetanschlüsse in nur fünf Jahren bis 1997 von 58 000 auf knapp 1,3 Millionen. Weltweit gehen jetzt etwa 90 Millionen Menschen regelmäßig online. Bosbach wird sich damit politisch intensiv beschäftigen, insbesondere mit der Vorratsdatenspeicherung. Doch sein eigenes Medienverhalten ändert sich kaum. Er schreibt keine E-Mails, auch 15 Jahre später noch nicht, sondern kommuniziert per SMS, sei es mit Mitarbeitern, mit Kollegen oder privat. Für seine Mitarbeiter ist das aufwendig. Anstatt ihm Mails einfach weiterzuleiten, müssen sie die Anfragen in ihre Telefone tippen und per Kurznachricht versenden. Doch diese zusätzliche Arbeit stellt eine Art Filter der Informationen dar, die Bosbach erreichen. Er ist zufrieden mit der konzentrierten Kommunikationsweise und denkt nicht daran, sie zu ändern. Er hat zwar im Büro einen Computer, aber den nutzt er lediglich für Recherchen im Internet. Briefe schreibt er zu Hause auf seiner elektrischen Schreibmaschine oder diktiert sie.

Für die Regierung gilt es in dieser Legislaturperiode, die insbesondere nach der Wiedervereinigung steigende Arbeitslosigkeit in den Griff zu bekommen. Lag die Arbeitslosenquote 1990 noch bei 6,4 Prozent, sind es sieben Jahre später schon 9,6 Prozent. Die Regierung ist bemüht, die Wettbewerbsfähigkeit des Landes zu stärken, ohne den Sozialstaat zu beschneiden. Unter Norbert Blüm, Bundesminister für Arbeit und Sozialordnung, wird gegen den Willen der Opposition die Rentenreform verabschiedet, die de facto eine Rentenkürzung ist. Außenpolitisch von historischer Bedeutung in dieser Legislaturperiode sind die Unterzeichnung des Vertrages von Amsterdam, der die EU auch nach der Osterweiterung handlungsfähig halten soll, und die Einführung des Euro, die 1998 von den Staats- und Regierungschefs der Europäischen Gemeinschaft in Brüssel beschlossen wird. Zuvor hat der Bundestag mit überwältigender Mehrheit in namentlicher Abstimmung für die Einführung votiert. Es ist das vorläufige Ende jahrelanger Kontroversen. In keinem der elf ursprünglichen Euromitgliedstaaten ist die Einführung der Gemeinschaftswährung so umstritten wie in Deutschland. Ökonomen warnen vor dem Euro, ein Großteil der Bevölkerung ist dagegen, weil sie die D-Mark als Stabilitätsgaranten gegen höhere Inflation empfindet. Der Euro, so die weitläufige Befürchtung, werde hingegen eine »Weichwährung« sein, weil die Beitrittskriterien für die Mitgliedsstaaten der Währungsunion nicht streng genug seien. Dass wie im Fall Griechenlands diese Beitrittskriterien gar nicht erst eingehalten würden, vermag sich damals wohl noch niemand vorzustellen.

Helmut Kohl wird Jahre später dem Journalisten Jens Peter Paul sagen, dass er davon ausging, dass zwei Drittel der Bevölkerung gegen die Euroeinführung waren und er eine Volksabstimmung darüber verloren hätte. Im Plenum am Tag der Abstimmung allerdings sagt er, dem Volk werde nichts übergestülpt, was es nicht wolle. Nur 35 der insgesamt 672 Abgeordneten sind dagegen, darunter drei Abgeordnete der CDU/CSU Fraktion. Bosbach ist keiner der Abweichler. Er stimmt mit seiner Fraktion überein, genau wie in allen Abstimmungen dieser Legislaturperiode mit Ausnahme jener über die Neuregelung des Paragrafen 218. Von der Fraktion abzuweichen sei aber gar kein Problem, erklärt er damals, als es um die Abtreibung geht. Man müsse sich nur am Vortag der Abstimmung bis 17 Uhr im Fraktionsgeschäftszimmer melden und seine Position mitteilen, das gebiete die Fairness. Bei der Neuregelung des Abtreibungsgesetzes teilt er Wolfgang Schäuble seine Haltung mit, »ohne dass dadurch für mich Probleme entstanden wären«, sagt Bosbach.[59]

Innenpolitisch sind in Bosbachs erster Legislaturperiode die Einwanderungs- und Integrationsproblematik die zentralen Themen, die durch beschämende rechtsextreme Ausschreitungen eine hohe Dringlichkeit erfahren. Zwar sinkt die Zahl der Asylbewerber infolge des Asylkompromisses aus dem Jahr 1993, weil der Zugang zu politischem Asyl seither eingeschränkt ist, doch die öffentliche Debatte geht weiter. Hoch emotional wird darüber diskutiert, ob Deutschland überhaupt ein Einwanderungsland ist oder sein will, ob und wie die Einwanderung in die Sozialsysteme und »Ausländerkriminalität« verhindert werden kann und ob grundsätzlich eine multikulturelle Gesellschaft eher eine Gefahr oder eine Bereicherung darstellt. In ihrer politischen Sprengkraft ist die Diskussion durchaus mit der aus dem Jahre 2010 darüber zu vergleichen, ob der Islam zu Deutschland gehöre, wie Bundespräsident Christian Wulff in seiner berühmtesten Rede sagte. (Bosbach entgegnete ihm, nicht der Islam, wohl aber die Muslime gehörten zu Deutschland). Als Folge der lokal vielerorts empfundenen »Überfremdung« gibt es fremdenfeindliche Reflexe bis hin zu gewalttätigen Übergriffen und Morden. Den Krawallen in Rostock-Lichtenhagen 1992 ist ein tödlicher

Brandanschlag auf drei Türkinnen in Mölln gefolgt. Ein Jahr später ermorden Brandstifter in Solingen fünf Ausländer. Im Jahr 1996 sterben bei einem verheerenden Brandanschlag auf ein Lübecker Asylbewerberheim drei Erwachsene und sieben Kinder. Der Gewalt der Neonazis setzen Tausende Deutsche mit Lichterketten ein Zeichen entgegen.

Bosbach diskutiert in seinem Wahlkreis häufig über rechte Gewalt und Einwanderung und verteidigt die Linie der Regierung. Es gelingt ihm dabei rhetorisch, die Ängste der Menschen aufzufangen, ohne plump zu klingen. Er sagt nicht: Zu hohe Einwanderung ist eine Gefahr für Deutschland. Er sagt: Wir dürfen nicht verheimlichen, dass die Einwanderung nicht nur eine Bereicherung für unser Land darstellt, sondern auch eine Herausforderung. In hitzigen Debatten punktet er mit Schlagfertigkeit und Humor. In einer öffentlichen Diskussion im Wahlkreis zum Thema doppelte Staatsbürgerschaft, die Bosbach ablehnt, ist ein lautstarker Kritiker im Raum, der immer wieder mit Zwischenrufen stört. Bosbach spricht über die Kriminalität in Städten, in denen sich Parallelgesellschaften bilden, und sagt, in Marseille könne man in manchem Viertel kaum mehr auf die Straße gehen. »Das stimmt nicht, ich war schon zehnmal in Marseille«, ruft der Störer. »Mir wäre lieb, Sie wären auch heute in Marseille«, erwidert Bosbach.[60]

Sicherheitspolitisch ist ein Hauptprojekt in seiner ersten Amtszeit das neue Gesetz zur akustischen Wohnraumüberwachung, das als »großer Lauschangriff« hohe Wellen schlägt. Bosbach setzt sich im Innenausschuss intensiv damit auseinander. Die Grundgesetzänderung soll der Polizei und der Staatsanwaltschaft die Überwachung von privaten Wohnungen ermöglichen, nicht nur zur Strafverfolgung, sondern auch präventiv zur Gefahrenabwehr. Sowohl innerhalb der Parteien wie auch in der Öffentlichkeit ist das hoch umstritten. Kritiker sehen das neue Gesetz als Verletzung des Grundrechtes auf Unverletzlichkeit der Wohnung. Den Überwachungsstaat und damit einhergehende Gefahren, die in den Medien breit diskutiert werden, scheinen allerdings viele Deutsche kaum zu fürchten, selbst die so bürgerrechtlich engagierten Freidemokraten nicht. Nachdem frühere Bemühungen für ein Abhörgesetz an Bundesjustizministerin Sabine Leutheusser-Schnarrenberger (FDP) gescheitert sind, führt die FDP eine Urabstimmung durch. Als sich eine deutliche Mehrheit für den großen Lauschangriff ausspricht, tritt die Ministerin zurück. Das 1998 verabschiedete Gesetz wird sechs Jahre später vom Bundesverfassungsgericht zwar grundsätzlich für verfassungskonform erklärt, muss aber modifiziert, die akustische Wohnraumüberwachung eingegrenzt werden. Wurden zwischen 1998 und 2004 noch etwa 30 Abhörgenehmigungen pro Jahr auf Antrag der Staatsanwaltschaft von der Staatsschutzkammer erteilt, sind es in den Jahren darauf jährlich nur zwischen drei und zehn.

Bosbach wird für seine Unterstützung des großen Lauschangriffs vielfach kritisiert. Auch sein Vorgänger Krey findet den Vorstoß problematisch. Bosbach jedoch ist überzeugt davon, dass die Gesetzesänderung zur Gefahrenabwehr essentiell ist, und ihre Verabschiedung empfindet er am Ende seiner ersten Legislaturperiode als Erfolg. Es ist eines von 86 Gesetzen, an denen er in den ersten vier Jahren mitarbeitet. Zwei kleine Anfragen hat er selbst in den Bundestag eingebracht. Bosbach zeigt sich genervt von den langen Entscheidungswegen für wichtige Gesetzesvorhaben. Da müsse zuerst die Einigung in der Fraktion erzielt werden, dann in der Koalition, und bei zustimmungspflichtigen Gesetzen habe man sich noch die Unterstützung der 16 Bundesländer zu sichern, die überwiegend SPD-geführt sind. »Das dauert alles viel zu lange«, sagt er Journalist Breiler in einem Rückblick auf seine erste Amtszeit. Geduld, so scheint es, ist die große Herausforderung für ihn im politischen Betrieb, und das wird sie auch bleiben.

Ausdruck seiner Ungeduld ist vielleicht ebenfalls sein Arbeits-
eifer, mit dem er sich schnell im Bundestag etabliert. Die langjährige Arbeit für seinen Vorgänger ist dabei von unschätzbarem Vorteil und ermöglicht ihm einen optimalen Start, weil er
den Betrieb kennt. Im Innenausschuss fällt er anderen Mitgliedern schnell durch seine solide inhaltliche Vorbereitung und
seine differenzierten Beiträge auf und kommt bald in den Ruf,
ein kompetenter Fachpolitiker zu sein. Manchen, die ihn als
Streber oder Besserwisser empfinden, geht er damit allerdings
auf die Nerven. Seine Präsenz im Wahlkreis und die rege Kommunikation mit dessen Bürgern sichern ihm derweil seine
Macht. Während ihm in den überregionalen Medien noch keine
Beachtung geschenkt wird, findet er diese in der Lokalpresse
seiner Heimat regelmäßig und fast ausschließlich positiv. Vor
allem sein Einsatz im Wahlkreis wird dort gewürdigt, etwa sein
Einsatz für lokale Infrastrukturprojekte und seine Einladung
der Bürger in die Hauptstadt. So weiß nach seinen ersten vier
Jahren im Bundestag immerhin jeder sechste Befragte aus seinem Wahlkreis, dass Bosbach ihn in der Hauptstadt vertritt. Das
geht aus einer Forsa-Umfrage für den *Stern* hervor.[61] Wenn ihnen
der Name Bosbachs genannt wird, können 60,4 Prozent der Befragten ihn richtig zuordnen. Das mag nach wenig klingen,
doch im Vergleich zu den Wiedererkennungswerten der übrigen Abgeordneten ist der Bosbachs überdurchschnittlich hoch.
Seine politische Arbeit und sein Engagement für den Wahlkreis
werden von den Bürgern auf der üblichen Schulnotenskala von
1 bis 6 jeweils mit 2,6 bewertet, sein Einfluss auf die Gremien
des Parlaments jedoch als gering eingeschätzt. Dazu schreibt
der *Stern:* »Wer in seiner Fraktion keine große Rolle spielt,
kann das – wie etwa Wolfgang Bosbach (CDU) – durch Fleiß
im Ausschuss wettmachen.« Allerdings habe seine Redezeit im
Parlament in dieser Legislaturperiode insgesamt nur 42 Minuten betragen, errechnet der *Stern*. Damit liegt er deutlich unter

der durchschnittlichen akkumulierten Redezeit der Abgeordneten von zwei Stunden. Bosbach kommentiert das im *Kölner Stadt-Anzeiger* gelassen. Das Beispiel der Redezeit im Parlament sei für ihn irrelevant, sagt er, schließlich könne ein Politiker auch »vier Stunden lang dummes Zeug reden«.[62] Die Anzahl der von ihm gehaltenen Bürgersprechstunden und wahrgenommener Termine in seinem Wahlkreis sei hingegen überdurchschnittlich hoch.

Die Bundestagswahl am 27. September 1998 gerät für die CDU zur ausgewachsenen Katastrophe und zur historischen Zäsur in Deutschland. Eineinhalb Millionen ihrer Wähler sind zur SPD gewechselt, die sensationelle 40,9 Prozent der Stimmen erhält. Die Union liegt weit abgeschlagen bei 35,1 Prozent. Erstmals in der Geschichte der Bundesrepublik wird eine Regierung komplett abgewählt (bei den Regierungswechseln 1969 und 1983 war jeweils nur eine der koalierenden Parteien aus der Regierung ausgeschieden). Die SPD stellt mit ihrem Kanzlerkandidaten Gerhard Schröder, bislang Ministerpräsident Niedersachsens, zum ersten Mal seit Willy Brandt die stärkste Bundestagsfraktion. Die FDP geht mit einem Ergebnis von 6,2 Prozent nach 29 Jahren in der Regierung nun in die Opposition. Erstmalig erhalten die Parteien links der Mitte mehr als die Hälfte der Stimmen. Kohl, seit 16 Jahren im Amt, hatte sich diesen Wahlausgang wohl selbst nicht vorstellen können. Seine Wahlkampfveranstaltungen waren so gut besucht gewesen, dass er an den sinkenden Umfragewerten seiner Partei zweifelte. Noch am Tag vor der Wahl erwartet man ein Kopf-an-Kopf-Rennen, der tatsächliche Ausgang ist ein Schock für die Union. Lediglich in drei Bundesländern, Bayern, Baden-Württemberg und Sachsen, verfügt sie künftig über Mehrheiten.

Ursache für das Debakel ist vor allem die Arbeitslosigkeit. Laut einer Umfrage der Forschungsgruppe Wahlen ist sie für 91 Prozent der Befragten das wichtigste Problem in Deutschland. Erst mit weitem Abstand folgen bei möglichen Mehrfachnennungen die Themen Asyl/Ausländer und Renten. Die Regierung hat es nicht vermocht, die seit 1996 steigende Arbeitslosigkeit in den Griff zu bekommen. 1998 gelten 4,3 Millionen Deutsche als arbeitslos. Das entspricht laut Bundesagentur für Arbeit einer Quote von 12,3 Prozent. Die Menschen fürchten aber nicht nur die Arbeitslosigkeit an sich, sondern auch Maßnahmen zu ihrer Reduktion. Im Sommer 1998 gibt es Proteste gegen Reformen zur Senkung der Lohnnebenkosten, insbesondere gegen die Streichungen von Lohnfortzahlungen im Krankheitsfall und Kürzungen in der Kranken- und Rentenversicherung. Noch kann sich niemand vorstellen, dass ausgerechnet die SPD die gefürchteten Reformen mit ihrer Agenda 2010 tatkräftig durchsetzen wird.

Die *Süddeutsche Zeitung* bezeichnet die Wahl als das »Waterloo« der CDU.[63] Die Basis sei ihr weggebrochen, schreibt Autor Heribert Prantl und sieht ein »Ende des christdemokratischen Zeitalters«: »Das ›C‹ im Parteinahmen mobilisiert und bindet nicht mehr ausreichend; die Säkularisierung der deutschen Gesellschaft bedroht die Fundamente der christlichen Volkspartei. Und das alte Feindbild, der Kommunismus, lässt sich nicht mehr glaubhaft vermitteln.« Bundeskanzler Helmut Kohl gibt noch am Wahlabend den CDU-Vorsitz auf, den er immerhin ein viertel Jahrhundert innehatte, Nachfolger wird Wolfgang Schäuble. Auch der CSU-Vorsitzende Theo Waigel tritt zurück. Sein Amt übernimmt der bayerische Ministerpräsident Edmund Stoiber, der den Wahlausgang ebenfalls nicht für möglich gehalten hatte. »Die Deutschen werden doch diesem Schröder nicht das Land übergeben«, dachte er bis zuletzt. Nun geht die Union in die Opposition und leckt ihre Wunden.

Für Wolfgang Bosbach ist der Wahlausgang deutlich erfreulicher als für seine Partei. Wie bei seiner ersten Wahl hat er auch dieses Mal intensiv gekämpft. Nachdem er von der Parteibasis auf einer Mitgliederversammlung ohne Gegenkandidaten mit 256 von 269 Stimmen aufgestellt worden ist, beginnt sein Wahlkampf offiziell. Unermüdlich warnt er vor einer von der PDS geduldeten sozialdemokratischen Minderheitsregierung. »Es ist doch ein Witz, dass sich die beiden erfolglosesten Ministerpräsidenten der Republik darum bewerben, Kanzler zu werden«, sagt er mit Blick auf Oskar Lafontaine und Gerhard Schröder, deren Bundesländer Saarland und Niedersachsen die höchsten Arbeitslosenzahlen Westdeutschlands aufweisen.[64] Ihren privaten Lebensstil, die vier Ehen Schröders (inklusive der über mehrere Monate medial ausgebreiteten Trennung von seiner dritten Frau Hillu) und die drei Ehen Lafontaines kritisiert er ebenfalls. Auf die Frage, wie Politiker glaubhaft erscheinen können, die ihre eigenen Familienverhältnisse nicht zu ordnen vermögen, sagt Bosbach der *Bergischen Morgenpost:* »Wenn Politiker hohe und höchste Staatsämter anstreben oder innehaben, üben sie eine Vorbildfunktion aus, der sie auch in ihrem persönlichen Verhalten gerecht werden müssen.« Selbst eine noch so große Medienpräsenz und ein hoher Unterhaltungswert könnten eine integre Persönlichkeit nicht ersetzen.[65]

Bosbach steigt wieder aufs Fahrrad, um einige Teile seiner vorherigen Wahlkampftour zu wiederholen. An den Laternenpfählen hängt sein Plakat mit dem Slogan »Weil nur die Leistung zählt«. Erstmals findet sein Wahlkampf auch im Internet statt. Auf seiner ersten Homepage hält er virtuelle Sprechstunden. In der Lokalpresse prangert er omnipräsent die Forderungen der Gegner an, etwa die der Grünen für ein Tempolimit von 100 km/h auf Autobahnen. Die Forderung des »Wunschkoalitionspartners der SPD« passe gut zu ihrem Plan, Kraftstoff auf bis zu 5 DM je Liter zu erhöhen, und zur Parole, ein Urlaubsflug alle fünf Jahre reiche, sagt Bosbach. In Deutschland seien aber 99 Prozent aller Straßen und ein großer Teil der Autobahnen ohnehin tempobegrenzt. »Obwohl dort 30 Prozent aller Fahrleistungen erbracht werden, ereignen sich nur 7 Prozent aller Unfälle mit Personenschaden auf Autobahnen.« Ein Tempolimit würden Autofahrer deshalb als Schikane empfinden.[66] An anderer Stelle fordert er verstärkte bundesweite Strafverfolgung von Herstellern und Verbreitern von Kinderpornografie.

Den Medien misst Bosbach im Wahlkampf große Bedeutung bei. Entscheidend sei, was in der Zeitung stehe und im Fernsehen laufe. Man dürfe sich nicht überschätzen, sagt er der *Bergischen Morgenpost*. »Selber bewegen kann man nur etwas zwischen 1 und 2 Prozent.« Darüber hinaus seien die Möglichkeiten begrenzt. Um seine Medienpräsenz zu erhöhen, gibt Bosbach im Laufe des Wahlkampfes auch Einblicke in sein Privatleben. So erzählt er der *Bergischen Morgenpost,* dass er gerne noch ein Kind hätte, seine Frau dies aber ablehne.[67] Er unterstreicht die hohen Kosten seines politischen Engagements. Die Familie komme wirklich zu kurz, das sei das Einzige, was er wirklich bereue. »Ostern bin ich mit meiner ältesten Tochter zum ersten Mal im Urlaub gewesen, da sind wir richtig gute Freunde geworden«, erzählt er. In diesen wenigen Tagen habe er mehr über sie erfahren als in acht Jahren zuvor.[68] Er berichtet, dass er sich jeden Abend Zeit nehme für ein Fazit, um sich die wichtigen Dinge und Lehren des Tages noch einmal in Erinnerung zu rufen. Er erzählt auch, dass er »begeisterter Nichtraucher« sei, dass er gerne Rod Stewart, Elton John, Phil Collins, Frank Sinatra und Diana Ross höre und dass er sich mehr Ruhe und Ausgeglichenheit wünsche. Er nehme oft Arbeit im Kopf mit nach Hause, sagt er. Für seine Wähler, so die Nachricht, ist er immer im Einsatz. Schließlich sei sein persönliches Motto ein Satz von Erich Kästner: »Es gibt nichts Gutes, außer man tut es.«

Bosbach ist keineswegs so siegessicher wie seine lokalen Parteifreunde. »Er ist nervös«, konstatiert CDU-Geschäftsführer Rainer Deppe. »Aber der WoBo war ja sogar unruhig, als es um die Aufstellung des Kandidaten in der Partei ging. Und da gab es ja nicht mal einen Gegenkandidaten.«[69] Sabine Bosbach sieht die Lage gelassen. Vier Jahre zuvor sei der Erwartungsdruck viel höher gewesen, sagt sie. »Entweder er gewinnt, oder wir gewinnen als Familie. Ich glaube, so sieht das der Wolfgang.«[70] Doch natürlich freut sie sich dann mit ihrem Mann über seine Wiederwahl. Der muss zwar auch Einbußen hinnehmen, doch er kann seinen Wahlkreis mit 46,18 Prozent der Erststimmen wieder souverän gewinnen und gehört damit zu den 20 CDU-Abgeordneten mit den geringsten Erststimmenverlusten. Er hat 68 187 Erststimmen von 178 000 Wahlberechtigten erhalten, damit zeigt er sich zufrieden. »Ich habe weit weniger verloren als zu befürchten war. 45 Prozent hatte ich mir als Ziel gesetzt.«[71] Der Abstand zu seinem SPD-Kontrahenten Gerhard Zorn schrumpft allerdings von 11,5 Prozent vor vier Jahren auf nun 4,4 Prozent. Am Wahlabend wird es richtig spannend. Wegen eines Fehlers in der Auszählung werden den Besuchern im Kreishaus vor 20 Uhr Ergebnisse präsentiert, die nach einem Kopf-an-Kopf-Rennen aussehen. Demnach führt Bosbach, der dieses Mal nicht über die Landesliste abgesichert ist, mit nur 1,7 Prozent. Als der Fehler erkannt und zu seinen Gunsten korrigiert wird, ist Bosbach erleichtert. Für seine persönliche Arbeit werde sich durch den Wechsel in die Opposition nichts ändern, sagt er. Dem Ergebnis seiner Partei versucht er durch einen historischen Vergleich die Dramatik zu nehmen: 1972 habe die CDU ebenfalls eine große Niederlage erlitten und dennoch 1976 das zweitbeste Ergebnis ihrer Geschichte eingefahren. Auch an diesem Wahlabend denkt Bosbach bereits vier Jahre voraus. Gerade jetzt, da die Partei am Boden liegt, will er sich vor allem auf ihren Neustart konzentrieren. Als nächsten Kanzlerkandidaten könne er sich gut Wolfgang Schäuble vorstellen, sagt er den Journalisten.[72] Dass es dazu nicht kommen wird, weil nach diesem Wahlabend ein weiterer Tiefpunkt auf die Partei wartet, kann er noch nicht wissen.

# KEIN ROSINENPICKER

Für Caroline Bosbach riecht Wahlkampf nach Kleister. Ein Eimer voll stand immer im Familienwagen. Und egal wohin Mutter und Töchter unterwegs waren, wenn sie an einem herunterhängenden Bosbach-Plakat vorbeikamen, hielten sie an und klebten nach. So war, während der Vater von Termin zu Termin eilte, die ganze Familie in den Wahlkampf eingebunden. Die Kampagne 1998 ist die erste, an die Caroline Bosbach sich bewusst erinnern kann, sie war damals acht Jahre alt. Mit ihrem Vater stand sie in der Fußgängerzone von Bergisch Gladbach und verteilte zu seinen Autogrammkarten eine Rose. Es ärgerte sie fürchterlich, wenn sich Leute zweimal anstellten und sie ihnen dann noch eine weitere Rose geben musste, weil ihrem Vater die Wiederholungstat nicht aufgefallen war. Am Stand nebenan sägten die Grünen mit einer Laubsäge für ihre Unterstützer Sonnenblumen aus. Weil das dauerte, bildeten sich lange Schlangen vor dem Wahlstand. »Schon als Kind leuchtete mir ein, dass das total unpraktisch und ineffektiv war«, sagt sie.

Die 24-Jährige sitzt im Berliner Café Einstein und bestellt einen Cappuccino. Sie trägt ein gelbes Seidentop und einen rosa Schal und ist mit den großen, dunklen Augen ihrer Mutter zunächst einmal vor allem eines: auffallend hübsch. Kein Wunder, dass Schlagersänger Michael Wendler die Studentin der Wirtschaftskommunikation als Covergirl für sein neues Album haben wollte. Darauf ist sie nun in dessen Arm zu sehen. Bei den gemeinsamen Auftritten mit ihrem Vater zieht sie in sehr femininen Outfits die Aufmerksamkeit der Presse auf sich. Die Bilder von Vater und Tochter ziehen die Boulevardblätter gerne groß auf, um etwa zu verkünden, dass »hier ein Vater fast vor Stolz platzt«.[73]

Wolfgang Bosbach ist in all den Jahren recht vorsichtig mit der Privatsphäre seiner Familie umgegangen. Hin und wieder gab es Familienfotos, zum Beispiel auf seinen ersten Wahlflyern. In der Lokalpresse ließ die Familie sich einmal backend ablichten und erzählte, dass es ihre Lieblingsweihnachtskekse, die Nusstaler, bei ihnen auch im Sommer gibt.[74] Familienfotos gab es vom gemeinsamen Urlaub auf Mallorca, doch die großen Homestorys bleiben aus. Seine Frau wird, wie die Töchter auch, fotografiert, wenn sie ihren Mann begleitet, aber sie äußert sich so gut wie nie öffentlich. Im Gegensatz zu ihrer Mutter und ihren Schwestern begibt sich Caroline Bosbach bewusst in die Öffentlichkeit. Bei Markus Lanz im ZDF sprach sie über ihr Leben als Tochter eines bekannten Politikers, in der *Bild am Sonntag* und im Hochglanzmagazin *Myself* gab sie große Doppelinterviews mit ihrem Vater nebst aufwendiger Fotoproduktionen. Kritik daran kann sie nicht nachvollziehen, genauso wenig wie an der Medienpräsenz ihres Vaters. »Das ist doch sein Job, dass er mit Journalisten spricht«, sagt sie. Politiker repräsentieren das Volk und sollten deshalb auch Rede und Antwort stehen. Es gebe ohnehin viel zu wenige Politiker, die gut kommunizierten, und ihr Vater könne das eben. Ihre Präsenz offenbart einen Teil seiner privaten Seite, und das findet sie gut. »Wenn du Politiker bist, haben die Menschen ein Recht darauf, zu erfahren, wie du bist und wie du tickst.«

Caroline Bosbach, die ihr Abi mit einem Notendurchschnitt von 1,4 machte, wählt ihre Worte mit Bedacht. Sie antwortet lebhaft und mit großen Gesten, zerteilt den Raum mit schmalen, langen Fingern, sie lächelt, und sie kichert, aber ihr rutscht nichts Unüberlegtes heraus. Ihre Medienauftritte haben sie geschult. In ihrem fröhlichen, extrovertierten und selbstbewussten Auftreten erinnert sie an ihren Vater. Das finde auch die Mutter, sagt Caroline Bosbach. In Bezug auf den Ehrgeiz und die Rastlosigkeit ähnele sie ihm. »Meine Mutter sagt immer: Von mir hast du das nicht.« Manchmal bitte sie die Tochter, doch mal zur Ruhe zu kommen. »Dabei kann ich gut zur Ruhe kommen«, sagt Caroline Bosbach und interpretiert diesen Begriff etwas eingeschränkter als gemeinhin üblich, »doch nach einem halben Tag Ruhe reicht es mir dann auch.« Deshalb kann sie die Arbeitswut ihres Vaters nachvollziehen. Natürlich tue er ihr manchmal leid, wenn er nach einer Woche voller Termine nach Hause komme und »geprügelt« aussehe.[75] Das versetze ihr einen Stich, sagt sie, wenn sie ihn im Dauerstress erlebe, ohne dass er nur einen einzigen Tag abschalten kann. »Aber alles, was er macht, macht er gerne. Wenn du einen Job hast, den du gerne machst, dann brauchst du nicht viel Schlaf und nicht viel Freizeit.« Sie wisse ja, dass er durch die Arbeit auch aufblühe. Seinen Mitarbeitern und seiner Familie hat Bosbach vor der Bundestagswahl 2013 gesagt, dass er danach weniger Termine wahrnehmen wolle, die mit Reiseaufwand verbunden seien. Seine Mitarbeiterin Kirsten Sittig, Terminfee des Berliner Büros, hätte diese Ankündigung gerne schriftlich. Und auch Caroline Bosbach kann sich das nicht vorstellen: Das glaube sie erst, wenn sie es erlebe.

Caroline Bosbach hat die Entbehrungen erlebt, die der Beruf ihres Vaters für ihn und die Familie bedeutet, aber sie hat sie als Kind nicht als solche empfunden. »Das war völlig normal, dass man den Papa morgens in der Zeitung sah und nicht am Frühstückstisch.« Sie und ihre Schwestern hätten es einfach nicht anders gekannt.[76] Ihrem Vater macht die verpasste gemeinsame Zeit mehr zu schaffen. »Ich bedauere das sehr, weil das alles nicht wiederholbar ist«, sagt er. Er habe keinen Elternabend und keinen Martinsumzug miterleben können, weil er immer unterwegs war. Seine Frau hat ihm dann abends davon erzählt, wenn er nach Hause kam. Als der Bundestag noch seinen Sitz in Bonn hatte, war es für die Familie einfacher. Aber mit dem Umzug nach Berlin nahmen die gemeinsame Zeit und seine Teilhabe am Familienalltag ab. Er erinnert sich an einen Urlaub, in dem Caroline ihn zu einer Partie Schach herausforderte. Der Vater war völlig überrascht, weil er gar nicht wusste, dass seine Tochter dieses Spieles überhaupt mächtig war. In Situationen wie diesen werden Bosbach die Versäumnisse schmerzlich klar. Heute würde er manches anders machen, er würde andere Prioritäten setzen, sagt er. Wenn man politisch plötzlich in der Bundesliga spiele, dann meine man, das ganze Leben bestehe nur noch aus Politik. Heute könne er sagen, das Wichtigste und Beste, was aus seinem Leben entstanden sei, das habe mit Politik gar nichts zu tun, das seien die Kinder. »Und die sind auch meine Antwort auf die Frage nach dem Sinn des Lebens.«

Doch sogar, wenn Wolfgang Bosbach heute angibt, seine mangelnde Balance zwischen Arbeit und Familie zu bedauern, so ist er selbst darin für seine Tochter ein Vorbild. »Er war der Erste, der mir gezeigt hat, dass ein Beruf auch eine Berufung sein kann.« Er habe ihr vorgelebt, wie man wirklich etwas aus seinem Leben machen könne. Und wenn man etwas mit so viel Freude mache, dann sei man auch gut darin. Meine Frage, was genau ihm diese Freude bereitet, kann sie nicht ganz nachvollziehen. »Wenn man Macht und Einfluss positiv nutzen kann, um den Wahlkreis oder Deutschland ein kleines Stück besser zu machen, gibt einem das Kraft.« Das sei doch normal. Wer möchte denn nicht sein Umfeld positiv beeinflussen, fragt sie, oder es wenigstens versuchen? Dann formuliert sie einen in Zeiten von Eigennutzenmaximierung höchst ungewöhnlichen Gedanken: »Wenn man am Ende des Lebens sagen kann, man hat versucht, Menschen zu helfen, dann kann man doch schon sehr zufrieden sein.«

Mit der Medienpräsenz Bosbachs geht Caroline Bosbach ganz anders um als ihre Mutter: Während Sabine Bosbach sofort ausschaltet, sobald ihr Mann im Fernsehen erscheint, dreht ihre älteste Tochter die Lautstärke hoch. Sie versucht, keinen seiner Auftritte zu verpassen, schließlich werde sie oft genug darauf angesprochen, da fände sie es blöd, wenn sie nicht Bescheid wüsste.[77] Caroline Bosbach erfreut sich daran, wie ihr Vater für seine Arbeit Anerkennung erfährt. »Das ist Wahnsinn«, sagt sie. Sie kann sich an keinen gemeinsamen Tag erinnern, an dem er nicht von Fremden angesprochen worden wäre, sei es in Bergisch Gladbach, in Berlin oder auf Mallorca. Ausschließlich positiv hat sie das erlebt, die Menschen lobten seine Arbeit, seine Auftritte, seine Meinungen. Natürlich seien manche Anliegen absurd wie beispielsweise eine Beschwerde über zu lange rote Ampelphasen. Aber sie hat sich daran gewöhnt: Sie lerne ja selbst gerne Menschen kennen und höre zu, was sie zu sagen hätten. Auf Veranstaltungen ist sie sogar oft richtig stolz auf ihren Vater. »Wenn du weißt, alle Leute sind nur seinetwegen gekommen, um ihm die Hand zu geben, das fühlt sich einfach schön an, egal wie alt du bist.« Sie erinnert sich an dieses Gefühl der gemeinsamen Wahlabende, denen immer besonders intensive Wochen der Kampagne im Kreis vorausgingen. Selten wohnte ja ihr Vater so lange am Stück zu Hause. In dieser Zeit fieberte die Familie gemeinsam auf ein Datum hin.

Auch heute noch begleitet sie ihn gerne auf Veranstaltungen. »Das ist eine sehr schöne Ausnahmestimmung, weil man so viel Unterstützung erfährt, da sind so viele Leute dabei, die Fördervereine gründen oder Kampagnen für ihn starten.« Wolfgang Bosbach hängt in die Küche immer einen Plan für die heiße Phase, auf dem alle Termine vermerkt sind, zu denen die Familie ihn begleiten kann. Wenn sie nach Hause kommt, schaut Caroline

Bosbach gleich die Daten durch, um sich die Veranstaltungen zu notieren, die sie interessant findet. »Dann muss man bloß noch pünktlich zur gesetzten Zeit in der Tür stehen, um mitzufahren.« Manchmal würde sie allerdings gerne auch bei der Auswahl der Termine mitreden können. »Wenn zum Beispiel irgendwo ein schönes Event ist, Papa aber schon bei einem Gesangsverein mit 30 Mitgliedern zugesagt hat.« Doch ihrem Vater seien eben alle Termine gleich wichtig, die Reibekuchenkirmes genauso wie ein Berliner Wirtschaftskongress. Und obwohl sie es manchmal gerne anders hätte, bewundert sie auch das an ihm. Es ginge ihm eben nicht darum, was gut für ihn, sondern was wichtig für andere sei. »Er ist kein Rosinenpicker, in keiner Hinsicht«, sagt sie.

Politische Diskussionen führt sie mit ihm selten. Zu Hause werde nicht über Politik gesprochen. Da müsse sie ihm die Dinge regelrecht aus der Nase ziehen. Aber die Tochter kann das verstehen. Das Zuhause ist der Ort, an dem ihr Vater sich fallen lassen kann. Da brauche er mal Ruhe, ertrage keine laute Musik. »Er ist dann anders als in der Öffentlichkeit und reagiert auch mal empfindlich.« Streit gebe es aber höchstens, wenn er im Fernsehen Fußball schauen wolle, die Töchter hingegen *Shopping Queen*. Auch beim Essen sei man sich nicht immer einige. Wenn die Familie mal gemeinsam esse, dann wünschten sich die Töchter meist etwas Leichtes wie Salat mit Huhn, der Vater eher Sülze, Wurst oder Eiersalat, gerne schon zum Frühstück.[78] »Was denkt ihr euch, ich bin Staatsmann!«, sagt Wolfgang Bosbach, wenn die Töchter ihn damit aufziehen. Staatsmännisch ist allerdings sein kleines Büro neben ihrem Zimmer, in dem er keinen Computer hat, sondern nur eine elektrische Schreibmaschine, nicht gerade. »Das glaubt mir keiner«, sagt Caroline Bosbach und lacht. Manchen Freunden hat sie deshalb schon das Büro ihres Vaters gezeigt. Die reagierten dann immer erstaunt: »Und hier macht der Arbeit für die Bundesrepublik?« Das tut er.

Gerne diktiert er außerdem noch spät abends Briefe. Sehr geehrter Herr Doktor Sowieso Komma Absatz, hört seine Tochter ihn dann aus dem Nebenzimmer und muss häufig darüber schmunzeln.

Wenn sie ihren Vater mal für sich hat, fragt sie natürlich schon nach den Hintergründen der aktuellen Ereignisse. Ist die Lage wirklich so, wie sie sich in der Öffentlichkeit darstellt? Wer blockiert oder integriert gerade? Und wie geht es weiter? »Wenn man da so an der Quelle sitzt, das ist natürlich unheimlich spannend«, sagt sie. Über politische Inhalte spricht sie seltener mit ihrem Vater. »Wir haben ohnehin eine Übereinstimmungsquote von 99 Prozent.« Sie teilt auch seine konservativen sozialpolitischen Ansichten. Ist es für eine junge Frau nicht eher ungewöhnlich, Abtreibung und Homo-Ehe abzulehnen? »Das ist keine Generationenfrage«, sagt sie, »das ist für mich eine christliche Frage.« Sie ist gegen die Homo-Ehe, weil die Ehe für sie etwas Heiliges ist, und sie findet außerdem das Ausmaß der öffentlichen Debatten über die Homo-Ehe übertrieben. Da ginge es schließlich um einen verschwindend geringen Anteil der Bevölkerung. »Können wir uns nicht um andere Dinge kümmern?« Was die Abtreibung betrifft, differenziert sie wie ihr Vater zwischen der Verurteilung der Abtreibung und der Verurteilung der Menschen, die eine solche vornehmen lassen. Wie sie das zusammenbringt, möchte ich gerne wissen. Beinhaltet nicht ein Werturteil auch eine Abgrenzung gegenüber denjenigen, die diesen Wert nicht teilen? Nein, sagt Caroline Bosbach. »Kann es sein, dass das eine mit dem anderen nichts zu tun hat?« Werte und Verurteilung stehen für sie in keinem Zusammenhang. Sie lehnt zwar den Schwangerschaftsabbruch ab, würde aber keine Frau verurteilen, die einen solchen vornehmen lässt. Auch ihr Vater sei nicht jemand, der Leute verurteile. »Das wäre ja eher ein Zeichen von Schwäche.«

In der Erziehung hat sie ihn als sehr liberal empfunden. »Uns wurde da niemals etwas vorgegeben, in keiner Hinsicht, auch religiös nicht. Wir haben den Glauben einfach mitgelebt.« Vor dem Essen wird bei den Großeltern noch gebetet, in der Familie Wolfgang Bosbachs nicht mehr. Nur er selbst bekreuzigt sich vor jeder Mahlzeit. In Carolines Kindheit besuchte die Familie nicht jeden Sonntag die Kirche, aber das Mädchen ging gerne allein, war viele Jahre lang Messdienerin. »Heute ist mein Vater schon der von uns, der seinen Glauben am stärksten lebt«, erzählt sie jetzt. Doch auch Caroline Bosbach ist ihr Glaube bis heute wichtig, er gibt ihr Halt. »Die Werte in unserer Gesellschaft sind instabil genug«, sagt sie. »Ich finde es wichtig, dass es noch Ankerpunkte gibt.« Mit dieser Ansicht ist sie, gesteht sie bereitwillig ein, unter ihren Freunden eher ein Exot. Im Laufe der Jahre hat sie sich viel anhören müssen. Immer wieder geriet sie in Situationen, in denen die Popularität ihres Vaters eine Angriffsfläche bot, unter der sie litt. Da ging es ihr wie vielen Politikerkindern, von denen ja viele – man denke nur an die Söhne Helmut Kohls – unter der Kindheit im Rampenlicht gelitten haben. Caroline Bosbachs Sportlehrer in der fünften Klasse zog sie damit auf, dass ihr Vater ein Toupet trage (was er nicht tut).[79] Ein pädagogisch besonders versierter Mathelehrer sagte ihr: »An meinen Computer kommt dein Vater nicht dran.« Er spielte auf den großen Lauschangriff und die Vorratsdatenspeicherung an, aber das Mädchen wusste damit nichts anzufangen. Wenn die Eltern andere politische Meinungen hatten, sagten ihr die Kinder manchmal: »Dein Vater ist doof.« Das hat sie verletzt, weil sie nichts zu erwidern wusste, doch auch darüber möchte sie nicht lamentieren.

Heute macht es ihr nichts mehr aus, wenn sie angesprochen wird, weil sie gerne diskutiert. Gerade was die Vorratsdatenspeicherung angeht oder die Körperscanner, für die sich ihr Vater aussprach. Viele Leute im Umfeld der Tochter hätten sich damals über seine Positionen aufgeregt. »Was ich mir da alles angehört habe, das kann ich gar nicht alles aufschreiben.« Sie habe es auch nie an ihren Vater weitergegeben. »Was hätte das für einen Sinn?« Den Vorwurf, seine Meinungen seien unmodern, kontert sie stets gelassen. »Ich finde es schon modern, wenn jemand seine Meinung sagt und nicht mit der Masse läuft.« Das sei doch mal was anderes. Inhaltliche Vorwürfe könnten sie nicht verletzen, sagt sie. Was sie jedoch trifft, ist, wenn Plakate ihres Vaters beschmiert werden. »Wenn unter seinem Kopf etwas Gemeines stand und jeder das sehen konnte, das hat mir schon als Kind immer unheimlich wehgetan.« Aber es habe natürlich auch lustige Schmierereien gegeben. Im Wahlkampf 2009 hatte jemand aus dem Slogan »Dem vertrau ich« auf einem Bosbach-Plakat »Den verhau ich« gemacht, darüber konnte sie lachen. Überhaupt erinnert sie in ihrer Neigung zum Positiven an ihren Vater. Trotz der Hänseleien, die sie als Kind seinetwegen erfahren hat, oder dem Neid, den sie im Alltag manchmal erlebte, sieht sie eher die guten Seiten seiner Prominenz. »Wir durften mit ihm viel erleben und spannende Leute kennenlernen.«

Ihren Vater hat sie nicht nur meist optimistisch erlebt, sondern immer auch humorvoll. Das nervt sie manchmal, wenn sie eine ernsthafte Antwort oder Einschätzung von ihm bekommen möchte. »Er versteht manchmal nicht, wie extrem wichtig mir seine Meinung ist.« Zum ersten Mal klingt heraus, dass sie in der Beziehung zu ihrem Vater etwas vermisst, etwas wie eine aktivere Teilnahme an ihrem Leben. In der Wahl ihres Studiums hätte sie sich gewünscht, dass er ihr bei der Entscheidungsfindung helfe, aber das wollte oder konnte er nicht. »Das musst du doch selbst wissen«, hat er ihr gesagt, vielleicht weil er selbst auch immer seinen ganz eigenen Weg geht und es ihm wichtig ist, dass die Kinder den ihren finden. Deshalb hat er auch nie auf eine akademische Ausbildung der Töchter gedrängt. »Wenn ich Floristin geworden wäre, hätte er das auch gut gefunden«, sagt sie. Ihre jüngste Schwester Viktoria, die bald Abitur machen wird, will wie Schwester Natalie eine Banklehre machen. Auch Caroline Bosbach hat mit einer Ausbildung in einem Verlag begonnen, wechselte aber wenig später an die Uni. Dass sie die Ausbildung abbrach, fand ihr Vater nicht gut. »Das war das einzige Mal in meinem Leben, an das ich mich erinnern kann, dass er mir gesagt hat, dass er meine Entscheidung nicht gut fand.«

Über ihre Wahl, nach Berlin zu ziehen, hat er sich hingegen gefreut. Die Älteste ist bisher die einzige der drei Töchter, die aus der Kleinstadt wegwollte. In Berlin studiert sie an der Hochschule für Technik und Wirtschaft Wirtschaftskommunikation und macht zusätzlich Scheine für das Fach BWL. Als sie in die Hauptstadt ging, schlug ihr Vater sogar vor, dass sie zusammenziehen sollten. Bosbach hat in Berlin keine Wohnung, sondern wohnt während der Sitzungswochen wie einige Kollegen im Hotel Grand Hyatt am Potsdamer Platz. Dort hat er alles, was er braucht, sagt er: Fernsehen, Sauna und zu jeder Tages- und Nachtzeit frisches Rührei. Außerdem sei die Hotelrechnung über das Jahr gerechnet günstiger als eine der Wohnungen für Abgeordnete am Moabiter Werder.

Eine gemeinsame Wohnung hielt die Tochter allerdings für keine so gute Idee. Was sei denn, wenn sie mal Leute einlade und Krach mache, fragte sie ihren Vater. »Ich störe euch dann schon nicht«, antwortete der.[80] Aber Caroline Bosbach ging es eher um den umgekehrten Fall. So wurde die Idee schnell begraben. Vater und Tochter sehen sich trotzdem hin und wieder in der Hauptstadt. Er gibt ihr auch seine Termine durch, damit sie ihn begleiten kann, wenn sie Lust hat.

Wolfgang Bosbach greift zwar nicht im Einzelnen in den Werdegang seiner Töchter ein, doch sie wissen, dass ihm ihr Fleiß wichtig ist. Sie wissen, dass sie sehr behütet aufgewachsen sind, dass ihnen viel ermöglicht wurde und dass er von ihnen auch Leistung erwartet. »Er sagt uns gerne mal, dass er in unserem Alter schon zehn Jahre gearbeitet hat«, sagt seine Tochter. Wenn die Familie zu Hause um sieben zusammen frühstückt, fragt er die Töchter, was sie an diesem Tag vorhaben. »Nach dem Motto, du machst doch wohl keinen Ferientag, obwohl du frei hast?«, sagt Caroline Bosbach. Er wolle dann einen kleinen Anstoß geben, damit der Tag genutzt werde und »nicht etwa zwei Stunden vertrödelt werden«. Caroline Bosbach antwortet darauf jeden Tag dasselbe, nämlich dass sie morgens lerne und abends in ihrem Ferienjob arbeite. »Ich hänge ja sowieso nie rum. Ich stehe auch in den Ferien um sieben auf.« Die Disziplin ihres Vaters, scheint es, hat abgefärbt. Einen Job wie den seinen möchte die Tochter trotzdem nicht haben. Sie wolle auch mal einen Tag frei nehmen können, sagt sie, und freie Tage gebe es eben in seinem Job nicht. »Und wenn du etwas machst, musst du es richtig machen«, meint sie. Noch so ein Satz, der auch von ihrem Vater stammen könnte.

Dennoch hat sie sich als Freund ausgerechnet einen österreichischen Nachwuchspolitiker ausgesucht, auch er Jurist. Allzu abschreckend hat das Beispiel ihres Vaters also vielleicht nicht gewirkt? »Wenn ich mir den Job meines Freundes hätte aussuchen können, hätte ich es lieber anders«, sagt sie und lacht. Aber im Leben gibt es ja bekanntlich keine Zufälle. Politischen Rat gebe der Vater dem Freund nicht, sagt die Tochter, und das Verhältnis sei sehr entspannt. In den Skiurlaub der Familie durfte sie ihren Freund mitbringen, dort trank Ihr Vater auch mal ein Bier mit ihm. Etwas eifersüchtig auf die Verehrer seiner Töchter wirkt er trotzdem manchmal. Als er eine der drei einmal auf eine Karnevalssitzung des 1. FC Köln mitnahm, bekam sie noch während der Sitzung Facebook-Freundschaftsanfragen von zwei Spielern. »Wenn die auf dem Platz so schnell wären wie bei Facebook, wären wir garantiert in die erste Liga aufgestiegen«, sagt Bosbach.[81] Seine Tochter ist heute noch genauso amüsiert über die Geschichte wie darüber, dass ihr Vater sie nicht vergessen hat. »Ein Gedächtnis wie ein Rathaus«, nennen es seine Mitarbeiter. Namen, Daten, Fakten, Zahlen, nichts entfalle ihm, immer lerne er dazu. Sicher ist nicht jeder Politiker so, sagt Caroline Bosbach. »Mein Vater ist vielleicht ein Extremfall.« Weder von Schlafmangel noch von Krankheiten lasse er sich von seiner Arbeit abbringen. »Schwäche zeigt er nie.«[82]

Macht sie das als Tochter nicht manchmal wütend, frage ich sie. Wütend mache sie die Krankheit, sagt sie, über die sie eigentlich nicht mehr reden möchte. »Es wäre ja auch seltsam, wenn wir eine unheilbare Krankheit einfach so hinnähmen.«[83] Letztlich sei aber die Traurigkeit stärker als die Wut. Und die Diskussion darüber stehe ihr bis hier, sagt sie, und hält ihre Hand an die Stirn. Sie könne es einfach nicht mehr hören. Zu Hause werde ja auch nicht darüber gesprochen. Dass ihr Vater in der Öffentlichkeit über seinen Zustand spricht, findet sie grundsätzlich richtig. Sie weiß, dass er damit vielen Betroffenen Mut macht. »Doch irgendwann ist es dann genug«, sagt sie. Freunde und Familie hätten ihm bereits gesagt, dass er öffentlich zu viel darüber kommuniziert hätte, was er nicht gerne hört. Sie selbst würde ihm das nicht sagen. »Das ist zu privat.« Außerdem weiß sie: Er geht ohnehin unbeirrt seinen eigenen Weg. Er behält sein Pensum. Er zieht das durch, Krankheit hin oder her.

# PUTSCHPARTY

Karrieren in der Politik mögen nur bedingt planbar sein, doch sie folgen gewissen Gesetzmäßigkeiten. So empfiehlt es sich, auf der richtigen Seite zu stehen, wenn sich das innerparteiliche Machtgefüge verschiebt. Bosbach, CDU-Obmann des Innenausschusses im inzwischen nach Berlin umgezogenen Bundestag, gelingt dies in der spektakulären Realsatire, die als CDU-Spendenaffäre in die Geschichte der Bundesrepublik eingeht. Schon der Umzug an sich hatte übrigens satirische Züge, Bosbach war nie ein Fan davon gewesen, und das nicht nur wegen der Kosten von schlappen 20 Milliarden Mark. Allein der Begriff »Berliner Republik« störte ihn. Bonn stand in seinen Augen für Bescheidenheit und »die 50 besten Jahre Deutschlands«.[84] Berlin ist im Gegensatz dazu groß, unpersönlich und unübersichtlich, ebenso wie der Umzug. Als Bosbach sein Büro in der neuen Hauptstadt beziehen will, tauchen zunächst unversehrt nur seine drei Topfpalmen auf. Der Schreibtisch ist in seine Einzelteile zerlegt. Immerhin ergeht es Bosbach besser als Norbert Röttgen, dessen gesamtes Inventar verschollen ist. Bosbach fehlt zwar das Sofa, dafür hat er plötzlich zwei Fernsehschränke. Das Tauschgeschäft blüht, weil in der ganzen Stadt kaum noch Büromöbel zu finden sind. »Es ging zu wie auf einem orientalischen Basar«, sagt Bosbach. Mit einem Parteifreund tauscht er eine Schlafcouch gegen zwei Regale, damit wenigstens die Akten eingeräumt werden können. Und um zu verhindern, dass mühsam zusammengesuchte Möbel über Nacht wieder verschwinden, wird er schließlich richtig kreativ. Als eine Kollegin und er eines Abends ihre Schränke im Flur stehen lassen müssen, kleben sie Zettel darauf. Die Kollegin schreibt an ihren Schrank: »Bitte stehen lassen«, Bosbach an den seinen: »Türen defekt, bitte reparieren.« Am nächsten Tag ist der Schrank der Kollegin weg, der Bosbachs wurde nicht angerührt.

Stühle gibt es weiterhin keine. Seine Mitarbeiterinnen Doreen Hass und Ute Scheidt, die mit nach Berlin umgezogen sind, sitzen zunächst bei der Arbeit auf dem Boden. Viel gibt es ohnehin nicht zu tun, weil die Postzustellung etwa drei Wochen verzögert ist und sich damit viele Anfragen von selbst erledigen. In der ersten Woche funktionieren weder Telefon noch Fax. Besonders ärgerlich: Die Anrufer hören ein Freizeichen, die Mitarbeiter aber keinen Klingelton. Der Anrufbeantworter lässt sich erst einschalten, nachdem eine Geheimnummer eingegeben ist, die jedoch – getreu ihrer Bezeichnung – von der Bundestagsverwaltung zunächst geheim gehalten wird. Es sei filmreif gewesen, sagt Bosbach, nur wusste er nicht, ob es eine Tragödie oder eine Komödie werden sollte. Man hätte eine Charakterstudie der Kollegen machen können. Manche hätten sich mit endlosen Beschwerdetiraden beschäftigt, andere seien in Depressionen verfallen. Am meisten ärgert Bosbach sich über den Sozialdemokraten Peter Struck, der sich öffentlich über eine fehlende Klimaanlage in seinem Büro echauffierte. »Dessen Sorgen möchte ich haben«, sagt Bosbach; mangels Waschgelegenheiten müssten seine eigenen Mitarbeiterinnen ihre Kaffeetassen auf dem Klo abspülen.[85] Er hoffe darauf, dass sich die Dinge im Laufe der Zeit schon regeln werden. Doch das Chaos legt sich nicht. Für seine Partei bricht es zwei Monate später erst richtig aus.

Nachdem am 4. November 1999 gegen den CDU-Schatzmeister Walther Leisler Kiep ein Haftbefehl wegen des Verdachts der

Steuerhinterziehung erlassen wurde, kommt nach und nach Kohls jahrelange illegale Parteispendenpraxis in all ihrer ebenso aufwendigen wie skrupellosen Dimension ans Licht. Kiep soll von dem Waffenhändler Karlheinz Schreiber, der bereits ein halbes Jahr zuvor vor der Justiz nach Kanada geflohen ist, 1 Million Mark als Parteispende erhalten und nicht versteuert haben. Dieses Geld war bereits acht Jahre zuvor auf einem Parkplatz in der Schweiz in bar übergeben worden. Wie sich später herausstellt, handelte es sich dabei um eine »Provisionszahlung« der Firma Thyssen in Höhe von 1,3 Millionen Mark, die im Zusammenhang mit der Lieferung deutscher Panzer nach Saudi-Arabien stand. Abgründe von Bestechlichkeit und Steuerhinterziehung tun sich in der CDU auf. Der Skandal, dessen Zutaten Machtmissbrauch, sehr viel Bargeld und noch mehr, bisweilen zudem sehr kreative Lügen sind, mündet in den Mord des Königs Kohl durch seine ehemalige Getreue Merkel. Der frühere Generalsekretär Heiner Geißler muss Ende November einräumen, dass die Partei unter Kohl schwarze Konten führte, mit deren Hilfe illegale Parteispenden verschleiert werden konnten. Teilweise waren dies Konten eigens zu diesem Zweck gegründeter, scheinbar gemeinnütziger Organisationen im Ausland. In den Rechenschaftsberichten der Partei wurden sie dezent verschwiegen. Die Konten waren so etwas wie Kohls persönlicher Wahlkampffonds, mit dem er ihm wohlgesonnene Kandidaten sowie insbesondere die CDU in den neuen Bundesländern unterstützte.

Wenn die Stunde der Wahrheit schlägt, dann hilft bekanntlich nur eines: lügen, lügen, lügen. Getreu diesem Bonmot über Ehrlichkeit in der Politik streitet Kohl zunächst die Existenz von Schattenkonten ab. Der Bundestag setzt einen Untersuchungsausschuss ein, der einen möglichen Zusammenhang zwischen Parteispenden und Korruption klären soll. Wolfgang Bosbach wird von seiner Fraktion als stellvertretendes Mitglied in den Ausschuss entsandt.[86] Im Dezember bestätigt Kohl die Existenz der Konten zur Parteifinanzierung, 1,5 bis 2 Millionen Mark illegaler Spenden habe er angenommen. Er übernimmt die politische Verantwortung, möchte jedoch die Spender nicht nennen, weil er ihnen sein Ehrenwort darauf gegeben habe, dass sie anonym bleiben würden. In der Partei brodelt es, doch noch hat sich niemand getraut, öffentlich mit dem Ehrenvorsitzenden zu brechen. Bosbach sagt lediglich in einem Interview mit der *Bergischen Landeszeitung* Anfang Dezember, dass ihm »das Finanzgebaren des Altkanzlers« und »die Tatsache, dass die CDU durch Herrn Kiep 1 Million Mark Bargeld in einem Koffer von einem Waffenhändler entgegengenommen hat«, durchaus »schlaflose Nächte« bereite.[87] Parteichef Wolfgang Schäuble fordert Kohl mehrfach öffentlich auf, sich an der Aufklärung der Affäre zu beteiligen. Zwar kommt Schäuble auf einem kleinen Parteitag, zu dem Kohl nicht erscheint, noch kein Wort der Distanz zu seinem Vorgänger über die Lippen, doch hinter den Kulissen geht es heiß her. In mehreren Telefonaten drängt Schäuble Kohl, die Namen der Spender bekannt zu geben. Kohl weigert sich.

Es ist die Generalsekretärin der Partei, die ihr ausgeprägtes Machtbewusstsein und ihren Sinn für Timing beweist, indem sie öffentlich zum Bruch mit ihrem ehemaligen Förderer Kohl aufruft. Angela Merkels spektakulärer Gastbeitrag in der *Frankfurter Allgemeinen Zeitung* zwei Tage vor Weihnachten ist nichts Geringeres als ein Putsch. Helmut Kohl habe »der Partei Schaden zugefügt«, schreibt sie: »Ein Wort zu halten und dies über Recht und Gesetz zu stellen, mag vielleicht bei einem rechtmäßigen Vorgang noch verstanden werden, nicht aber bei einem rechtswidrigen.«[88] Die CDU müsse sich von Kohl lösen. »Nur auf einem wahren Fundament kann Zukunft entstehen.« Vieles deutet darauf hin, dass ihr Vorstoß mit Schäuble abgesprochen ist. In dem Beitrag heißt es, dass viele »Menschen – in der Partei zumal – an Helmut Kohl hängen«. An der Einfügung mit dem

Wort »zumal« meinen Beobachter die Handschrift Schäubles zu erkennen.[89] Tatsächlich ist es wenig wahrscheinlich, dass Schäuble über Merkels Vorgehen nicht informiert war, denn selbst wenn er nicht an dem Beitrag mitgeschrieben hat, hätte er seine Generalsekretärin entlassen müssen, wenn sie einen solchen Vorstoß ohne seine Kenntnis gewagt hätte. Dies unterbleibt jedoch bekanntlich. Stattdessen unterstützt er sie, indem er sagt, er sei zwar nicht immer einer Meinung mit ihr, »aber wir sind auf einem gemeinsamen Weg«.[90] Dieser gemeinsame Weg ist einer, der den Altkanzler ausschließt.

Um die Radikalität dieser Wende nachvollziehen zu können, muss man sich vor Augen führen, welche Rolle Kohl auch nach seinem Rücktritt als Kanzler in der Partei zunächst noch spielt. Als Ehrenvorsitzender, doch ansonsten einfacher Abgeordneter des Bundestages erscheint er weiterhin zu Präsidiumssitzungen und versucht, die Linie der CDU mitzubestimmen. Er nutzt den Einfluss, den er bis hinunter in die Kreisverbände nach wie vor hat. Bis zur Spendenaffäre ist er der mächtige Übervater der CDU. Dementsprechend polarisierend wirkt nun Merkels Artikel. In der Partei entbrennt eine heftige Debatte über den Umgang mit Kohl. Anfang Januar gerät auch Wolfgang Schäuble in den Strudel der Affäre. Er muss eingestehen, dass er fünf Jahre zuvor von Karlheinz Schreiber 100 000 Mark entgegengenommen hat. Dabei wird seine Version der Abläufe von der CDU-Schatzmeisterin Brigitte Baumeister in einer eidesstattlichen Erklärung bestritten. Schäuble behauptet, das Geld von Schreiber erhalten und an Baumeister weitergereicht zu haben. Erst später will er erfahren haben, dass das Geld nicht ordnungsgemäß verbucht wurde. Baumeister hingegen versichert, sie habe selbst einen Umschlag von Schreiber erhalten, den sie an Schäuble weitergeleitet habe. Später habe wiederum Schäuble Geld an sie übergeben. Der Verbleib des Geldes bleibt ungeklärt. Ende Januar gibt Schäuble ein weiteres Treffen mit Schreiber zu. Es ist die gängige Praxis von Politikern in Not – die berühmte Salamitaktik –, immer gerade so viel einzugestehen, wie nicht mehr zu leugnen ist, die Schäuble die Glaubwürdigkeit kostet. Mit einem Mal ist er nicht mehr Aufklärer des Skandals, sondern Mittäter.

Wolfgang Bosbach hat sich im Januar schon deutlich von Kohl distanziert, Schäuble hingegen unterstützt er hingegen weiterhin. Kohl wirft er in einem Interview »permanenten Rechtsbruch und andauernden Verfassungsbruch« vor, den die Partei nicht dulden könne. Auch die Praxis der hessischen CDU, die mehrere Millionen Mark illegal ins Ausland transferiert hat, macht ihn »fassungslos«.[91] Dass der Landesverband die illegalen Parteispenden als angebliches Erbe deutscher Juden darstellte, ist für Bosbach »an Unappetitlichkeit nicht zu überbieten«. Als der Geschäftsführer seines CDU-Kreisverbandes, Rainer Deppe, öffentlich sagt, die Union stehe noch nahezu geschlossen hinter Kohl, widerspricht ihm Bosbach.[92] Er habe sofort bei dem Parteifreund angerufen und ihm klargemacht, dass dies nicht seine Meinung sei, sagt er. Als das Präsidium und der Parteivorstand mit Kohl brechen, lässt dieser seinen Ehrenvorsitz ruhen. Doch Bosbach geht das nicht weit genug. Auf die Frage, ob Kohl nicht auch sein Bundestagsmandat niederlegen solle, sagt er zunächst, Kohl möge »in aller Ruhe darüber nachdenken, ob sein Verhalten im Interesse der CDU ist«. Wenn er sich gut beraten ließe, würde er zu der richtigen Entscheidung gelangen.[93] Einige Wochen später wird Bosbach deutlicher: »Wenn Kohl sich weiter bockig stellt, kann ich mir eine Zusammenarbeit im Bundestag auf Dauer nur sehr schwer vorstellen.« Bosbach fühlt sich persönlich enttäuscht von Kohl. »Dass man mit solch dramatischen Enttäuschungen leben muss, hätte ich niemals zu glauben gewagt. Wenn man morgens die Zeitung aufschlägt und sieht, was da noch alles hinzukommt, muss man doch denken, es war alles umsonst, die

14 Stunden politische Arbeit am Tag«[94], bemerkt er später. Trotzdem steht Bosbach weiterhin zu Schäuble. Der habe zwar einen Fehler gemacht, weil er nicht gleich zugegeben habe, ebenfalls eine Spende von Schreiber entgegengenommen zu haben. Dennoch sei Schauble »zur Zeit der Einzige in der Führung der CDU, der in der Lage ist, erstens die notwendige Aufklärungsarbeit zu leisten und zweitens die Partei zusammenzuhalten«.[95] Besonders in der nordrhein-westfälischen CDU steigt die Nervosität. Im bevölkerungsreichsten deutschen Bundesland stehen im Mai Landtagswahlen an. Die Umfragewerte der Partei sind seit Beginn der Spendenaffäre im freien Fall. Konnten sich im Dezember noch 46 Prozent der befragten Bürger vorstellen, die CDU zu wählen, so sind es drei Monate später nur mehr 32 Prozent. Bei der ersten Wahl nach Bekanntwerden der Affäre, der Landtagswahl in Schleswig-Holstein im Februar, wird die CDU schon brutal abgestraft. Wie es häufig im Anschluss an die Bundestagswahlen zu beobachten ist, hatte auch 1998 ein Trend gegen die Regierung eingesetzt, der dazu führte, dass Rot-Grün bei den Landtagswahlen 1999 die Mehrheiten in Hessen und im Saarland und damit im Bundesrat verlor. Das kam naturgemäß der CDU zugute. Nur wenig später konnte sie in Thüringen sogar die absolute Mehrheit gewinnen. Aufgrund der Spendenaffäre wird dieser Trend nun in Schleswig-Holstein gestoppt. Die NRW-Abgeordneten und insbesondere Jürgen Rüttgers, der angetreten ist, um Ministerpräsident in NRW zu werden, versuchen nun zu retten, was noch zu retten ist.

Für 17 Uhr am 15. Februar ist eine Unions-Fraktionssitzung angesetzt. Erst am Morgen hat der Fraktionsvorstand Schäuble zwar einstimmig sein Vertrauen ausgesprochen, doch die NRW-Abgeordneten haben sich bereits Stunden zuvor unter ihrem Vorsitzenden Norbert Lammert getroffen und den Putsch gegen Schäuble beschlossen. Er sei zu sehr mit seiner Selbstverteidigung beschäftigt und schwäche damit die Partei, so die übereinstimmende Meinung. Rüttgers ist nicht dabei, er sitzt zu dieser Zeit mit Schäuble in der Vorstandssitzung der Partei, wo er vor »Emotionen« warnt, die »unterwegs« seien. Dennoch gilt er vielen als der eigentliche Strippenzieher der Verschwörung. Erst heute früh ist er gemeinsam mit Lammert nach Berlin geflogen. Die Presse wird ihn später als »großen Intrigator« bezeichnen.[96] Sicher ist, dass er wegen der bevorstehenden Landtagswahl größtes Interesse daran haben muss, dass Schäuble möglichst bald abgesägt wird. Lammert soll Schäuble in einem Vieraugengespräch vor der Fraktionssitzung den Rücktritt nahelegen, damit Schäuble sein Gesicht wahren kann. In der Sitzung wird bei acht Gegenstimmen die Neuwahl des Fraktionsvorstandes entschlossen. Noch lässt Schäuble offen, ob er wieder antreten wird. Doch am Abend bestätigt Angela Merkel im ZDF, dass ein Rücktritt Schäubles bevorstehen könnte, den der schleswig-holsteinische CDU-Chef Peter Kurt Würzbach wenig später in den ARD-Tagesthemen fordert. »NRW-Abgeordnete fordern Rücktritt – CDU-Putsch gegen Schäuble« titelt die *Bild* am nächsten Tag, und der *Kölner Express* wählt fast die gleiche Formulierung: »Brutaler CDU-Putsch – angezettelt von den CDU-Parteifreunden aus NRW«.[97] Am nächsten Tag verkündet Schäuble, dass er nicht mehr für das Amt des Partei- und Fraktionsvorsitzenden kandidieren werde. In zwei Wochen soll die Parteiführung neu gewählt werden. Es ist der vorläufige Höhepunkt der seit 14 Wochen andauernden Krise.

In der Partei gibt es nun kein Halten mehr. Hatten unter Schäuble noch klare Fronten bestanden, so tobt jetzt ein offener Machtkampf. In diesen führungslosen Wochen findet die Generalsekretärin Angela Merkel auf neun sogenannten Regionalkonferenzen ihre Sonne. Hier soll mit der Basis über die Aufarbeitung der Spendenaffäre diskutiert werden, und hier sichert sich Merkel breite Unterstützung. Als Quereinsteigerin in die

*Für den FC Bundestag, bei dem Bosbach u.a. mit Norbert Lammert, Joschka Fischer und Rudolf Scharping spielt, schießt Wolfgang Bosbach im linken Mittelfeld drei Tore. 1996 gewinnt das Team den Europa-Cup der Parlamentsmannschaften in Finnland.*

*Im Tennis brachte Bosbach es bis in die Bezirksliga. In der Mannschaft des Bundestages muss er sich bei der Europameisterschaft der Parlamentarier 1995 allerdings mit dem letzten Platz zufriedengeben.*

*Mit Friedrich Merz verbindet Bosbach eine enge Freundschaft. Als Merz nach dem Rücktritt Schäubles zum Unionsfraktionsvorsitzenden gewählt wird, wird Bosbach am 29.2.2000 sein Stellvertreter.*

*Was man nicht alles tut: Im Europawahlkampf 1999 fährt die CDU-Generalsekretärin Angela Merkel mit Bosbach auf der Bergisch Gladbacher Kirmes Kettenkarussell. Auch die Beziehung der beiden hat über die Jahre ihre Aufs und Abs, Freunde werden sie nie.*

*Jedes Jahr in den Herbstferien besuchte die Familie den Vater in Berlin. Hier Wolfgang und Sabine Bosbach mit Viktoria, Natalie und Caroline. Die Älteste wird später für ihr Studium nach Berlin ziehen, was den Vater freut.*

*Im Jahr 2004 liegt Bosbachs Herzleistung nur noch bei 19 Prozent. Nachdem ihm Herzschrittmacher und Defibrillator eingesetzt werden, steigt sie auf 42 Prozent. Für das ausführliche Interview darüber mit* Bunte *posiert Bosbach mit Tochter Viktoria.*

*Mit Viktoria beim Kamelle werfen auf dem Wagen der Großen Gladbacher Karnevals-
gesellschaft. Nur einmal, wegen des Ersten Golfkrieges 1991, war auch Bosbach dafür,
den großen Umzug ausfallen zu lassen.*

*»Genauso könnten Sie mich fragen, welche meiner Töchter ich mehr liebe«, sagt Bosbach auf die Frage, ob es ihm mehr bedeute, einmal Vorsitzender des Innenausschusses oder Prinz Karneval geworden zu sein. Die allerletzte Karnevalssitzung werde für ihn jedenfalls schwerer sein als die letzte Parteiversammlung.*

Er ist gerne »nah bei de Leut«: Bosbach an einem Info-Stand der Christlich Demokratischen Arbeitnehmerschaft am Tag der Arbeit in Bergisch Gladbach. Die Präsenz im Wahlkreis hat für ihn immer hohe Priorität gehabt.

Mit dem Spitzenkandidaten Jürgen Rüttgers auf Fahrradtour im Landtagswahlkampf. Rüttgers war Bosbachs Vorgänger als stellvertretender Fraktionsvorsitzender. Rechts im Bild Herbert Reul, Mitglied des Europa-Parlamentes.

*Bosbach hat den Unterschied zwischen ihm und Angela Merkel einmal so beschrieben: Merkel habe zu ihrem 50. Geburtstag einen Hirnforscher zum Vortrag eingeladen, er selbst die Karnevalsband Höhner.*

Bosbach im Aufzug des Reichstages. Als er 2011 gegen die Erweiterung des »Euro-Rettungs-schirmes« und damit gegen seine eigene Fraktion stimmt, wird er in seiner Partei scharf attackiert. Er fühlt sich isoliert, denkt an einen Ausstieg aus der Politik.

Politik kann sie einen Neustart glaubhaft verkörpern. Für den Parteivorsitz sind außer ihr die Ministerpräsidenten Kurt Biedenkopf und Bernhard Vogel sowie Fraktionsvize Volker Rühe im Gespräch. Während der niedersächsische CDU-Chef Wulff sich früh für Merkel ausspricht, stehen Friedrich Merz, Edmund Stoiber und Volker Rühe ihrer Kandidatur kritisch gegenüber – Rühe aus ganz eigennützigen Motiven, er hat selbst Ambitionen. Hinter den Kulissen versucht Kohl, Rühes Position zu stärken. Doch bei seiner Wiederwahl zum Fraktionsvize stimmen nur 134 der 181 anwesenden CDU-Abgeordneten für ihn, 32 entscheiden sich gegen ihn. Damit schwinden seine Aussichten auf den Parteivorsitz. Bekanntlich ist es dann Angela Merkel, die zwei Monate später das Rennen macht.

Mit Ausnahme von Rühe und dem ersten parlamentarischen Geschäftsführer, Hans-Peter Repnik, wird am 29. Februar 2000 fast die ganze CDU-Fraktionsspitze ausgetauscht. Es ist Bosbachs großer Tag. Weil der bisherige Fraktionsvize Rüttgers den CDU-Landesvorsitz von Nordrhein-Westfalen übernommen hat und dort Wahlkampf macht, ist nach Regionalproporz ein Platz für einen Abgeordneten aus seinem Bundesland frei. Da dieser die Bereiche Innen- und Justizpolitik abdecken soll, muss es ein Jurist sein. Außer Bosbach sind Ronald Pofalla und Norbert Röttgen im Gespräch für den Posten. Pofalla ist der Dienstälteste der drei, zudem Mitglied des nordrhein-westfälischen Parteivorstandes. Röttgen ist wie Bosbach erst seit 1994 Abgeordneter, mit seinen 34 Jahren jedoch manchen in der Partei schlicht zu jung. Außerdem gehören Pofalla und Röttgen einer Gruppe junger Politiker an, die oft als »Junge Wilde« bezeichnet werden und die sich unter anderem für eine Liberalisierung des Staatsangehörigkeitsrechts einsetzen. Genau wie Kohl hat Bosbach dies stets abgelehnt. Er ist in seinen Positionen bislang zuverlässig konservativ gewesen und hat wenige Parteifreunde verprellt. Nichts deutet darauf hin, dass auch er, gemessen an der vorherrschenden Parteilinie, liberale Flausen im Kopf hat. Er gilt aber nicht nur als eine sichere Karte, er hat sich auch bei den Verhandlungen über Entschädigungszahlungen für NS-Zwangsarbeiter einen Namen gemacht. Als Vertreter der Union begleitet er Otto Graf Lambsdorff, der als Sonderbeauftragter Schröders in Washington DC die Verhandlungen über Art und Höhe der Entschädigungen führt. Es ist eine heikle Aufgabe, bei der es für Bosbach deutlich mehr zu verlieren als zu gewinnen gibt. Einerseits muss er der Wirtschaft Geld für die Entschädigungszahlungen aus den Rippen leiern, ohne dass die Unternehmen dies als Schuldeingeständnis verstehen. Das erweist sich zwar als schwieriges Unterfangen, gelingt aber zuletzt mithilfe massiven öffentlichen Drucks. Andererseits muss er feinfühlig mit dem Anspruch der Opfer umgehen, ohne dabei in der deutschen Öffentlichkeit zu nachgiebig zu wirken. Als Bosbach sagt, den Opfern müsse endlich Gerechtigkeit widerfahren, erntet er damit böse Schreiben. Irgendwann müsse die alte Schuld doch beglichen sein, heißt es darin, schließlich seien auch Deutsche unter den Zwangsarbeitern gewesen. Bosbach schafft die Gratwanderung und erarbeitet sich damit den Ruf, den er für die Kandidatur als Fraktionsvize braucht. Nicht zuletzt ist dabei ausschlaggebend, dass er das Vertrauen von Friedrich Merz hat und dieser sich für ihn einsetzt. Röttgen und Pofalla sehen daraufhin von einer Kandidatur ab.

Nachdem Merz von 217 der 226 Anwesenden zum Fraktionsvorsitzenden gewählt wurde, steht die Wahl der Stellvertreter an, zuerst die Bosbachs. Seine Kandidatur ist erst seit fünf Tagen spruchreif, in der Öffentlichkeit ist er noch ein Unbekannter. Doch in der Partei, so zeigt sein Ergebnis, ist er längst eine Größe. Er bekommt 173 von 181 Stimmen, das entspricht sagenhaften 96 Prozent. Damit erhält Bosbach, der dienstjüngste der sechs CDU-Vizes, bei Weitem das beste Ergebnis. Nach nur fünfeinhalb Jahren im Bundestag sitzt er nun im Vorstand seiner

245 Abgeordnete umfassenden Fraktion, und Mitglieder des Fraktionsvorstandes gelten als ministrabel. In Rekordzeit ist Bosbach in der zweiten Reihe der Bundespolitik angelangt. Er hatte nicht ganz an diesen Aufstieg glauben wollen, jetzt ist er überwältigt. Mit so viel Rückenwind auch aus den übrigen Landesgruppen habe er nicht gerechnet, sagt er. Er ruft seine Frau an. In seinen Jahren in Bonn und Berlin hat er noch nie seine Frau angerufen, um mit ihr spontan etwas aus seinem politischen Leben zu teilen, weder Erfolge noch Niederlagen. Doch jetzt wählt er die heimatliche Nummer. »Da wusste ich, wie sehr er sich freut«, sagt Sabine Bosbach später zu mir. Und obwohl sie besorgt ist über die zusätzlichen Aufgaben und Belastungen, freut sie sich mit.

Mit seinem Aufstieg zum Fraktionsvize wird alles anders. Bosbach zieht aus seinem einfachen Abgeordnetenbüro im ehemaligen DDR-Innenministerium in ein neues CDU-Büro in die Berliner Straße Unter den Linden. Er muss jetzt nicht mehr in erster Linie seinen Wahlkreis repräsentieren, sondern die Parteiführung. Er muss nicht nur seine eigenen politischen Positionen erarbeiten, sondern die Parteilinie in Fragen des Inneren und des Rechts festlegen und vertreten. Darüber hinaus ist er zuständig für die Bereiche Kultur-, Medien-, Kommunal- und Sportpolitik. Er muss die Arbeit der entsprechenden vier Fachausschüsse begleiten und koordinieren, sich eng mit den CDU-Justiz- und Innenministern und -senatoren der einzelnen Bundesländer austauschen und abstimmen. Er muss seine Anwaltstätigkeit reduzieren, weil gerade nichts dringender ist, als die CDU aus ihrem totalen Tief herauszuführen. Vorstands- und Fraktionssitzungen bestimmen den Takt seines Kalenders. Die neue Aufgabe erfordert mehr Reisen, die ihn oft zwei Arbeitstage wöchentlich kosten. Dennoch soll seine Präsenz im Wahlkreis nicht leiden, was ihn regelmäßig vor die Zerreißprobe stellt. Vor allem aber ändert sich die Schlagkraft seiner Worte. Bosbach findet plötzlich überregional das Gehör der Medien. Plötzlich interessiert die Presse, was Bosbach über Innenminister Otto Schily (»einen guten Juristen, aber einen nur durchschnittlich begabten Innenminister«) und Justizministerin Herta Däubler-Gmelin (»kann keine politischen Akzente setzen, vielleicht ist das auch gut so«) denkt.[98] Das Medienecho auf seine Wahl ist durchweg positiv. Die *Frankfurter Allgemeine Zeitung* bezeichnet sie als »Überraschung«, die »auch den Respekt widerspiegelt, den Bosbach sich in der Fraktion, nicht zuletzt bei ihrer Führung, in kurzer Zeit erworben hat«.[99] Für den *Kölner Stadt-Anzeiger* ist Bosbachs »Strebsamkeit und Bodenhaftung« ein Grund für seinen »überraschenden Karrieresprung«.[100]

Aufmerksamkeit ist eine Währung in der Politik, an der Bosbach nun zwar nicht reich, aber doch recht wohlhabend wird. Im Laufe des Jahres 2000 verzehnfacht sich seine Medienpräsenz. So viel Gehör zu bekommen ist für ihn ungewohnt. »Früher war da nur meine Mutter, die mäkelte: Das hättest du jetzt besser nicht gesagt.«[101] Jetzt hingegen schaue die gesamte Partei auf ihn. »Da muss man viel vorsichtiger sein mit seinen Äußerungen.« Der Medienrummel in Berlin ist ohnehin größer, als es der in Bonn war. Im Regierungsviertel konkurrieren mehr als 50 Nachrichtenredaktionen miteinander, und Bosbach ist ein gefragter Gesprächspartner. Das liegt nicht nur an den Themen, mit denen er betraut ist, sondern mindestens ebenso sehr an seiner Art. Während andere Politiker Journalisten lästig bis bedrohlich finden, geht Bosbach vertrauensvoll mit ihnen um. Die Pressevertreter honorieren das vielfach durch faire Berichterstattung. Zudem schaltet er – außer in der Sauna – sein Telefon nie ab, selbst im Urlaub nicht, was für die immer unter Zeitdruck arbeitenden Redakteure wichtig ist. Während viele Politiker ihre Mobilnummern hüten wie Staatsgeheimnisse, hat jeder halbwegs interessierte Hauptstadtkorrespondent die von Bosbach.

Manche seiner Kollegen spotten über seine ständige Erreichbarkeit, und auch Journalisten wundern sich, wenn sie beim Telefonat mit ihm im Hintergrund eine Krankenschwester oder die Klospülung hören. Bosbach aber genießt es, gefragt zu sein. Wenn er drei Tage keinen Anruf bekäme, dann würde er sich schon fragen, ob er was falsch gemacht habe, sagt er. Für ihn reduziert sich der Arbeitsaufwand, wenn er sofort den Hörer abhebt. Mailbox abhören, zurückrufen, das findet er viel mühsamer, als ein Gespräch gleich hinter sich zu bringen. Außerdem seien die Entwicklungen in der Innenpolitik oft rasant, da müsse man eben ansprechbar sein, wenn es ein Topthema gebe.

Und von denen gibt es nach seiner Wahl zum Fraktionsvize eine Menge. Im Sommer 2000 beschäftigt die deutsche Öffentlichkeit das Verbot für Kampfhunde (laut Bosbach »ungesicherte Waffen auf vier Pfoten«[102]). Auch das Ermittlungsverfahren gegen Außenminister Joschka Fischer wegen seiner uneidlichen Falschaussage über seine gewalttätige Rolle in der linksextremen Szene der Siebzigerjahre ist ein medialer Dauerbrenner (Bosbach fordert seinen Rücktritt, er »tauge nicht als Repräsentant einer gewaltfreien Zivilgesellschaft«[103]). In Bosbachs erstem Jahr als Fraktionsvize geht es für ihn außerdem um ein Verbot der rechtsextremen NPD und um eine Neuregelung der Zuwanderung und Integration. Hier gelingt ihm gleich im ersten Jahr das Kunststück, sich trotz konservativer Forderungen als Modernisierer der Partei zu positionieren.

Unter dem Eindruck des zunehmend gewalttätigen Rechtsradikalismus strebt die Bundesregierung ein NPD-Verbotsverfahren beim Bundesverfassungsgericht an. Im Juni treten Neonazis in Dessau einen Mosambikaner zu Tode, einen Monat später werden bei einem Sprengstoffanschlag auf eine Düsseldorfer S-Bahnstation neun jüdische Aussiedler aus Russland verletzt. Für Bosbach ist ein Verbotsantrag Sache der Exekutive. Die Bundesregierung solle den Antrag stellen, wenn sie der

Überzeugung sei, dass er Erfolg haben werde, so Bosbach. Einen eigenen Antrag des Bundestages lehnt er ab. Er begründet das damit, dass nur die Regierung über alle Informationen verfüge. Schließlich lägen die Geheimdiensterkenntnisse lediglich Bund und Ländern vor. Das Parlament könne den Schritt dann symbolisch im Bundestag unterstützen. Ohne die Stimmen von Union und FDP beschließt das Parlament dennoch, zusätzlich zu den Anträgen der Regierung und des Bundesrates einen eigenen Verbotsantrag zu stellen.

Die Bemühungen, die NPD zu verbieten, scheitern bekanntlich daran, dass V-Leute des Verfassungsschutzes zu sehr in die Partei verstrickt und auch in ihrer Führung tätig sind. In den Verbotsanträgen werden als Beweise Aussagen dieser V-Leute verwendet. Für drei der sieben Richter stellt dies ein »nicht behebbares Verfahrenshindernis« dar.[104] Der ehemalige Vizepräsident des Bundesverfassungsgerichts Winfried Hassemer weist entschieden darauf hin, dass es unmittelbar vor und während eines Parteiverbotsverfahrens keine V-Leute in den Vorständen der Partei geben dürfe. »Staatliche Präsenz auf der Führungsebene einer Partei macht Einflussnahmen auf deren Willensbildung und Tätigkeit unvermeidbar«, so Hassemer. Es sei zudem nicht auszuschließen, dass V-Leute die Prozessstrategie ausspioniert und der NPD so einen Vorteil verschafft hätten.[105]

Offenbar ist die Regierung mangels ausreichender Geheimdienstkoordination zwischen Bund und Ländern selbst überrascht von der Anzahl der V-Leute in der NPD. Sie ist blamiert. Entsprechend ist das Echo in den Medien. Bosbach sieht sich in seinen Bedenken gegen das Verfahren bestätigt.[106] Er steht auch acht Jahre später, als nach einem Messerangriff auf den Passauer Polizeichef wieder ein NPD-Verbotsverfahren diskutiert wird, einem solchen skeptisch gegenüber, weil er nur geringe Erfolgschancen sieht. Was sich nicht bewahrheitet, ist jedoch die in den Medien oft beschworene Furcht, dass die NPD durch das gescheiterte Verfahren an Legitimität gewinnen und regen Zulauf bekommen würde. Ohnehin spielt sie wenn überhaupt in Ostdeutschland eine Rolle, und selbst dort hat sie immer weniger Anziehungskraft. 2013 ist die NPD nur noch eine unbedeutende Kleinpartei mit ungefähr 5000 Mitgliedern, die bloß in den Landtagen Mecklenburg-Vorpommerns und Sachsens vertreten ist.

Die Gefahr der rechten Gewalt wird in der Union auch abseits des NPD-Verbotsverfahrens sehr ernst genommen. Bosbach spricht sich für beschleunigte Strafverfahren, eine Verschärfung des Jugendstrafrechts sowie ein Fahrverbot für Straftäter (»Nichts ist uncooler, als mit dem Linienbus in die Disco zu fahren«[107]), die Videoüberwachung öffentlicher Plätze sowie eine Einschränkung des Demonstrationsrechtes aus, damit Neonazis beispielsweise nicht an nationalen Gedenkstätten wie einem KZ oder dem Holocaustmahnmal demonstrieren können. Rechtsextremen Tendenzen müsse schon im Elternhaus und in der Schule vorgebeugt werden. Bosbach befürwortet die Wiedereinführung von Kopfnoten für Arbeits- und Sozialverhalten, schlägt vor, Schulschwänzer von der Polizei suchen zu lassen und überforderten Eltern notfalls das Sorgerecht zu entziehen. Rechtspopulistisch findet er das alles nicht. »Der Vorwurf des Rechtspopulismus kommt immer dann ins Spiel, wenn die Mehrheit der Bevölkerung etwas anderes denkt als die politische Linke«, sagt er. Das sei dann das Totschlagargument dafür, dass man auf dem falschen Weg sei.

Er beobachtet, dass es in den neuen Bundesländern einen deutlich höheren Anteil an rechtsradikalen Gewaltverbrechen gibt, obwohl dort insgesamt nur so viele Ausländer leben wie allein in Köln. Während der Ausländeranteil bundesweit 9 Prozent beträgt, sind es in Ostdeutschland lediglich 1,5 Prozent. Die Ängste der Menschen seien zum Teil irrational. »Aber selbst

Sorgen, die nicht rational begründet sind, muss man ernst nehmen«, sagt er in einem Interview mit der *Aachener Zeitung*. Aufklärungsarbeit zu betreiben sowie eine Neuordnung der Zuwanderungspolitik zu erarbeiten, sind deshalb für Bosbach die wichtigsten Aufgaben in seiner zweiten Amtszeit im Deutschen Bundestag. Dazu liefert er sich im Plenum Redeschlachten mit der Opposition. Innenminister Otto Schily geht er immer wieder scharf an: »Sie müssen hier nicht so rumbrüllen, wir sind hier nicht in ihrem Ministerium, sondern im Deutschen Bundestag«, sagt er in einer Rede unter großem Applaus seiner Fraktion.[108]

In einer Zuwanderungskommission soll Bosbach gemeinsam mit dem saarländischen Ministerpräsidenten Peter Müller neue Eckpunkte zur Einwanderung erarbeiten, die die Linie der Partei neu definieren und als Vorbereitung für ein neues Zuwanderungsgesetz dienen. Bosbach und Müller wirbeln in der Union heftig Staub auf, als sie ein Papier vorlegen, in dem Einwanderung als Bereicherung begriffen wird. Bisher hat die CDU darauf bestanden, dass Deutschland kein Einwanderungsland sei. Das Papier wird als so progressiv empfunden, dass seine Veröffentlichung verschoben wird. Bosbach und Müller haben formuliert, dass »Deutschland ein Einwanderungsland« und das »Boot nicht voll« sei, was vom CDU-Präsidium wieder gestrichen wird. Am meisten Ärger gibt es jedoch um den umstrittenen Begriff der »deutschen Leitkultur«, für dessen Verwendung Friedrich Merz sich starkmacht. Insbesondere Müller hält den Begriff für unpräzise, weil er, wie wir von Niklas Luhmann wissen, eine »beobachterabhängige Konstruktion« ist. Bosbach und Müller wollen ihn durch »Grundkosens unserer Gesellschaft« oder »Akzeptanz eines gemeinsamen Grundwertekanons« ersetzen. Doch Merkel besteht auf der Bezeichnung Leitkultur, weil der Begriff ohnehin bereits breit diskutiert wird und die Klientel der Partei durchaus anspricht. Man einigt sich auf die kosmetische Änderung von »deutsche Leitkultur« auf »Leitkultur in Deutschland«. Merkel verstärkt die patriotische Linie noch, indem sie im Vorwort des Papiers schreibt, dass ein Zuwanderungskonzept mit ihr nur zu machen sei, »wenn es sich mit unserem Verständnis von Vaterland und Nation auseinandersetzt«.[109] Den Begriff Vaterland »würde sie gerne wieder einführen, gerade wenn wir über Zuwanderung diskutieren«, sagt sie. Dafür hagelt es Empörung vom politischen Gegner, der etwas ratlos ist, ob er sich über den Begriff der Leitkultur aufregen oder ob er in den »neuen Patriotismus« einstimmen soll.

In dem sechsseitigen Papier, das die CDU im November veröffentlicht, ist nun von »weltoffenem Patriotismus« und der »Leitkultur in Deutschland« die Rede, auf deren Boden eine »Kultur der Toleranz« entstehen müsse. »Integration erfordert neben dem Erwerb der deutschen Sprache, sich für unsere Staats- und Verfassungsordnung zu entscheiden und sich in unsere sozialen und kulturellen Lebensverhältnisse einzuordnen«, heißt es da. Das schließe Deutschkurse für Zuwanderer ebenso ein wie die Unterweisung in unserem Rechtssystem. Der Union gelingt mit ihrem Papier ein guter Aufschlag. Es ist ein medienwirksamer Erfolg, mit dem Bosbach sich als progressiv profilieren kann. Zu diesem Image trägt auch bei, dass er sich für eine rechtliche Gleichstellung homosexueller Paare im Mietrecht, vor Gericht oder beim Besuchs- und Auskunftsrecht ausspricht. Das ist in der CDU selbst um die Jahrtausendwende noch ziemlich radikal, obwohl Bosbach weiterhin die Ehe homosexueller Paare oder eine »Ehe light« ablehnt. Er veröffentlicht sein Papier dazu bewusst in der Sommerpause. Der Protest gerät deshalb laut Bosbach »nicht so herb wie befürchtet«.[110] Dass er nebenbei eine schärfere Bestrafung von Sexualdelikten inklusive »Gen-Tests für Spanner« fordert, Ballerspiele als »Tötungssimulation« verbieten will und das Kopftuch von Musliminnen als ein »Integrationshemmnis« und eine »Abgrenzung zur

Mehrheitsgesellschaft in Deutschland« bezeichnet, lässt auch die Herzen der konservativen Basis höher schlagen.

Die Medien feiern Bosbach nun als »heimlichen Modernisierer« der Union: »Mit einer Mischung aus konservativer Rhetorik und fortschrittlicher Substanz ist es Bosbach bei den für die Union schwierigen Themen Ausländerpolitik und Homo-Ehe gelungen, das inhaltliche Vakuum seiner Partei für eine behutsame Öffnung zu nutzen.«[111] Die Autorin Tina Hildebrandt ist der Meinung, dass sich liberale CDU-Politiker wie Heiner Geißler, Rita Süssmuth und Peter Altmaier jahrelang erfolglos an einer modernen Ausländerpolitik versucht hätten. Sie folgert: »Weil sie zu viel wollten, erreichten sie am Ende nichts als reflexhafte Ablehnung in ihrer Partei.« Bosbach hingegen habe früh begriffen, dass »man zwar Laufkundschaft gewinnen, aber auch die Stammkundschaft bei Laune halten muss. So findet sich in Bosbachs Bauchladen für jeden etwas.« Die Liberalen etwa würden sich freuen, wenn er in seinem Papier zur Homo-Ehe schreibe, dass es nicht Sache des Staates sei, den Menschen vorzuschreiben, wie sie zu leben hätten. Und die Konservativen seien beruhigt, wenn er im selben Papier klarstelle, dass Homosexuelle in den Streitkräften weiterhin nicht als Vorgesetzte eingesetzt werden sollten.[112] Kollege Volker Rühe lobt, Bosbach sei »kein Ideologe und Scharfmacher«. Im Fraktionsvorstand werde mehr gelacht, seitdem er dabei sei.[113] Er habe der Innenpolitik der CDU ein Gesicht gegeben, schreibt die *Rheinische Post* im Juni 2001. Wer Bosbach jetzt noch nicht kenne, könne auf einen gepflegten 14-Monatsschlaf zurückblicken.[114] »Wolfgang Bosbach verkörpert die neue CDU«, heißt es sogar in einem Porträt in der *Welt*.[115] Darin zieht Autor Hans-Jürgen Leersch Parallelen zwischen Bosbach und Merkel. Getreu dem Vorbild seiner Chefin habe Bosbach deutlich gemacht, dass er das alte Rechts-Links-Schema nicht mehr pflegen, sondern einen neuen Diskussionsstil in der CDU entwickeln wolle.[116] Der *Spiegel* handelt Bosbach schon als möglichen Staatssekretär oder Innenminister in einem CDU-Schattenkabinett.[117] Und selbst die *Süddeutsche Zeitung* schreibt, unter den Fraktionskollegen gelte Bosbach inzwischen als »Star« und habe »das Zeug zum Minister«.[118]

Doch Minister wird Bosbach nicht werden. Das liegt sowohl an Angela Merkel wie an ihm selbst. Auf seinen Aufstieg in der Partei angesprochen sagt Bosbach einmal, er werte ihn als »ermutigendes Zeichen«. Man könne also eine Politikerkarriere nicht nur »als Fallensteller und Strippenzieher, sondern auch mit Fleiß und Solidität erfolgreich absolvieren«.[119] Seine Spezialität sei die Detailarbeit. »Damit kann man sich offensichtlich durchsetzen.«[120] Noch weiß Bosbach nicht, dass Fleiß und Solidität schön und gut, aber für die erste Reihe der Politik nicht genug sind. Dort ist eine Eigenschaft erforderlich, die ihm nicht zu eigen ist.

# ERFOLGREICH SCHEITERN

Wolfgang Bosbach legt sich den Wochenkasten mit den Pillen immer gleich neben Portemonnaie und Handy. Sieben Stück nimmt er täglich, vier für das Herz und drei gegen den Krebs, dazu sechs Nahrungsergänzungsmittel. »Die nehme ich mit größter Präzision«, sagt er, außerdem lasse er keinen Arzttermin sausen. Zumindest seit drei Jahren nicht mehr. Nein, ein Bruder Leichtfuß sei er nicht. Und auch für Erholung sei gesorgt, schließlich mache er jetzt vor der heißen Wahlkampfphase noch einmal vier Tage Urlaub auf Mallorca, dieses Mal ist Tochter Caroline dabei. Die beiden Bosbachs residieren in einem großen Fünfsternehotel mit Blick auf die Bucht von Camp de Mar. Wir treffen uns gleich unterhalb der Anlage auf der Terrasse eines, wie ich anmerke, sehr vornehmen Lokals. Bosbach bestellt ein Wasser, seine Tochter einen roten Drink. Alkohol trinkt er kaum noch wegen der Gicht. Eine Nebenwirkung der Hormonentzugstherapie? Bosbach weiß es nicht: »Das wird man bei der Autopsie feststellen.« Jedenfalls bereiten ihm die Schübe regelmäßig solche Schmerzen in Armen und Beinen, dass er dann keinem die Hand geben und kaum laufen kann.

Von den Medikamenten erzählt er, weil ich danach gefragt habe, ob er im Umgang mit seiner Gesundheit leichtfertig ist. Vor Kurzem ist er auf einer Parteiveranstaltung umgekippt. Der Defibrillator hatte einen unkontrollierten Stromschlag am Herzen ausgelöst. Bosbach fühlte sich getroffen wie von einem »Box-schlag von Klitschko« und ging zu Boden. Bisher habe er immer gedacht, das Herz sei defekt und das Gerät funktionstüchtig, kommentiert er später, aber offenkundig sei es umgekehrt. Dennoch sitzt er am nächsten Abend in der ARD Sendung von Günther Jauch. Am Tag darauf wird er drei Stunden am Herzen operiert, Schrittmacher und Defibrillator werden ausgetauscht, neue Sonden gelegt. Vier Tage später geht er gleich wieder zu Wahlkreisterminen. Schon seinen ersten Krankenhausaufenthalt, bei dem ihm die Geräte eingesetzt wurden, hatte er unterbrochen, um die Prunksitzung der Gladbacher Karnevalsgesellschaft zu leiten.

Das Menü des Restaurants quillt über vor vielversprechend schweren Gerichten wie US-Primebeef, Lammrücken und Schwei-nerippchen, aber Bosbach wählt einen Salat. Er hat seine Ernährung der Gesundheit wegen umgestellt, isst kaum noch Kohlenhydrate, wenig Süßes. Seine Frau hat ihm eine Liste der Dinge erstellt, die er meiden soll, und er tut es ihr zuliebe. Ja, sagt er, er habe Krankenhäuser nun einmal immer gemieden. Dabei könne er sich dort eigentlich gut erholen und hätte Ruhe für Bücher. Dieses Mal las er *Affäre Wulff* von Martin Heidemanns und Nikolaus Harbusch: sehr fair und gründlich recherchiert, findet er. Von Gabor Steingart lese er alles, und *Die Angst der Woche* von Walter Krämer hat ihm genauso gut gefallen wie Jeanne Rubners *Energiedilemma*. In der Prosa gehören *Der Pate* von Mario Puzo und *Der Schakal* von Frederick Forsyth sowie *Der Alchimist* von Paulo Coelho zu seinen Favoriten. Ich zucke zu-sammen. Ausgerechnet Coelho, den »Esoterikzuhälter«, mag er. Der Kritiker Denis Scheck hat das Buch einen »aus proto-litera-rischem Urschleim gekrochenen Einzeller der Erbauungslite-ratur« genannt, treffender lässt es sich nicht sagen. Zum ersten Mal überlege ich, ob ich Bosbach vor sich selbst schützen und eine seiner Aussagen lieber verschweigen soll. Doch Bosbach steht zu Coelho, man klappe das Buch glücklich zu, findet er, und da sind wir uns dann wieder einig, wenngleich wir gänzlich Unterschiedliches meinen. Immerhin liest er auch Krimis, *Bretonische Verhältnisse* von Jean-Luc Bannalec etwa oder Stieg Larssons *Millenium*-Trilogie und Henning Mankell.

Wann er dazu kommt, möchte ich wissen. Bei Zugfahrten lese er viel, sagt er, obwohl er sich dort gerne mal mit Reisenden unterhält. Einmal hat er so den Schauspieler Heinrich Schafmeister aus dem Film *Comedian Harmonists* kennengelernt, erzählt er, so einen würde man doch sonst nie treffen. Ja, und in Krankenhäusern hätte er natürlich eine Menge Zeit zum Lesen. »Aber dazu sind sie ja nicht da«, sagt er. Man solle sich lieber rechtzeitig darum kümmern, dass man gesund bleibe. Er bereue heute, dass er nicht zur Krebsvorsorge gegangen sei. »Ich bin da ein denkbar schlechtes Vorbild.« Er werde in Wartezimmern einfach ungeduldig. »Außerdem möchte dann jeder bei mir gleich seine Forderungen an das deutsche Gesundheitssystem platzieren«, sagt er. Das sei menschlich verständlich, jedoch sehr zeitraubend. Denn die Menschen würden weiterreden, selbst wenn er sie sofort darauf hinweise, dass er keine Gesundheitspolitik mache und dies auch nicht vorhabe. »Am schlimmsten ist es beim Zahnarzt«, sagt Bosbach. »Da kann man sich ja nicht wehren, weil man einen Bohrer im Mund hat.« Es ist typisch für Bosbach, dass er seine Krankheitsgeschichte mit solchen humorvollen Anekdoten garniert. So ernst das Thema auch ist, er lässt nie Schwermut aufkommen. Mit einem sturen Optimismus verweigert er den Ernst der Lage. Vielleicht, denke ich, ist er einfach nicht egozentrisch genug, um seinen eigenen Leiden größere Bedeutung beizumessen. Oder ist er im Gegenteil so egozentrisch, dass er sich für unbezwingbar hält? Jedenfalls weiß er, seine Werte positiv auszulegen. Seine Herzleistung sei jetzt immerhin wieder bei fast 50 Prozent, sagt er. Als ich anmerke, dass das für einen Laien wie mich noch immer nicht nach sehr viel klingt, widerspricht er, in seinem Alter seien 70 bis 80 Prozent völlig normal. »Das heißt, ich habe nicht nur die halbe Herzleistung, sondern zwei Drittel.«

Mit keinem Wort erwähnt er die gravierenden Nebenwirkungen und Folgen seiner schweren Herzkrankheit. Mit einer Herzleistung von nur 19 Prozent wird man schnell bewusstlos. Im besten Falle fühlt man sich schwindelig, schwach und permanent müde, gilt als arbeitsunfähig. Menschen mit diesen Einschränkungen lassen sich krankschreiben, gehen in den vorzeitigen Ruhestand. Bosbach aber hat in diesem Zustand seine Arbeit im Bundestag und in der Kanzlei vorangetrieben, als sei er in Topform. Er hat seinen Kopf, seine Motivation und seinen Arbeitsdrang Tag für Tag gegen seine Herzschwäche kämpfen lassen. Durch seinen puren Willen, so scheint es, hat er seinem Körper Energie abgetrotzt, die der gar nicht haben konnte. Er hat in diesen ersten zehn Jahren im Bundestag, bevor er den Herzschrittmacher bekam, nicht etwa auf der Hinterbank Nickerchen gehalten, sondern sich als eine der Spitzen seiner Partei etabliert. Ob ihm das nicht bisweilen zu viel geworden sei, gerade in Hinblick auf seine körperliche Verfassung? »Man hat schon manchmal das Gefühl, man hat sechs Bälle in der Luft und muss schauen, dass keiner runterfällt«, sagt Bosbach. Trotzdem käme er nie auf die Idee, vier Bälle in die Tasche zu stecken und nur noch mit zweien weiterzumachen: »Es war nie meine Absicht, mich nicht zu überfordern.«

Eine Konsequenz zieht er immerhin aus seiner ersten Herz-OP: Er reduziert seine Anwaltstätigkeit, steigt als Sozius aus und ist fortan nur noch freier Mitarbeiter. Als Sozius trug er Mitverantwortung für mittlerweile 40 Mitarbeiter, oft saß er bis zwei in der Früh in der Kanzlei. Als freier Mitarbeiter muss er viel weniger für die Kanzlei tun, auch nicht bei allen Sitzungen dabei sein, dafür verdient er deutlich weniger, was ihn wurmt. Aber es geht nicht anders, der Vizefraktionsvorsitz nimmt ihn ganz in Anspruch, und hier reüssiert er. Regelmäßig wird er mit den besten Ergebnissen wiedergewählt, 2002 sogar mit 179 von 183 Stimmen. In der Bundestagswahl im selben Jahr wird er in seinem Wahlkreis mit 44,8 Prozent der Stimmen bestätigt, was deutlich über dem Ergebnis der Union liegt, die mit 38,5 Prozent abgeschlossen hat. Seine größten politischen Erfolge fallen in diese Zeit. Dazu zählt er besonders die Gesetzgebungspakete, die in Deutschland als Reaktion auf die Terroranschläge in den USA am 11. September 2001 verabschiedet werden. Mit dem Ziel, Deutschland sicherer zu machen und vor internationalem Terrorismus zu schützen, wird in einem politischen Kraftakt in wenigen Monaten ein Terrorismusbekämpfungsgesetz erarbeitet, das strengere Sicherheitsüberprüfungen im Luftverkehr vorsieht, die Befugnisse vieler Sicherheitsbehörden erweitert und den umstrittenen »elektronischen Fingerabdruck« in Ausweispapieren einführt. Hoch umstritten ist auch die Vorratsdatenspeicherung von Telekommunikationsdaten, für die Bosbach sich einsetzt, weil er sie für dringend nötig zur Prävention und Aufklärung von Straftaten hält. Darüber hinaus hält er die Einrichtung der Antiterrordatei und des gemeinsamen Terrorabwehrzentrums in Berlin-Treptow für zentral, weil beides, so Bosbach, die sage und schreibe 37 verschiedenen Sicherheitsbehörden in Deutschland besser miteinander verzahne. Dass das notwendig ist, ist nicht erst seit ihrem Versagen bei der Aufklärung der NSU-Mordserie offenkundig. Bosbach erinnert sich an »unglaublich zeitintensive Verhandlungen« mit Bundesinnenminister Schily, in denen Günther Beckstein die Länder vertrat und Bosbach den Bund. Dass sie dabei aus der Opposition heraus wirklich Akzente setzen konnten, das wertet er heute als einen Erfolg. Seinen eigenen Anteil daran sieht er sachlich: »Ich habe an maßgeblicher Stelle mitgearbeitet. Nicht mehr und nicht weniger.«

Bosbachs inhaltliche Arbeit ist wichtig, doch vielleicht ist seine Fähigkeit, diese Inhalte auch gut zu vermitteln, noch entscheidender. Dieser Meinung ist Friedrich Merz. Bosbachs größter Verdienst sei es gewesen, die Innenpolitik nach dem 11. September unverkrampft und mit Leichtigkeit zu verkörpern. »Allein durch die Art, wie er kommunizierte, hat er den neuen Sicherheitsmaßnahmen in der Bevölkerung den Schrecken nehmen können«, sagt Merz. Bosbach kam nicht als harter Law-and-Order-Politiker rüber, sondern konnte die neuen Gesetze menschlich vermitteln. »Das hat vor und nach ihm keiner gekonnt, und das war gerade in dieser Situation von unschätzbarem Wert.«

Ebenso erringt Bosbach als Obmann der Föderalismusreformkommission I einen Erfolg, der ihm persönlich noch heute wichtig ist. Gemeinsam mit dem SPD-Obmann Dieter Wiefelspütz plant er, dem BKA erstmals Präventivbefugnisse zu geben. Bislang hatte die Behörde zwar alle Befugnisse zur Strafverfolgung, nicht aber zur Strafverhinderung, die allein Sache der Polizeibehörden der Länder war. Für Observationen möglicher Anschlagsplanungen musste das BKA also immer die Länder um Hilfe bitten. Bosbach argumentiert, es könne nicht sein, dass selbst die kleinste Polizeistation mehr Präventivbefugnisse habe als das BKA. Die Presse reagiert alarmiert auf die »dutzenden neuen Befugnisse für das BKA«.[121] Die Länder wehren sich. Bosbach ist stolz darauf, das Gesetz mit durchgesetzt zu haben. Das BKA mache aber nur in wenigen Fällen davon Gebrauch, so Bosbach, beispielsweise bei der Sauerland-Zelle, deren Drahtzieher zahlreiche Anschläge in Deutschland planten. Heute zweifele zudem niemand mehr daran, dass das Gesetz sinnvoll und notwendig sei, dass die Freiheit durch größere Sicherheit nicht etwa eingeschränkt, sondern erst ermöglicht werde. »Aber damals war das ein unglaublich dickes Brett, was zu bohren war.«

Ein weiterer politischer Erfolg ist für ihn seine Arbeit am Zuwanderungsgesetz. Es enthält neue Strafbestimmungen für die illegale Einwanderung, ermöglicht jedoch auch illegal Eingereisten, Duldung im Land zu beanspruchen. Im Gegensatz zu seinem Namen ist es eher als Zuwanderungsbegrenzungsgesetz konzipiert. Bosbach drückt das vornehmer aus: »Es ist ein Gesetz, das durch wirkungsvolle Steuerung die Zuwanderung begrenzt. Und es ist ein Gesetz, das die Integration gerade auch der bereits in Deutschland lebenden Ausländer verbessert.« Für Bosbach trägt das Gesetz »deutlich die Handschrift der Union«. Sie habe verhindert, dass der Anwerbestopp für ausländische Arbeitnehmer generell aufgehoben würde. Ebenso werde es das geplante System für eine Zuwanderung ohne Nachweis eines Arbeitsplatzes aufgrund des Wirkens der CDU nicht geben. Vier Jahre hat das Ringen um das Gesetz gedauert, immer wieder gab es große öffentliche Debatten. Und Bosbach empfindet es als Erfolg der CDU, dass sie es als nicht regierende Partei mit prägen konnte. Auch dazu hat er an maßgeblicher Stelle beigetragen.

Nur einmal setzt Bosbach sich wirklich in die Nesseln, als er nach den Terroranschlägen in Istanbul im November 2003, bei denen 23 Menschen getötet und zahllose verletzt werden, eine Beziehung zwischen den Attentaten und einem möglichen EU-Beitritt der Türkei herstellt. Auf die Frage, ob ein EU-Beitritt jetzt beschleunigt werden solle, sagt Bosbach, »die Ereignisse der vergangenen Tage sprechen eher gegen eine Mitgliedschaft der Türkei in der EU als dafür«. Und er warnt davor, dass das Terrorproblem durch eine Aufnahme der Türkei »in die Gemeinschaft importiert« werde.[122] Bosbach erntet heftige Kritik, sogar aus den eigenen Reihen. Ihm wird nicht nur Gefühllosigkeit unterstellt, sondern auch die Instrumentalisierung der Anschläge für politische Zwecke. Die *Süddeutsche Zeitung* wirft Bosbach mit Blick auf die Opfer der Anschläge sogar »unterlassene Hilfeleistung« vor.[123] Bundeskanzler Gerhard Schröder sagt dem *Spiegel,* er halte es für »charakterlos«, sich in einer

Situation, in der die Menschen in der Türkei Solidarität bräuchten, so zu äußern.[124] Und Wolfgang Schäuble warnt davor, die Diskussion über den EU-Beitritt und den Terror zu vermengen. Bosbach rudert zurück: »Wenn durch meine Äußerungen der Eindruck entstanden ist, ich wollte die fürchterlichen Anschläge als Argument gegen einen EU-Beitritt der Türkei verwenden, bedaure ich das sehr.«[125] Zwei Jahre später wirkt sich dieser Fauxpas für Bosbach dennoch eher positiv aus. Der *taz* sagt er rückblickend auf die Beitrittsdiskussion nach den Terroranschlägen, da hätte er »besser mal geschwiegen«. Darüber zeigt sich die Zeitung ganz entzückt. In Hinblick auf einen möglichen Kabinettsposten Bosbachs heißt es: »Ein Innenminister, der Reuegefühle äußert, wenn er dummes Zeug geredet hat? Das wäre neu.«[126]

Dass Bosbach ins Kabinett aufsteigen könnte, halten zu diesem Zeitpunkt viele für wahrscheinlich. Von der *Bunten* darauf angesprochen schmunzelt Bosbach. Natürlich freue es ihn, dass er als potenzieller Innenminister einer unionsgeführten Regierung gesehen werde. »Es ist die spannendste Aufgabe, die ich mir vorstellen kann.« Würde sie ihm angeboten, würde er nicht weglaufen, sagt er. »Aber ich schlafe auch nicht bei offenem Fenster, damit ich den Ruf nicht überhöre.«[127] Nach der knapp gewonnenen Bundestagswahl 2005 deutet sich ein Ruf an. Merkel leitet an der Spitze der Union, die als stärkste Kraft (35,2 Prozent) aus der Wahl hervorging, Sondierungsgespräche mit der SPD (34,2 Prozent). Bosbach hat mit 49,3 Prozent wie immer deutlich besser abgeschnitten als seine Partei. Anfang Oktober fragt Merkel ihn in einem Vieraugengespräch, welche Aufgabe er sich vorstellen könne. Sie führt solche Gespräche mit mehreren Kollegen. Bosbach und sie gehen verschiedene Positionen durch. Ob er eher das BMI oder den Fraktionsvorsitz anstrebe, will Merkel wissen. Bosbach sagt, dass ihn das BMI wirklich interessieren würde. Auch den Fraktionsvorsitz könne er sich vorstellen, jedoch wolle er auf keinen Fall gegen Volker Kauder antreten. Bosbach empfindet eine persönliche Freundschaft zu Kauder. »Wenn der kandidiert, dann bleibe ich, wo ich bin«, soll Bosbach zu Merkel gesagt haben. Insgeheim hofft er trotzdem auf den Job, weil er weiß, dass Kauder gerne Kanzleramtsminister werden will. Wegen seiner engen Beziehung zu Merkel, so glaubt Bosbach, werde sich Kauders Wunsch schon erfüllen. Er weiß, dass es mit dem Innenministerium knapp werden könnte, hält die Chancen auf den Fraktionsvorsitz hingegen für reell. Merkel verspricht, sich zu melden.

Dann kommt erst einmal lange nichts. Gar nichts. Zunächst ist Bosbach erwartungsfroh und angespannt, doch als zwei Wochen vergangen sind, schwinden seine Hoffnungen. Am Montag, dem 17. Oktober, um kurz nach sieben morgens klingelt bei Bosbachs zu Hause in Bergisch Gladbach sein Mobiltelefon. Es ist die zukünftige Bundeskanzlerin. »Es war ein kurzes Gespräch«, erinnert sich Bosbach. »Sie sagte, es hätte sich nichts ergeben, sie könnte das jetzt nicht im Detail erklären, würde es aber in einem persönlichen Gespräch tun.« Wenige Stunden später verkündet Merkel die Besetzung für die Ministerien der Union. Das persönliche Gespräch zwischen Merkel und Bosbach findet noch in derselben Woche statt. Waren denn ihre Gründe nachvollziehbar? »Puh«, sagt Bosbach. »Zum Teil ja, zum Teil nein.« Er überlegt. Merkel habe hinzugefügt, er könne sich etwas anderes aussuchen, parlamentarischer Staatssekretär etwa, aber Bosbach lehnt ab. Wenn er diesen Posten angenommen hätte, hätte er seine Unabhängigkeit eingebüßt, sagt er seiner Familie, die Bosbachs Ablehnung zunächst nicht verstehen kann. Er habe selbstständig bleiben, eigenständig operativ arbeiten und nicht eingebunden in die Hierarchie eines Ministeriums sein wollen. Er sagt es nicht, doch vielleicht hätte ihm im Amt des parlamentarischen Staatssekretärs auch die Bühne gefehlt, die dem Minister vorbehalten ist. Eine eigene Meinung hat ein Staatssekretär öffentlich nicht zu vertreten. Bosbach entscheidet sich, wieder als Fraktionsvize zu kandidieren. Er sei aus dem Gespräch mit Merkel nicht mit Bitterkeit gegangen. »Das war in Ordnung«, sagt er. Merkel habe ihm ja nie etwas versprochen, was sie hinterher nicht gehalten habe. Aber, frage ich, war denn das Amt des Innenministers nicht das erklärte Ziel seiner Arbeit? »Nein, überhaupt nicht«, sagt Bosbach. »Ich hätte es gerne gemacht. Doch die wenigsten, die Innenminister werden wollen, werden es auch.«

Woran hat es also gelegen? Dazu gibt es in Bosbachs Umfeld viele Theorien. Manche seiner Freunde meinen, Merkel hätte ihn aktiv verhindern wollen, weil er ein Freund von Friedrich Merz ist. Andere sagen, Merkel hätte Bosbach nie verziehen, dass er sich 2002 nicht für sie als Kanzlerkandidatin aussprach, sondern für Edmund Stoiber. Dagegen spricht, dass auch Volker Kauder sich damals für Stoiber starkmachte – und bis heute ein enger Vertrauter der Kanzlerin geblieben ist. An Bosbachs Loyalität kann Merkel in der Kanzlerkandidatenfrage ebenfalls nicht gezweifelt haben. Immer wieder hob er ihre Fähigkeiten hervor, verteidigte sie auch gegen innerparteiliche Kritik. Quertreiben klingt anders. Dennoch blieb er natürlich ein unabhängiger Kopf, wie Merkel sie bekanntlich ungern in ihrem engsten Umfeld hat, stark durch seine Beliebtheit bei Partei und Basis. Außerdem sprach er in jedes Mikrofon. Er lasse keinen Anruf eines Journalisten unbeantwortet, soll Merkel über ihn gesagt haben, und Bosbach versteht nicht, warum das negativ sein soll. Bosbach sei ein Überzeugungstäter, meint Edmund Stoiber, deswegen genieße er auch großen Respekt. Aber Macht brauche eben zugleich Pragmatismus. Vielleicht hat die große Pragmatikerin Merkel in einer Kosten-Nutzen-Abwägung einfach entschieden, dass sie durch eine Berufung Bosbachs nichts gewinnen kann. Schließlich hatte sie ihn ein Jahr zuvor schon einmal aus diesen Gründen abserviert. Damals, Ende 2004, war im Präsidium der

CDU ein Platz für einen NRW-Politiker frei geworden. Bosbach wäre gerne in die Führungsetage der Partei aufgestiegen. Doch als die Fraktionsvorsitzende Merkel ihn in ihr Büro bestellte, saß in ihrem Vorzimmer der Gewerkschafter und Arbeitspolitiker Karl-Josef Laumann. »Als ich Laumann da im Plüsch sitzen sah, wusste ich gleich, das wird nichts«, sagt Bosbach mir im Rückblick. Er sei in Merkels Büro gegangen und habe ihr gesagt: »Alles klar, der Laumann wird es.« Ob er sich nicht erst einmal setzen wolle, habe Merkel gefragt. Aber Bosbach wollte sich nicht mehr setzen.

Die Wahl Laumanns ist symptomatisch für Merkels Streben in die politische Mitte. Mit einem Gewerkschafter im Präsidium pflegt sie den Arbeitnehmerflügel der Partei. Bosbach hingegen vertritt die Konservativen, und die zu pflegen, hält sie für deutlich weniger wichtig. Wohin sollen die auch abwandern? Rechts der CDU gibt es keine Alternative. Quer durch Europa feiern zwar neue rechte Parteien Erfolge, doch in Deutschland wähnt man sich davor aus historischen Gründen in Sicherheit. Bosbachs Profil ist einfach nicht gefragt. Er bedauerte ihre Entscheidung damals, arbeitete in dieser Zeit aber fast täglich mit ihr als direkter Chefin zusammen. Sie duzten sich, hätten immer ein gutes Verhältnis gehabt, sagt er. »Ich kann mich nicht an größere Konflikte erinnern, persönlich schon gar nicht.« Er schätze insbesondere ihre Fähigkeit und Gabe, auch komplizierte Sachverhalte schnell zu erfassen. An ein Gespräch bei Joachim Gauck, damals Leiter der Stasi-Unterlagen-Behörde, kann Bosbach sich besonders gut erinnern. In der Vorbereitung sei es um komplizierteste Fragen im Stasi-Unterlagengesetz gegangen. »Zwei Stunden später, im Gespräch mit Herrn Gauck, hat Merkel bei jedem Beobachter den Eindruck erweckt, sie hätte sich jahrelang gerade mit dem Stasi-Unterlagengesetz beschäftigt.« Mehrfach habe er ihre unheimlich rasche Auffassungsgabe bei Themen erlebt, die eigentlich nicht ihre Fachgebiete waren.

Außerdem bewundert Bosbach die bodenständige und unprätentiöse Art, die Merkel sich im Amt erhalten hat. Die nicht übermäßig attraktiven Fotos von ihr im Freizeitlook, die während eines Italienurlaubs entstehen, findet Bosbach ausgesprochen sympathisch. »Mir ist eine Kanzlerin in rustikaler Wanderkleidung lieber als ein Kanzler, der sich mit Brioni-Anzügen verkleidet und dicke Zigarren raucht.«

Doch Bosbach und die Kanzlerin werden keine Freunde. Vielleicht hat Merkel gar keine Freunde in der Politik. Aber warum sich zwischen ihr und Bosbach keine engere Verbundenheit einstellt, illustriert die Szene mit Laumann in ihrem Vorzimmer sehr deutlich: Bosbach reagiert emotional, wo die Kanzlerin rational abwägt. Anstatt in Ruhe für sich zu werben, will er das Schlachtfeld erhobenen Hauptes verlassen. Er versucht, die Kontrolle zu behalten, anstatt sich unterzuordnen. Ihre Charaktere bleiben sich fremd: Sie, die kühle protestantische Machttektonikerin, er der warmblütige katholische Rheinländer. Vielleicht fremdelt die aus gutbürgerlichem Hause stammende Merkel auch mit dem Aufsteiger Bosbach, dem Juristen auf dem dritten Bildungsweg, dem die Liebe zu Richard Wagner nicht in die Wiege gelegt wurde. Bosbach hat den Unterschied zwischen Angela Merkel und sich einmal auf den Punkt gebracht: Merkel habe zu ihrem 50. Geburtstag einen Hirnforscher zum Vortrag eingeladen, Bosbach die Karnevalsband Höhner.

Dennoch scheint es nicht so, als sei es für sie nötig gewesen, ihn 2005 aktiv zu verhindern. In einem schwarz-gelben Kabinett hätte Bosbach gute Chancen gehabt, aber in der Großen Koalition mit der SPD sind sie eher gering. Infrage kommen ja nur das Amt des Innen- oder des Justizministers. Das Justizministerium wird bereits von der SPD beansprucht, und an Wolfgang Schäuble im Innenministerium, so empfinden das die Parteikollegen damals, führt allein wegen seiner langjährigen Erfahrung und seiner Verankerung in der Partei kein Weg vorbei. In einem Kabinett der Schwergewichte und großen Egos mit Peer Steinbrück, Franz Müntefering, Frank-Walter Steinmeier, Sigmar Gabriel, Horst Seehofer und Edmund Stoiber, der ja erst spät einen Rückzieher macht, kann Merkel bei nur fünf CDU-Ressorts auf einen Schäuble nicht verzichten. Als ehemaliger Innen- und Kanzleramtsminister bringt er substanzielle Verwaltungserfahrung mit. Er ist bereits mit allen Wassern gewaschen, was allein schon für die schwierigen Koalitionsgespräche wichtig ist.

Schäuble wäre als Fraktionsvorsitzender eine Idealbesetzung, schließlich hat er in dieser Position für Kohl die Kollegen bei Laune gehalten. Hätte Merkel ihm dieses Amt angeboten, hätte es vielleicht doch noch eine Regierung mit Bosbach geben können. Doch an einer so zentralen Stelle wie dem Fraktionsvorsitz könnte Schäuble zu mächtig werden, befürchtet Merkel. Als Fraktionsvorsitzenden will sie lieber den für sie ungefährlichen Volker Kauder. Für Schäuble kommt also nur das Verteidigungs- oder Innenressort infrage. Merkel hätte Schäuble das Verteidigungsressort und Bosbach das Innenressort geben können, aber Roland Koch, seit sechs Jahren Ministerpräsident Hessens, besteht auf einem Landsmann im Kabinett. Im Gegensatz zu ihm ist der gerade erst zum Ministerpräsidenten gewählte Rüttgers zu schwach, um einen NRW-Politiker durchzusetzen. Außerdem hat er ein überschaubares Interesse daran, Bosbach zu stärken.

Um Koch zu befrieden, muss Merkel nun seinen Intimus Franz Josef Jung im Kabinett unterbringen. Bloß wohin mit ihm? Die Ressorts Finanzen, Arbeit, Gesundheit, Verkehr und Umwelt sind an die SPD vergeben, Wirtschaft und Landwirtschaft an die CSU. Da Koch und Jung mögliche Merkel-Gegner sind, ist das Verteidigungsministerium aus ihrer Sicht ideal für die Hessen. In der unübersichtlichen Behörde gibt es zuverlässig Ärger und

Skandale. Nicht umsonst bezeichnete Exminister Manfred Wörner den Posten als »Schleudersitz, Schlangengrube, ein Sack voller Minen«.[128] Das Ministerium mit den ihm unterstehenden etwa 3 000 Mitarbeitern und 230 000 Soldaten gilt als unregierbar. Im Durchschnitt halten sich Verteidigungsminister keine volle Legislaturperiode im Amt. Wie gemacht also für einen potenziellen Widersacher. Weil Jung damit gesetzt ist, bleibt für Schäuble das Innenressort. Damit scheidet Bosbach aus. Eine Chance auf ein höheres Amt hätte er nur gehabt, wenn er gegen Kauder um den Fraktionsvorsitz kandidiert hätte, doch die Aussichten wären fraglich gewesen, schließlich hat Kauder die CDU im Wahlkampf als Generalsekretär geführt. Bosbach hätte Ellenbogen, Skrupellosigkeit und Verbündete gebraucht, um seinen Machtanspruch deutlich zu machen. An allen drei Voraussetzungen mangelt es ihm.

Vier Jahre später, in der schwarz-gelben Koalition 2009 sind Bosbachs Chancen theoretisch höher, weil die CDU sieben Ministerposten zu besetzen hat. Bei den Kollegen in der Fraktion fällt sein Name als einer der ersten, wenn über das neue Kabinett gesprochen wird. Vieles hängt von Norbert Röttgen ab. Er hat seine Position als Erster Parlamentarischer Geschäftsführer genutzt, um sich als Nachfolger Angela Merkels zu profilieren. Vor der Bundestagswahl erscheint sein Buch *Deutschlands beste Jahre kommen noch*. Bei seinen anschließenden Auftritten vermittelt Röttgen, dass nur eine einzige Bedingung erfüllt werden muss, damit der Buchtitel sich bewahrheitet: die Führung des Landes durch ihn persönlich. Aus Merkels Sicht gehört er geschwächt, da kommt das potenziell schwierige Umweltressort gerade recht.

Die FDP beansprucht das Justizministerium für Sabine Leutheusser-Schnarrenberger. Lange ist unklar, wer das Finanzministerium übernehmen wird. Weil Westerwelle dessen Bedeutung für die FDP nicht erkennt, sondern die internationale Bühne des Außenministeriums für funkelnder hält, fällt das mächtige Finanzressort an die CDU. In diese Position, die gerade nach der großen internationalen Finanzkrise der Jahre 2007 bis 2009 besonders wichtig ist, hebt Merkel ihren erfahrensten Mann, Wolfgang Schäuble. Das Innenministerium wäre also theoretisch für Bosbach frei, doch Pofalla, der sich als Generalsekretär bewährt hat, wird Kanzleramtsminister. Damit ist völlig klar, dass es keinen weiteren Minister aus der NRW-Landesgruppe geben kann. Mit Norbert Lammert, der Bundestagspräsident bleibt, Röttgen und Pofalla als Minister und Hermann Gröhe als Generalsekretär ist das Bundesland im Kabinett extrem gut vertreten. Das Innenministerium bekommt de Maizière.

Anders als bei der letzten Bundestagswahl erwartet Bosbach im Jahr 2009 schon nicht mehr, mit einer Spitzenposition bedacht zu werden. Seinen Wahlkreis gewinnt er mit sensationellen 50 Prozent, während die Union bei nur 33,8 Prozent landet. Bloß Karl-Theodor zu Guttenberg und Christian Ströbele werden mit einer größeren Differenz zwischen dem persönlichen Ergebnis und dem der Partei gewählt. Dennoch gibt es diesmal, anders als im Jahr 2005, kein privates Vorgespräch mit Merkel, in dem über einen möglichen Posten für Bosbach gesprochen wird.

»Nach 2005 wusste ich ohnehin, dass es keinen zweiten Anlauf geben würde«, sagt Bosbach. Das sei ihm in jenem Gespräch mit Merkel klar geworden, als sie ihm die Absage erteilte. »An dem Tag wusste ich, die Hoffnung kannst du endgültig begraben.«

»Warum?«

»Im Verlauf des Gesprächs wurde das klar. Es würde immer einen Grund geben, warum ich es nicht werde.«

»Warum?«, frage ich wieder wenig geistreich. Ich will es genau wissen, weil Bosbach Merkel oder die Art, wie sie mit ihm umgegangen ist, nie öffentlich kritisiert.

»Das merken Sie doch in so einem Gespräch.«

»Wie merken Sie das?«

»An der Argumentationsführung.«

»Was sollte sie für einen Grund haben, Sie zu vermeiden?«

»Das müssen Sie Frau Merkel fragen, nicht mich.« Es sei nichts zurückgeblieben von der Absage, sagt er, und das betont er auch öffentlich immer wieder. Merkel habe ihm ja nie etwas versprochen. »Und ich weiß, dass Anerkennung und Dankbarkeit in der Politik keine Kategorie ist.« Das lerne man schon in der Kommunalpolitik. »Meine Mutter hat gesagt: Junge, wer weiß, wofür es gut ist. Recht hat sie. Und warum soll ich mich über etwas ärgern, das ich nicht ändern kann?«

»So einfach ist das?«

»Ja.«

Aber so einfach ist es natürlich nicht, sich von einem unerfüllten Lebenswunsch zu verabschieden. »Das ist doch nicht schlimm, das ist doch menschlich, dass man enttäuscht ist«, wird Caroline Bosbach mir später sagen. »Nur würde mein Vater das nie zugeben. Er würde nie sagen, dass er von irgendetwas enttäuscht ist.« Damals, 2005, versuchte Sabine Bosbach ihren Mann zu trösten. Er brauche schließlich kein Ministeramt, sagte sie: »Du bist ja schon unser Medienminister.« Darüber konnte Wolfgang Bosbach nicht lachen. Jetzt, 2009, ärgert er sich wieder über Merkel. Ein Parteifreund erlebt ihn als richtig beleidigt. Es irritiert Bosbach, dass die Kanzlerin nicht einmal mit ihm über die Möglichkeit eines neuen Amtes spricht, und er gibt daraufhin bekannt, dass er nicht mehr als Fraktionsvize kandidieren werde. Stattdessen will er Vorsitzender des Innenausschusses werden, dort ist er weniger an die Fraktionsdisziplin gebunden. Als Anerkennung für die erfolgreichen neun Jahre bekommt er von den Kollegen langen Applaus. Manche stehen sogar auf. Merkel hingegen bleibt, in die intensive Betrachtung ihres Mobiltelefons versunken, sitzen. »Da war er richtig sauer«, erinnert sich ein Parteifreund, der bedauert, dass Bosbach als einer der besten Politiker der CDU nicht in der ersten Reihe gelandet ist: »Das war bitter.«

Woran hat es also gelegen, dass ein fleißiger, ehrgeiziger, als exzellenter Fachmann geschätzter und beliebter Politiker wie Bosbach das Rennen ins Kabinett nicht gemacht hat? Ein Mann, der nicht nur skandalfrei geblieben ist, sondern sich auch keine nennenswerten politischen Fehler geleistet hat? Der Verlockung, aus seiner Laufbahn Lehren über Gesetzmäßigkeiten von politischen Karrieren zu ziehen, sollte man wie allen Verlockungen mit Vorsicht begegnen. Schließlich gibt es hier ebenfalls unterschiedliche Wege an die Spitze, und nicht alle erfordern ein Foulspiel. Verkürzt gesagt helfen Fügsamkeit (Pofalla), bedrohliche Renitenz (Röttgen), Alternativlosigkeit (Schäuble) und/oder eine zentrale Position im Netzwerk des Landesverbandes (Franz Josef Jung). Jung war für seinen Chef Roland Koch durch das Feuer gegangen. In der Schwarzgeldaffäre der hessischen CDU trat er von seinem Amt als Chef der Staatskanzlei zurück, um Koch zu schützen. Koch dankte ihm die Loyalität mit der Entsendung ins Kabinett. Bosbach hat in seinem Landesverband keine vergleichbare Allianz geschmiedet. Sein engster Verbündeter war Friedrich Merz, der hatte ihn auf dem Weg zum stellvertretenden Fraktionsvorsitz gefördert. Doch Merz unterliegt bekanntlich im Machtkampf gegen Merkel. Wäre er in der Politik geblieben und weiter aufgestiegen, wären die Karrieremöglichkeiten für Bosbach mit Sicherheit vielfältiger gewesen. Über diese persönliche Freundschaft hinaus vertieft er keine machtstrategischen Verbindungen im Landesverband. Solche würden kurzfristig eine Einschränkung seiner Unabhängigkeit bedeuten im Austausch für mögliche spätere Macht. Aber Bosbach hat sich seine Unabhängigkeit immer geleistet. Er ist zwar von 2001 bis 2003 Beisitzer im Landesvorstand der nordrhein-westfälischen CDU und anschließend bis 2005 ihr stellvertretender Vorsitzender, doch kann er sich dort trotzdem kein Netzwerk an Unterstützern aufbauen. Auch fachlich ist er nie alternativlos, schließlich sind Röttgen und Pofalla ebenfalls Juristen. In dem Wettlauf um das Innenressort ist Schäuble ihm um Längen voraus. Und auch in der Verlässlichkeit toppt Bosbach die Konkurrenz nicht. Er ist zwar loyal, und dennoch hat Merkel wohl gewusst, dass Bosbach weniger pragmatisch und steuerbar sein würde als ein Kauder oder ein Pofalla. Es muss ihr ja in erster Linie im Sinne ihres eigenen Machterhalts um größtmögliche Reibungslosigkeit gehen. Da ist Bosbach keine so sichere Wahl wie ein Pofalla. Er macht andererseits auch nie einen deutlichen Machtanspruch geltend wie Norbert Röttgen, der deshalb in einem Ministerposten ruhiggestellt wird. Hat es vielleicht gerade an diesem mangelnden Machtanspruch gelegen? »Muss jemand, der Minister werden will, auch über Leichen gehen können?«, frage ich ihn. Bosbach überlegt kurz. »Den unbedingten Willen, etwas zwingend zu erreichen, und sei es auf Kosten anderer Leute, den habe ich nie gehabt.« An dem Willen zur Macht hat es ihm nicht gemangelt, wohl aber an der Bereitschaft, dafür jeden Preis zu zahlen.

Oder sind die Zeiten für den Typ Politiker, wie Bosbach einer ist, einfach vorbei? Der wertkonservative Politiker, der seine Wähler auf dem Fahrrad zu Hause besucht, auf einer elektrischen Schreibmaschine schreibt und Ballerspiele auf dem Computer für gefährlich hält, wirkt wie aus der Zeit gefallen. Er passt eher in die Ära von Adenauer und Kohl als in Merkels neuen Pragmatismus. Die Schere zwischen Merkel und dem konservativen Parteiflügel scheint sich immer weiter zu öffnen. Werden die Konservativen überhaupt noch gebraucht? Sicher ist, dass Volksparteien in die Mitte rücken müssen, um Mehrheiten zu gewinnen. Laut Emnid-Meinungsforscher Torsten

Schneider-Haase verorten sich dort nach eigener Einschätzung die meisten Wähler. Ihr Wahlverhalten ist volatil, weil sie wenig ideologisch denken und den Pragmatismus in der Politik zu schätzen gelernt haben. Brechen also den Konservativen nicht langfristig die Wähler ohnehin weg? Bekannt ist, dass Bürger aus ländlichen Gebieten oder solche mit einem einfachen und mittleren Bildungsabschluss der CDU näherstehen als Bürger aus urbanen Gebieten oder solche, die studiert haben. Doch die Landbewohner ziehen in die Städte, der Anteil der Akademiker an der Gesamtbevölkerung nimmt zu.[129] Die Quote der Studienanfänger beträgt jedes Jahr über 50 Prozent. Bosbach bedauert zwar regelmäßig, dass das C im Parteinamen an Bedeutung verliere – aber ist mit christlichen Grundsätzen in einem Land, in dem 63 Prozent selten oder nie in die Kirche gehen, überhaupt noch ein Blumentopf zu gewinnen? Ich erinnere Bosbach daran, dass nur 59 Prozent der Deutschen laut einer Studie des Instituts Allensbach der evangelischen oder katholischen Kirche angehören.[130] Ist das C da nicht zu vernachlässigen, frage ich ihn.

Bosbach wehrt sofort ab. »Ich bekomme jedes Jahr weit über 10 000 Briefe, darunter sind viele von enttäuschten CDU-Wählern. In all den Jahren hat mir noch nie jemand geschrieben, dass er in der CDU ein linksprogressives Profil vermisst.« Aber Hunderte hätten geschrieben, um zu sagen, dass sie sich ihrer politischen Heimat beraubt fühlten und dass sie deshalb nicht mehr wählen gehen wollten. »Ich kann mir nicht vorstellen, dass im Konrad-Adenauer-Haus nicht auch solche Briefe ankommen«, sagt er. Da könne man natürlich sagen: Tut mir leid, die verstehen nicht den neuen Kurs der Partei. Oder man nehme die Bedenken der Menschen ernst. Wenn einer nach 30 Jahren aus der Partei austrete, dann tue der das nicht leichtfertig, sagt Bosbach. Es werde bei einer Kurskorrektur zwar immer so sein, dass man Stammwähler verprelle, um neue Wähler hinzuzugewinnen, das müsse man in Kauf nehmen. Die Leute aber, die als Mitglieder in der CDU seien, müssten immer wissen, warum sie dieser Partei angehören und nicht einer anderen. »Und diese Frage, wofür steht die CDU, wofür kämpft sie, auch wenn es mal Gegenwind gibt, und was ist der klare Unterschied zur politischen Konkurrenz, diese Fragen werden immer schwieriger zu beantworten«, findet Bosbach. Die Union hat die Wehrpflicht abgeschafft, den Atomausstieg beschlossen, die Hauptschule infrage gestellt und erwägt den Mindestlohn. In vielen Politikfeldern könne man gar keine Antwort mehr darauf geben, wofür die Partei eigentlich kämpfe. »Die ehrliche Antwort müsste lauten: für das entschiedene Sowohl-als-auch.«[131]

In den vergangenen Jahren hat Bosbach sich im Berliner Kreis, einem informellen Netzwerk von bis zu 30 wertkonservativen CDU-Politikern, damit beschäftigt, wie die Sozialdemokratisierung der Partei aufgehalten werden kann. Die Gruppe trifft sich während der Sitzungswochen immer dienstagmittags und in unregelmäßigen Abständen abends. Ziel ist es, nicht nur Bundestagsabgeordnete, sondern auch Landtagsabgeordnete und andere Interessierte einzubinden. Doch warum sollte es dem Berliner Kreis anders ergehen als den Werten, für die er steht? Die Parteiführung will ihn nicht. Sie sieht im Berliner Kreis eine Zusammenkunft von Merkel-Kritikern und fürchtet eine innerparteiliche Opposition. Laut Fraktionschef Kauder gehe es nicht, »dass so etwas institutionalisiert wird«. Weltanschauliche Grüppchen gehörten einfach nicht zur Tradition der Union, so etwas gebe es nur bei der SPD.[132] Jeder, der etwas in der Partei werden wolle, solle sich tunlichst von dem Kreis distanzieren, lässt Kauder wissen, und ehrgeizige jüngere CDU-Politiker wie Philipp Mißfelder, Mike Mohring und Christian von Stetten folgen aufs Wort. Häufig hört Bosbach von Kollegen, dass sie gerne mitmachen würden, wenn das in der Partei bloß nicht so ungern gesehen würde. Bosbach kann die Nervosität der Parteispitze nicht nachvollziehen. »Mich wundert, dass die Parteiführung ein Problem damit hat, wenn sich engagierte Christdemokraten und engagierte Bürger zusammensetzen, um die Frage zu erörtern, wie wir verloren gegangene Stammwähler zurückgewinnen können«, sagt Bosbach.[133] Da sollten nicht die Alarmglocken klingeln wegen des Berliner Kreises, sondern wegen des permanenten Mitgliederschwundes. Doch der Druck der Parteiführung zeigt Wirkung, der Berliner Kreis bleibt ein recht loses Netzwerk, zwar mittlerweile mit eigener Website aber weiterhin ohne Sprecher. Diejenigen, die eine Rückbesinnung auf die alten Werte der Partei fordern, werden gemobbt. Deutlicher kann die Parteiführung nicht machen, was sie von den Wertkonservativen hält.

Dass der Bedeutungsverlust der Konservativen in der CDU der Partei gefährlich werden kann, zeichnet sich schon drei Jahre zuvor, 2010, ab. Es ist das Jahr, in dem Thilo Sarrazin mit seiner These, Deutschland schaffe sich durch Geburtenrückgang, wachsende Unterschicht und Zuwanderung insbesondere von Menschen islamischer Herkunft auf die Dauer selbst ab, große Resonanz in der Bevölkerung erfährt. Laut Forsa stimmen ihm 61 Prozent zu. Meinungsforscher Klaus-Peter Schöppner sieht das Wählerpotenzial für eine neue rechtskonservative Partei vor allem aus frustrierten Unionsanhängern bei knapp 20 Prozent. »Die rechte Flanke ist geöffnet«, sagt er.[134] Mit prominenten Köpfen wie Sarrazin, dem Eurokritiker Hans-Olaf Henkel, Friedrich Merz, Wolfgang Clement oder Roland Koch, die besonders wirtschafspolitische Kompetenz verkörpern, so glauben die Meinungsforscher, würde es eine neue Partei aus dem Stand in den nächsten Bundestag schaffen. Merkel wiederholt zwar auf der Klausursitzung der CDU die Maxime des ehemaligen CSU-Chefs Franz Josef Strauß, der zufolge es keine Partei rechts der Union geben dürfe, doch scheint sie es nicht für

*Bosbach wird 60 und feiert groß. Auch Innenminister Hans-Peter Friedrich ist gekommen. Hier das Geburtstagskind im Kreise seiner Familie: Natalie, Caroline, Viktoria und Sabine Bosbach …*

*… und mit Vorgänger Franz Heinrich Krey und dessen Frau Inge. Bosbach bezeichnet Krey als seinen Mentor, doch Krey empfindet sich nicht als Vorbild. »Eher wie Bosbachs Vorläufer in der Rolle von Johannes dem Täufer«, scherzt er.*

*Mit seinem Freund, dem Bestatter Fritz Roth, tritt Bosbach in den Medien auf, spricht über seine Krankheit. »Wir haben Krebs! Wir lachen trotzdem!«, so die Zeile der* Bild. *Roth stirbt wenig später. Seitdem möchte sich Bosbach keine Hoffnungen mehr machen, den Krebs besiegen zu können.*

*Bosbach, 3.v.r., beim alljährlichen Skiurlaub mit Freunden, darunter Horst Becker, 1.v.r, der Bosbach regelmäßig rät, sich mal einen neuen Skianzug zuzulegen.*

*Nach seinem Zusammenbruch auf einer CDU-Veranstaltung wird Bosbach in der Berliner Charité ein neuer Herzschrittmacher eingesetzt. Beim Verlassen des Krankenhauses lässt er sich von der* Bild am Sonntag *in der Lobby fotografieren.*

Im Jahr 2013 hagelt es Preise für Wolfgang Bosbach. Dieses Familienfoto entstand anlässlich der Verleihung des Ordens für Zivilcourage und Charakter an Bosbach im Juni 2013 in Köln. »Fehlt eigentlich nur noch die Seligsprechung«, scherzt Krey.

»Nirgends ist die Stimmung vor und nach Abpfiff so gut wie beim 1. FC Köln«, sagt Wolfgang Bosbach, hier beim Besuch im Stadion mit Tochter Viktoria. Die Faszination am Fußball sei, dass die elf besten Spieler der Welt nicht automatisch die beste Mannschaft ergäben.

*Vor der heißen Wahlkampfphase macht Bosbach mit Tochter Caroline vier Tage Urlaub auf seiner Lieblingsinsel Mallorca. Der* Bild am Sonntag *geben sie hier ein gemeinsames Interview, für das Fotograf Niels Starnick sie in Camp de Mar ablichtet.*

*In manchen Momenten, bei besonders schönen Theaterabenden etwa, frage er sich, wie oft er so etwas noch erleben dürfe, sagt Bosbach. Hier mit seiner Frau Sabine bei der Premiere der Nibelungen-Festspiele in Worms.*

*Bosbach ganz privat auf der Straße gegenüber des Hauses, in dem er mit seiner Frau und später den Kindern seit bald dreißig Jahren lebt. Zu Hause wird nicht über Krankheit oder Politik geredet, es soll ein Ort der Erholung für ihn sein.*

*Neuer Rekord: Bei der Bundestagswahl 2013 wird Bosbach mit sensationellen 58,5 Prozent wiedergewählt. Im Kreise seiner Familie nimmt er im Bergisch Gladbacher Kreishaus Glückwünsche entgegen.*

*Mit Freunden und Unterstützern feiert er in der Odenthaler »Zur Post« bis in den frühen Morgen. Jetzt, wo der Stress vorbei ist, sieht man ihm das Glück an. Arm in Arm singt er mit Freund Becker »Unsere Stammbaum« von den Bläck Fööss.*

nötig zu halten, zu diesem Zweck den konservativen Flügel zu stärken. Die Quittung für dieses Unterlassen erhält sie in Form der rechtspopulistischen Partei Alternative für Deutschland (AfD), die es ein halbes Jahr nach ihrer Gründung 2013 um ein Haar in den Bundestag geschafft hätte. An diesen versprengten Haufen weitgehend unbekannter Euro-Gegner verliert das schwarz-gelbe Lager über eine halbe Million Wähler und damit ihre Regierungsmehrheit (was für Merkel nicht wild ist, weil die FDP sie ja eh nervt). Man kann sich unschwer vorstellen, wie weit es eine rechtskonservative Partei unter prominenter Führung gebracht hätte.

Je mehr sich die Union sozialdemokratisiert, desto mehr braucht sie Politiker wie Bosbach, durch den sich konservative Wähler repräsentiert fühlen. Er ist kein Auslaufmodell, sondern eher ein Phänomen wie eine gefährdete Spezies. Gerade weil Profile wie das seine in der politischen Landschaft selten geworden sind, sollten sie im Interesse der Meinungsvielfalt gepflegt werden. Der Konservative, so schreibt der Bundestagsabgeordnete Thomas Strobl, zeichne sich durch die Annahme aus, dass der Mensch unvollkommen sei und deshalb die Welt nur unvollkommen gestalten könne. Er misstraue aus diesem Grund denen, die Wirtschaft und Gesellschaft nach abstrakten Modellen konstruieren wollten. »Die Geschichte lehrt den Konservativen, dass die Freiheit verloren geht, wenn Politik nicht mehr um Interessen, sondern um Wahrheiten ringt oder zur Ersatzreligion avanciert.«[135] Diese Haltung jedoch droht im Zuge der Modernisierung der Union an Relevanz zu verlieren. Dadurch werden nicht nur Wähler verprellt, sondern dadurch verarmt auch der politische Diskurs im Land. Das C im Parteinamen ist noch lange nicht ersatzlos zu streichen. 53 Prozent der Deutschen halten es für sehr wichtig oder wichtig, dass sich eine Partei an christlichen Grundsätzen orientiert. Von einem Politiker, der für christliche Werte eintritt, erwarten die meisten

Menschen viel Gutes wie etwa den Einsatz für sozial Schwache und die Dritte Welt.[136] Der Bedeutungsverlust der christlichen Kirchen hat sich nicht auf christliche Werte an sich übertragen.

Die Konservativen passen nicht in Merkels Ausrichtung der Partei, die nunmehr primär auf die Kanzlerin ausgerichtet ist, aber wer oder was kommt nach ihr? Durch ihre Dominanz ist das Konrad-Adenauer-Haus vom Kraftzentrum der verschiedenen Parteiströmungen zum Ausführungsorgan geschrumpft. Die Marke CDU ist inhaltlich ausgehöhlt, sie steht nur noch für Merkel. Das ist gefährlich, und der daraus entstandene Schaden ist bislang nicht absehbar. Derzeit fehlt es an einem Resonanzboden für die Wertkonservativen auch in den Medien. Aber das bedeutet nicht, dass ihre Zeit vorbei ist. Wie immer, wenn das Pendel sehr in eine Richtung ausgeschlagen ist, wird es auch wieder in die andere Richtung schwingen. Was wird die Wähler an die CDU binden, wenn die Ära Merkel vorbei und die Partei inhaltlich von der SPD nicht mehr zu unterscheiden ist? Die CDU braucht Identifikationsfiguren wie Bosbach mit klar wertgebundener Ausrichtung. Mehr noch: Politiker wie er sind nicht allein für die CDU essentiell, sondern für die gesamte deutsche Demokratie. Sie sind wichtig für die politische Debatte, weil sie Alternativlosigkeit nicht als Begründung für entscheidende Richtungswechsel gelten lassen. Sie hinterfragen Entscheidungen und stellen sich gegen den politischen Mainstream. Damit helfen sie zu verhindern, dass die Demokratie zu einer Meinungsoligarchie verkommt, wie sie der Soziologe Robert Michels beschrieben hat. In dieser Meinungsoligarchie diktiert die Führung der Masse, was gilt. Die Führung ist dabei in erster Linie an ihren eigenen Interessen, ihrem persönlichen Nutzen und dem Erhalt der Machtstruktur ausgerichtet. Die Ziele der Gruppe, die von ihr dominiert wird, geraten in den Hintergrund. Diese Elite führt keine inhaltlichen Debatten mehr. »Sie stellt sich nicht den Argumenten anderer und vermag auch nicht mit eigenen zu überzeugen«, schreibt die Kommunikationswissenschaftlerin Miriam Meckel. Diese Elite glaube, man könne auf die großen Diskurse über die Fragen unserer Zeit verzichten und stattdessen Stellvertreterkriege führen. »Wollen wir diese neue Form der Oligarchie aus Verantwortungskneifern und Positionsvermeidern? In der die Ambivalenz des Arguments keine Rolle mehr spielt und die abweichende Position nicht mehr geduldet, geschweige denn gewünscht wird, um sie öffentlich verhandeln zu können?«[137] Wenn wir das nicht wollten, fährt sie fort, dann bräuchten wir Vordenker, Vorredner, Vorprovozierer, die Ambivalenz ertragen oder gar herausfordern können. Wir bräuchten Argumente, die diese Ambivalenz ausloten und die durch denkende Menschen vorgebracht würden.[138] So lästig es einer Merkel erscheinen mag, so zentral bedeutend ist es für unser demokratisches System, Debatten über politische Entscheidungen zuzulassen und den Bürgern die Positionen der Parteien argumentativ zu vermitteln. Bosbach weiß, dass das viel schwieriger geworden ist. Die Auseinandersetzungen sind viel kleinteiliger geworden, sagt er. »Machen wir uns doch bitte nichts vor: Die Differenzen zwischen einem staatlichen Mindestlohn und einer gesetzlichen Lohnuntergrenze sind nicht fundamental, sondern marginal. Wichtig, aber marginal.« Und je geringer die politischen Unterschiede würden, desto wichtiger würden eben die Personen, die sie vermitteln.

Der CDU sei es immer dann gut gegangen, wenn sie ihre soziale, ihre liberale und ihre wertkonservative Strömung gepflegt habe, sagt Bosbach. Und gerade weil man es als Konservativer derzeit in der Partei nicht leicht habe, wolle er keine Möglichkeit auslassen, um weiter für seine Positionen zu kämpfen. Auch wenn Aufwand und Ertrag in der Politik oft in keinem guten Verhältnis stünden, sagt er, und vielleicht gilt dieses Fazit für seine ganze Karriere. Der Aufwand ist enorm gewesen, der Ertrag nicht. »Aber es war trotzdem immer mein Traumberuf«, sagt Bosbach. Und dann gibt er zum Schluss doch noch etwas preis über die Anstrengung, die ihn dieser Beruf kostet. Seinen Terminplan für den ganzen Monat könne er sich kaum anschauen, gesteht er, da denke er nur: um Gottes willen. Jeder Tag sei für ihn eine neue Überwindung, er müsse sich immer wieder neu motivieren. »Und meine Motivierung ist: Komm, den Tag schaffst du jetzt auch noch. Das bringst du jetzt auch noch zu Ende, das hakst du jetzt ab, das machst du fertig.« Das sei ein gutes Training. »Und abends sage ich mir dann: Prima, dass du das trotz deiner Belastung und Sorgen geschafft hast.« Und dann? Dann kommt ein neuer Tag.

# EIN WILDER BURSCHE

Ruhm macht Arbeit, nicht nur für den Gerühmten. Jeden Morgen sammeln Else und Alfred Bosbach Artikel über ihren Sohn in der lokalen und überregionalen Presse. Sonntags nach der Messe geht es dann ans Abheften. Mit dem Material der Woche setzen sich die beiden an ihren hölzernen Esstisch im Wohnzimmer und schneiden aus. Genauer gesagt: Die 85-jährige Else Bosbach schneidet aus. Ihr 91-jähriger Mann, der ebenso wie sie zehn Jahre jünger aussieht, als er ist, klebt die Artikel auf Papier. Bevor er sie in Schutzfolien schiebt und in einem großen Aktenordner abheftet, hebt er die Stellen über seinen Sohn mit Textmarker hervor und kommentiert gelegentlich. »Witz des Tages«, schreibt er neben einen Artikel, in dem sein Sohn fälschlicherweise als SPD-Mitglied bezeichnet wird. »SPD-Zeitung!«, notiert er erklärend neben einem milde negativ konnotierten Bericht. Jede positive Geschichte erfüllt die Eltern, die seit 65 Jahren verheiratet sind, mit großem Stolz, und jede Kritik ärgert sie so sehr, dass sie sich darüber am liebsten bei ihrem Sohn beschweren würden.

Bis er Vizefraktionsvorsitzender wurde, war ihre Archivierarbeit überschaubar. Drei große Ordner hatten sie bis dahin angelegt, fast ausschließlich mit Lokalberichten. Oft ging es um Bosbachs Arbeit im Karnevals- oder Fußballverein. Doch seitdem er bundespolitische Bekanntheit erlangt hat, wird er zu

allen möglichen politischen Fragen zitiert. 2003 ist er der meist-
genannte rheinische Politiker. In überregionalen Medien wird
er 406-mal erwähnt und fällt damit unter die Top 30 der meist-
zitierten Politiker.[139] Für seine Eltern bedeutet das jetzt jeden
Sonntag zwei Stunden Arbeit. Als sich Else Bosbach einmal den
Arm bricht, dauert die Pressearbeit fast doppelt so lange, weil
ihr Mann dann schneiden muss und dafür länger braucht als
sie. Trotzdem denken sie nie daran, das Projekt aufzugeben.
Anfangs versuchten sie auch noch, die Fernsehauftritte ihres
Sohnes zu sammeln. Alfred Bosbach fotografierte den Fernseher
im Wohnzimmer ab, wenn sein Sohn im Plenum des Bundestages
zu sehen war. Das Foto wurde ebenfalls im Ordner abgeheftet.
Aber mit der Zeit sind die Fernsehauftritte so zahlreich geworden, dass Vater Bosbach das Abfotografieren aufgeben musste.
Zeitungsausschnitte sammelten sie aber weiterhin. Im Laufe der
nächsten Jahre sollten Bosbachs Eltern ein Archiv mit 22 prall
gefüllten Aktenordnern anlegen. Als die Sammlung unübersichtlich zu werden drohte, erstellten sie drei weitere Ordner
mit einer Selektion ihrer Lieblingsartikel.

Unter diesen ist einer aus der *Frankfurter Allgemeinen Zeitung*,
der kurz nach der sogenannten Hohmann-Affäre erschien. In
diesem Streit hatte Bosbach in der Öffentlichkeit vermittelnd
eingegriffen. Als der CDU-Abgeordnete Martin Hohmann mit
einer als antisemitisch kritisierten Rede in Partei und Öffentlichkeit große Empörung auslöste, riet Bosbach ihm, sich von seinen
Worten zu distanzieren. Gleichzeitig verteidigte er Hohmann
und erklärte, dieser sei kein Antisemit. Indem er sich hinter
Hohmann stellte, signalisierte er zunächst Loyalität. Als der Kollege sich jedoch weigerte, die strittige Äußerung zurückzuneh-
men, zog auch Bosbach seine Konsequenzen und ließ ihn fallen.
Hohmann wurde aus der Unionsfraktion und später auch aus
der hessischen CDU ausgeschlossen. Bosbachs Reaktion brachte
ihm Sympathie ein. In der *Frankfurter Allgemeinen Zeitung* hieß

es nach der Affäre: »Er [Bosbach] ist ein Mann von so ungewöhnlich angenehmer Wesensart, von so viel Verbindlichkeit im Ton, dass die Härte in der Sache, zu der er durchaus fähig ist, dahinter zurücktritt.«[140] In der Best-of-Sammlung der Eltern findet sich ebenfalls ein Artikel aus der *taz*, einer Zeitung, die inhaltlicher Sympathien mit Bosbachs Positionen bekanntlich unverdächtig ist. »Bosbach wirkt für einen Spitzenpolitiker ungewöhnlich bescheiden und auf angenehm altmodische Weise redlich«, heißt es da. Dass ihn so viele mögen, sei »wohl weniger auf politische Brillanz zurückzuführen«, wird Bosbach selbst zitiert, sondern darauf, dass er »freundlich und fröhlich« sei. In seinen elf Jahren im Bundestag habe er »nicht gelogen, nicht getrickst und niemanden getäuscht«. Ob's stimme, fragt die *taz* und antwortet gleich darauf: »Vieles spricht dafür, wenig dagegen.«[141]

Nach substanzieller Kritik und bösen Verrissen suche ich in den Weiten des privaten Pressearchivs vergeblich. Erst vermute ich elterliche Zensur, doch auch andernorts werde ich nicht fündig. Bosbach scheint keine Feinde unter den Journalisten zu haben – niemanden, der sich an ihm abarbeitet, kein Medium, das ihm gegenüber vorhersehbar kritisch wäre, es gibt keine persönlichen Angriffe, keine Häme. Wenn man bedenkt, wie exponiert er in den Medien ist und wie kontrovers die Positionen sind, die er vertritt, ist diese fast ausschließlich positive Resonanz geradezu erstaunlich. Inbesondere in Hinblick darauf, was andere Spitzenpolitiker im Laufe der Jahre so an vernichtenden Kommentaren über ihr berufliches Wirken und ihre persönliche Integrität lesen müssen. Auf ausschließlich positive Reaktionen stoße ich auch in beinahe hymnischer Dimension bei meinen Recherchen in seinem Umfeld. Seine Mitarbeiter schwärmen regelrecht von ihrem Chef. Sekretärin Kirsten Sittig erzählt, dass sie richtig gerne zur Arbeit komme. Trotz der hohen Termindichte gehe es dort immer heiter zu, es werde viel gelacht, und der Chef bringe gerne mal ein Eis für alle mit. Selbst das Sicherheitspersonal am Empfang vergesse er dabei nicht. Büroleiterin Jeannette Hamm bewundert die schiere Masse an Fakten, die Bosbach abrufbereit in seinem Kopf habe. Die Leiterin des Wahlkreisbüros, Andrea Weber, arbeitet seit annähernd 20 Jahren für ihn, die beiden verstehen sich fast blind. Und die Mitglieder des Innenausschusses loben seinen Vorsitz in den höchsten Tönen. Ein Politiker der Grünen gesteht, dass er sich immer richtig auf die Sitzungen freue, weil Bosbach sie mit Effizienz, Leichtigkeit und vor allem Humor zu führen wisse. Die Linken-Politikerin Petra Pau kann das bestätigen. Sie hat in den vielen gemeinsamen Jahren im Ausschuss ein freundschaftliches Verhältnis zu Bosbach entwickelt. Er sei immer fair, sogar rücksichtsvoll, auch gegenüber der Opposition und könne im Ausschuss selbst angespannte Situationen humorvoll auflösen. Er habe die Leute einfach so genommen, wie sie seien. »Und er hat ein menschliches Maß«, sagt Pau.

Gar als »idealen Vorsitzenden« lobt ihn Wolfgang Wieland von den Grünen. »Als konservativen Kampfpanzer habe ich ihn nie erlebt«, sagt er. Bosbach könne zuhören und wäge seine Argumente ab. »Wenn er Positionen vertritt, dann aus echter Überzeugung.«[142] So viel Lob von der Opposition, kommentiert die *Welt,* werde ein CDU-Abgeordneter in diesem Jahrtausend vermutlich nicht mehr bekommen. Für den Autor des Artikels, Claus Christian Malzahn, ist Bosbach nichts Geringeres als ein »Phänomen«.[143] Dem stimmt Friedrich Merz zu, er bewundert Bosbachs »unglaubliches Engagement und seinen Fleiß«. Für Edmund Stoiber ist Bosbach gar ein »Bruder im Geiste«, ein »Seelenverwandter«, ein »außerordentlich zuverlässiger, hochintelligenter, sprachgewaltiger Mann«, der selbst die für die CDU schwierigen Debatten »mit großer intellektueller Brillanz führen konnte und kann«. Kritische Töne klingen nur dann an, wenn es um Bosbachs Medienpräsenz geht. Beispielsweise spottete der CDU-Abgeordnete Reinhard Grindel mal, es sei ja wohl ein Wunder, dass Bosbach seine Herzoperation in der Charité nicht live im Fernsehen übertragen ließ. Seine Dauerpräsenz in Zeitungen und Fernsehen irritiert manche Kollegen, die finden, dass er seine Krankheit instrumentalisiere. Was könne er denn dafür, dass er auf einer öffentlichen Veranstaltung umgekippt sei, kontert Bosbach den Vorwurf. Aber er muss sich ja vielleicht nicht auch noch im Krankenhaus fotografieren lassen, bemerke ich. Deswegen habe er ja nach der OP kein Foto am Krankenbett zugelassen, sondern nur unten in der Empfangshalle, erwidert er. Auf den Gedanken, dass er Fotos aus dem Krankenhaus ganz ablehnen könnte, scheint er nicht zu kommen.

Seine Eltern mögen diese Bilder nicht, genauso wenig wie die Interviews und Artikel über die Krankheit ihres Sohnes. Der *Stern* sieht in Bosbach einen jener Politiker, die aus Pflichtbewusstsein, Angst vor Bedeutungsverlust oder auch aus Machthunger länger im Amt blieben, als der Arzt erlaube: »Erst kommt das Amt. Dann kommt der eigene Körper.«[144] Solche Deutungen in der Presse verstärken Else Bosbachs eigene Befürchtungen, dass ihr Sohn sich zu wenig um seine Gesundheit kümmere. »Wir haben schon unsere Sorgen«, sagt sie mir, als ich das Paar im Sommer vor der Bundestagswahl 2013 besuche. In ihrem Gesicht erkennt man eine große Ähnlichkeit zwischen ihr und ihrem Sohn. Sie ist eine zierliche Frau, und in ihrem Blick liegt etwas, was sich nur mit dem etwas altmodisch anmutenden Wort Güte beschreiben lässt. Wenn sie von den vielen Terminen ihres Sohnes hört, macht sie sich Sorgen, ob er wirklich genug isst und schläft. Wie es ihm geht, davon erzählt er den Eltern nicht viel. »Es ist, wie es ist«, sagt er meist nur. Aber neulich freuten sich die beiden, als sie erfuhren, dass er ein Kilo zugenommen habe. »Das ist doch ein gutes Zeichen«, findet Alfred Bosbach, dessen Stimme und Sprachfärbung sehr an die des Sohnes erinnern.

Die Bosbachs leben in einem beschaulichen Haus mit einem prachtvollen Garten. Hier ist Wolfgang Bosbach aufgewachsen, hier hat er die ersten 28 Jahre seines Lebens verbracht. Als er zwei Jahre nach seiner Schwester am 11. Juni 1952 geboren wird, ist für die Familie die schlimmste Nachkriegszeit vorbei. Alfred Bosbach hat Arbeit als kaufmännischer Angestellter und macht bald Karriere als Personalleiter eines großen Unternehmens. Die Familie hat ihr im Krieg zerstörtes Haus gerade wieder aufgebaut. Alfred Bosbachs Eltern ziehen ins Erdgeschoss, die junge Familie nach oben. Dem Neugeborenen geben sie den Namen Wolfgang Walter Wilhelm, Zweit- und Drittname erhält er zum Andenken an seine im Krieg gefallenen Onkel, Wilhelm hießen außerdem beide Großväter. Er wird katholisch getauft wie Alfred Bosbach, obwohl Else Bosbach Protestantin ist. Ob sie denn die Kinder katholisch erzogen hätten, frage ich. »Das will ich meinen«, sagt Alfred Bosbach. »Das hoffe ich«, sagt seine Frau. »Keine Katholikin hätte die Kinder katholischer erziehen können als meine protestantische Frau«, sagt ihr Mann, und in seiner Stimme schwingt Stolz mit, der Else Bosbach beschämt. »Ich habe mir Mühe gegeben«, sagt sie. Das moralische und ethische Koordinatensystem von Wolfgang Bosbach, das wird schnell deutlich, ist genau hier aufgestellt und verankert worden. Als glücklich und unbeschwert hat Bosbach seine Kindheit empfunden, und wenn man seine Eltern über ihn reden hört, versteht man, warum. Wenn sie von ihrem Sohn erzählen, leuchten ihre Augen.

Die Eltern erinnern sich an ein Kind, das immer unterwegs war. Meist traf es sich mit Freunden auf einer Wiese am Ende der Straße, dort, wo heute das große Einkaufszentrum Kaufland steht, oder in einem alten Bunker ganz in der Nähe des Elternhauses. Eigentlich durfte er da auf gar keinen Fall spielen und tat es gerade deshalb mit großer Freude. Außerdem sollte der Sohn immer bei Einbruch der Dunkelheit zu Hause sein, aber er lernte schnell, dass es großen Ärger gab, wenn er nur ein bisschen zu spät war, jedoch deutlich weniger, wenn er *viel* zu spät kam, denn dann überwog bei den Eltern meist die Erleichterung. Alfred Bosbach schmunzelt. »Meine Frau hat ihn regelmäßig, wenn er ankam, auf den Kopf gestellt, da rieselte Sand aus allen Löchern.« Ein Foto aus jener Zeit, schwarz-weiß mit Mäusezahnrand, zeigt ihn mit seiner Schwester, die ihm ein Buch zum Lesen hinhält; auf einem anderen sieht man die beiden Arm in Arm. Auf den Karnevalsbildern ist er mal mit Narrenkappe abgebildet, mal als Clown verkleidet. Bei den Wetzlarer Großeltern steht er hinter Oma, Eltern und Schwester und zeigt voller Stolz seine neue Wasserpistole, ein Geschenk zu seinem fünften Geburtstag. »Damit hat er alle in den Nacken gespritzt«, erinnert sich die Mutter. Ihr Mann ergänzt: »Das war schon ein wilder Bursche, kann man wirklich sagen«.

Wild ging es auch zu auf der Feier zu seinem 20. Geburtstag, als ihr Sohn darum bat, ein paar Freunde einladen zu dürfen. Wie viele es denn werden würden, fragten die Eltern nach. So 20 bis 30, lautete die Antwort. Was sie nicht wussten: Wolfgang Bosbach verschickte die Einladung per Rundschreiben an den Verteiler der Jungen Union. Fast 100 feierlustige Jugendliche füllten bald Haus und Garten der überraschten Eltern. Ein Gast schlief bis spät in den nächsten Morgen unter der hohen Tanne neben dem Rhododendron. Else Bosbach muss heute noch lachen, wenn sie daran denkt.

Nie vergessen hat sie auch die erste heilige Kommunion ihres Sohnes, zu der er einen neuen dunklen Anzug mit weißem Hemd und Fliege bekam, was er jedoch als »Höchststrafe« empfand. Nach der Messe, kaum zu Hause angekommen, ging er zum Spielen an den Bach am Ende des Gartens und fiel gleich kopfüber hinein. Während die Familie auf der Terrasse bei Kaffee und Kuchen saß, versank die Hauptperson im Matsch. Else Bosbach fischte ihn heraus und hält ihm das bis auf den heutigen Tag gerne vor.

Sorgen bereitete der Mutter damals, dass den Sohn die Schule nicht sonderlich interessierte. Zunächst habe er großen Respekt vor der Lehrerin gehabt, aber der habe nicht lange angehalten, erzählt Else Bosbach. Hatte er im ersten Schuljahr noch ein Sehr gut im Betragen und eine gute Fleißnote, gab es im zweiten Schuljahr die erste Drei auf dem Zeugnis (im Lesen) und im fünften das erste Ausreichend. »W. ist mitunter sehr flüchtig«, schrieb der Klassenlehrer, Herr König. Sein rastloses Wesen scheint also schon damals ausgeprägt gewesen zu sein. Zu Hause sprach er wenig über die Schule. Er fuhr morgens immer mit dem Fahrrad, und wenn die Eltern nach seiner Heimkehr fragten, wie es denn gewesen sei, antwortete der Sohn stets, es sei toll gewesen, er sei dreimal über Rot gefahren. »Ach«, seufzt Else Bosbach, »dem Wolfgang war das ja egal, ob er die Hausaufgaben richtig hatte oder nicht. Da war er sehr, sehr großzügig.« Sie lacht. Bosbachs Schwester hingegen war ehrgeizig und regte sich über die Gleichgültigkeit ihres Bruders auf. Aber auch das war ihm egal. Von Kommas hielt er gar nichts. »Wegen so einem kleinen Strich machst du so ein Theater«, sagte er zu seiner Mutter. Nachdem sie einmal lange mit ihm geübt hatte, schrieb er eine Klassenarbeit, in der er viel zu viele Kommas setzte. Was er sich dabei gedacht habe, fragte die Mutter. »Ich hab gedacht, du machst der Mama jetzt mal eine Freude«, antwortete der Sohn. Wolfgang Bosbach selbst sagt über seine Schullaufbahn, ein gutes Pferd springe immer nur so hoch, wie es muss. Er sei nie versetzungsgefährdet gewesen, doch sein Ehrgeiz war eben begrenzt, er habe damals schon das Leben geliebt. Besondere Freude machte ihm der Karneval, wo früh sein rhetorisches Talent auffiel. Der Junge ging zur Katholischen Jugend und wurde Messdiener. Kaplan Heinz Hoesen war ebenfalls begeisterter Karnevalist und leitete die traditionelle Gronauer Messdienerkarnevalssitzung. Die Kinder wurden in die Bütt geschickt und hielten kleine, pointierte Reden. Nach Kaplan

Hoesens Versetzung wurde Bosbach Sitzungspräsident des Messdienerkarnevals.

In vielerlei Hinsicht hatte Wolfgang Bosbach sicher eine typisch deutsche, wenngleich wegen ihrer intakten Strukturen überdurchschnittlich geborgene Nachkriegskindheit. Sie war geprägt von der Liebe seiner Eltern, von Religion und Karneval, von Spiel und Sport. In einer Hinsicht war sie allerdings eher ungewöhnlich: In der Familie Bosbach wurde nicht nur über den Krieg und seine Folgen gesprochen, sondern alle Generationen diskutierten auch rege darüber: Wie konnte es so weit kommen? Und was muss man tun, damit sich so etwas nie wiederholt? Diese und ähnliche Fragen erörterten die Eltern mit den Kindern immer wieder. Einmal saßen Vater und Sohn vor dem Fernseher, als in einer Geschichtssendung eine Hitler-Rede gezeigt wurde. Ungläubig starrte der Junge auf den geifernden, schreienden Mann. »Wie konntet ihr auf einen solchen Typen reinfallen?«, fragte er seinen Vater anschließend. »Ich weiß es nicht«, antwortete dieser ganz ohne den Versuch einer Rechtfertigung. Er habe damals gerne in den Krieg ziehen wollen, nachdem sein älterer Bruder einberufen worden war. Das habe für ihn nichts mit einer Begeisterung für die Nazis zu tun gehabt, sondern mit der Verteidigung des Vaterlandes. Er sei überzeugt gewesen, einer guten Sache zu dienen. Den Nazis hingegen habe er eher skeptisch gegenübergestanden, weil er wusste, wie diese mit gläubigen Christen umgingen. Und dass die Juden verschleppt wurden, das wusste man schließlich auch. »Habt ihr euch nicht gewundert, wo die Nachbarn bleiben?«, wollte der Junge wissen. Es habe immer geheißen, die kämen ins Arbeitslager, antworteten die Eltern. Doch der ganze Horror der Konzentrationslager und das Ausmaß des Mordens seien den Bosbachs erst nach dem Krieg klar geworden, nach und nach. Als die ersten Bilder aus den Konzentrationslagern in den Zeitungen veröffentlicht wurden, habe man noch gedacht, die seien von den

Alliierten gestellt worden, als Propaganda gegen die Deutschen, erzählt Else Bosbach. Das wahre Ausmaß des Grauens war einfach unbegreiflich.

Ihr Entsetzen darüber teilten sie genauso mit ihren Kindern wie ihre eigenen Kriegserlebnisse. Wie in den meisten anderen Familien war es bei ihnen in erster Linie um das eigene Überleben gegangen. Else Bosbachs Brüder waren im Krieg gefallen, Alfred Bosbachs älterer Bruder auch. Er selbst wurde an der Ostfront verwundet, kapitulierte später vor den Amerikanern und kam in französische Gefangenschaft. Fast neun Monate lang wusste Else Bosbach nicht, ob er das Kriegsende überhaupt überlebt hatte. Mit ihrer eigenen Vergangenheit sowie der deutschen Kriegsgeschichte und deren Folgen setzten sich die beiden ihr Leben lang intensiv auseinander. Der Bau der Berliner Mauer wurde zu Hause ebenso intensiv besprochen wie der Prozess gegen den ehemaligen SS-Obersturmbannführer und Holocaustplaner Adolf Eichmann in Israel. Die Familie informierte sich umfassend, besuchte Gedenkstätten und Konzentrationslager. Die Eltern können heute noch ausgiebig darüber diskutieren, warum kein Mordversuch an Hitler gelang. Sie bereisten auch die Orte, an denen Alfred Bosbach im Krieg stationiert war. So schärfte sich das politische Bewusstsein des jungen Wolfgang Bosbach. Für ihn waren die Narben des Krieges im Leben der Familie genauso deutlich zu erkennen wie im Stadtbild. Er erlebte einen unverkrampften, offenen und zudem selbstkritischen Umgang mit der deutschen Vergangenheit. Das rechnet er seinem Vater hoch an. Dieser habe ihm nie vorgemacht, dass er von Anfang an im Widerstand gewesen sei, sagt Bosbach. So gab es in seiner Familie nicht das große Schweigen, gegen das die Achtundsechziger rebellierten. Es wurde nichts beschönigt, es wurde nichts verschleiert. Zur Rebellion gegen die Eltern sah Wolfgang Bosbach keinen Anlass.

Wenn sich das Leben rückwärts verstehen lässt, wie Sören

Kierkegaard glaubte, dann ist Bosbachs christliche Prägung im Elternhaus sowie das dort geschärfte politische Bewusstsein die Weichenstellung für seinen Weg in die Politik gewesen. Dass Verantwortung für andere zum christlichen Menschenbild gehört, das hätten sie ihm mitgegeben, sagt Wolfgang Bosbach mir später, vor allem Verantwortung für Schwächere, Ärmere und Kranke. »Da sieht ein Christ nicht weg.« Er wird sich in der politischen Arbeit auch gerade diesen Gruppen widmen, die keine eigene Lobby haben wie etwa die Hospizbewegung. Seit vielen Jahren ist er Schirmherr des Fördervereins des Vincenz-Pallotti-Hospizes in Bergisch Gladbach. »Verbände wie die der Arbeitgeber, der Gewerkschaften, der Energieversorger oder des Sports haben eine so große Macht auf die öffentliche Meinungsbildung, dass sie immer in der Lage sein werden, ihre Interessen durchzusetzen«, sagt Bosbach. Die seien gut vernetzt und könnten sich gegen Politik und Regierung behaupten. »Aber doch nicht das ungeborene Leben oder Menschen in der letzten Phase ihres Lebens. Die können nicht demonstrieren. Die mobilisieren nicht die Wähler.«

So stolz die Eltern auf ihren Sohn auch sind, scheinen sie dieses Engagement für Schwächere für nichts Besonderes zu halten. Eher finden sie es ziemlich selbstverständlich. Vielleicht liegt es einfach daran, dass sie nichts Geringeres von ihm erwarten. Als die Abtreibungsdebatte einst in ihm den Wunsch auslöste, in die Politik zu gehen, unterstützten ihn die Eltern und tun es seitdem nach wie vor tatkräftig. »Wir waren immer da, wenn wir gebraucht wurden, und das ist auch gut so«, sagt Else Bosbach. In seinem ersten Wahlkampf klebten sie 11 000 Instant-Cappuccino-Tütchen »gegen Wahlmüdigkeit« auf seine Flyer. Als sie gerade damit fertig waren, merkten sie, dass sich wegen der heißen Sommertemperaturen der Kleber löste. Also fingen sie von vorn an: Jetzt wurden alle Tüten angetackert. Noch heute kann Else Bosbach die Schmerzen im Nacken fast spüren, wenn sie von dieser Arbeit erzählt. Sie hat Brote geschmiert für die Wahlkämpfer und für die Treffen der Jungen Union, sie hat alles gelernt, was man über Bundestagsausschüsse und Fraktionssitzungen wissen muss, und sie beobachtet genau, welche Parteikollegen ihrem Sohn Gutes wollen und welche nicht. Mit ihrem Mann teilt sie die Sorge um die Bedrohung der CDU durch die Alternative für Deutschland und freut sich schon auf den anstehenden Bundestagswahlkampf und die neuen Plakate ihres Sohnes.

Bevor Alfred und Else Bosbach sonntags die Artikel über ihren Sohn ausschneiden, lesen sie die Todesanzeigen. In ihrem Alter sei immer ein Bekannter darunter, erklären sie. Dann sagt Alfred Bosbach: »Das wird wohl unser letzter Wahlkampf sein, für den Wolfgang und mich.« Als seine Frau nichts erwidert, schiebt er hinterher: »Aber man weiß es ja nicht.«

# ZIRKUSPFERD IM GROSSEINSATZ

Das »Blaue Loch« im baden-württembergischen Schwetzingen ist viel charmanter, als es klingt. Es gilt, erzählt man mir stolz, als das hippeste Lokal der Stadt, gelegen in einer der kleinen, backsteingepflasterten Nebenstraßen hinter der imposanten barocken Schlossanlage. Wenn man an der dunkel vertäfelten Bar vorbei eine kleine Treppe hinaufgeht, gelangt man in einen großen Saal, der in der Mitte bis zum Dach offen und von Säulen gerahmt ist. Kristallleuchter hängen von der Decke, der Geruch von Bratenfett und Bier in der Luft.

Es ist ein warmer Spätsommerabend genau einen Monat vor der Bundestagswahl. Die Journalisten haben sich mit Klagen über die gähnende Langeweile des Wahlkampfes infolge von Merkels vermeintlicher Demobilisierungsstrategie über das Sommerloch gerettet. Doch jetzt, da sich der entscheidende Tag rasch nähert, kommt spürbar Schwung in die Kampagnen. Der Abgeordnete Olav Gutting hat zum CDU-Abend mit Wolfgang Bosbach geladen, und schon eine Stunde vor Beginn ist der Saal voll. Viel voller, als man erwartet habe, werden die Organisatoren nicht müde zu wiederholen. Das vorwiegend ältere Publikum steht an den Wänden entlang oder sitzt an langen Tischen, man isst »Schnitzel Athen« mit Fetasauce, die Stimmung ist gut. Dies ist einer von über 50 Auftritten, die Bosbach im Sommer vor der Wahl für und bei Kollegen außerhalb seines Wahlkreises bestreitet. Meist wird er nach Süddeutschland eingeladen, hier ist sein konservatives Profil gefragt, und er fährt gerne hin. Lieber eingeladen als ausgeladen, findet er. In Bayern und Baden-Württemberg seien die Veranstaltungen immer hervorragend organisiert. »Da kommen viele Leute, da gibt es was zu trinken, da wackelt kein Rednerpult, und da fällt auch während der Rede kein Plakat von der Wand.« Wahlkampf sei für ihn ohnehin ein »Jungbrunnen«, sagt er und vergleicht sich mit einem Zirkuspferd, das in die Manege schreitet, wenn die Musik ertönt.

Da Bosbach in der CDU keine offizielle Funktion mehr hat, muss er für seine Reisen zu den Auftritten selbst aufkommen. Meist fährt er deshalb mit der Bahn, die Abgeordnete gratis benutzen können. So auch heute. Pünktlich um 19 Uhr betritt er im hellgrauen Anzug den Saal und bekommt gleich spontanen Applaus. Er wird vorgestellt als einer, der »der Kanzlerin auch mal die Stirn bietet«, und bedankt sich gleich für die »netten Worte aus der eigenen Partei, von der ich ja auch schon ganz anderes gehört habe«. Gleich hat er die Lacher des wohlwollenden Publikums auf seiner Seite. Er geht ein paar Schritte, stellt sich zwischen die Tische und weist darauf hin, dass er frei spricht, »meistens so lange, bis mir was einfällt«. Und etwas zusammengewürfelt erscheint seine Rede wirklich. Sie ist nicht aus einem Guss, scheint keiner übergeordneten Struktur zu folgen, lässt keine Reihenfolge seiner politischen Prioritäten erkennen. Stattdessen setzt sie sich aus Versatzstücken zusammen, mit denen Bosbach in diesem Jahr seine Wahlkampfreden bestreitet, gesprenkelt mit persönlichen Anekdoten, humorvollen Anspielungen und allgemeinen Aufrufen, die beim Publikum automatisches Kopfnicken generieren, wie etwa dem, das nicht »jedes kleine Problem gleich ein Skandal sei«. Was heute ein Schneechaos sei, habe man früher Winter genannt. Wer könnte da widersprechen?

Bosbach beginnt mit einem Lob für die Aufbauleistungen der

Kriegsgeneration in Deutschland. Da viele im Saal lebhafte Erinnerungen an diese Zeit haben dürften, ist dieses Lob opportun gewählt. Er erzählt von seinen Eltern, die ihre Brüder im Krieg verloren und deren Haus zerbombt wurde, und ruft angesichts dieser Erfahrungen auf zum »gesunden Patriotismus«, was vom Publikum zustimmend aufgenommen wird. Dann leitet er über zur aktuellen NSA-Affäre. Durch die Enthüllungen des ehemaligen amerikanischen Geheimdienstmitarbeiters Edward Snowdon war im Juni bekannt geworden, dass die USA und Großbritannien global und verdachtsunabhängig das Internet sowie Telekommunikationsdaten überwachen und speichern. Die Oppositionsparteien probierten daraufhin erfolglos, aus dem hilflosen Umgang der Regierung mit der Affäre ein Wahlkampfthema zu machen. Insbesondere ging es darum, inwieweit deutsche Dienste die unrechtmäßig gewonnenen Informationen der amerikanischen Kollegen genutzt hatten. Bosbach sagt nun, der Staat habe die Pflicht, seine Bürger vor Terrorismus zu schützen, und ja, er benutze dazu auch Informationen von befreundeten Geheimdiensten. »Darf ein Innenminister diese Daten nutzen?«, fragt Bosbach rhetorisch und antwortet gleich darauf entschieden: »Er *muss* sie nutzen!« Denn solche Informationen hätten bereits in sieben Fällen geholfen, terroristische Anschläge in Deutschland zu verhindern. Aber natürlich müsse man gleichzeitig den Amerikanern klarmachen, dass sich Partner nicht gegenseitig ausspionierten. Dem eher höflichen Applaus nach zu urteilen ist die trotz aller öffentlichen Debatten abstrakt gebliebene NSA-Affäre nichts, was die Schwetzinger Gemüter erhitzt.

Was jedoch gut ankommt, ist in allen politischen Reden die Selbstkritik. Die Politiker würden ja alles total kompliziert machen, sagt Bosbach. Aber nicht jeder, der sich kompliziert ausdrücke, sei ein Intellektueller, und nicht jeder, der mit Subjekt, Objekt und Prädikat daherkomme, gleich ein schlichtes Gemüt.

Häufig werde mit Worten absichtlich ein politischer Inhalt verschleiert. »Wenn das Ende der Sparpolitik gefordert wird, dann bedeutet das, wir sollen wieder mehr Schulden machen. Früher hieß sparen, wir geben weniger aus, heute heißt sparen, wir machen weniger neue Schulden als geplant.« Früher habe man es Rezession genannt, heute Minuswachstum. Nach einem kurzen Diskurs über den Übergang von der Industrie- zur Wissensgesellschaft kommt Bosbach zum Thema Bildung. Er spickt seinen Vortrag an dieser Stelle mit Zahlen, weil diese jedes Publikum bekanntermaßen stets beeindrucken. 63 Milliarden SMS seien in Deutschland im vergangenen Jahr verschickt worden. Gemessen an den Nutzerzahlen von 1,2 Milliarden, sagt Bosbach, wäre Facebook nach China und Indien das drittgrößte Land der Welt. Das Wissen der Menschheit verdopple sich alle sieben Jahre. »Und wer nichts im Boden hat, der müsse es eben in der Birne haben. Bildung, Bildung, Bildung!«, ruft Bosbach und fährt fort: In der Bildungspolitik würden die Unterschiede zwischen den Parteien deutlich. »Wir wollen keine Einheitsschule!« ruft er, und jetzt klingt der Applaus leidenschaftlich. Auch hier bleibt Bosbach den Hinweis auf seine bodenständigen Wurzeln nicht schuldig. Da er in seinem ersten Leben Lehrling gewesen sei, wisse er, dass Bildung nicht bei den Akademikern beginne. Um dem Fachkräftemangel entgegenzuwirken, müssten die Betriebe ausbilden, denn dort finde die beste Ausbildung statt. Aber auch für ältere Menschen müsse es Beschäftigungen geben. »Junge laufen zwar besser, doch die Älteren kennen die Abkürzungen«, sagt er, und auch das wird hier mit großer Zustimmung quittiert.

Aus dem Biergarten kommen ein paar Leute dazu, als Bosbach grundsätzlich wird. Die Welt habe sich verändert, sagt er, trotzdem dürfe man die Globalisierung nicht fürchten, denn sie eröffne ebenfalls neue Chancen. Dass er es sehr wohl für eine große Herausforderung für Deutschland hält, in einer völlig veränderten Weltwirtschaft mit neuen Konkurrenten mitzuhalten, das sagt er hier nicht. Heute ist der Tag der guten Nachrichten. Bosbach lobt den deutschen Export, insbesondere die Autoindustrie, und die starke Wirtschaft im Land. Angesichts der 41,8 Millionen Beschäftigen und der satten Rücklagen sei es allerdings wichtig, dass wirtschaftliche und soziale Leistung in gesunder Relation stünden. Alle, die beim Wort Globalisierung abgeschaltet hatten, sind nun wieder aufgewacht. Ein bärtiger Mann stellt sein Bier ab und rückt auf seinem Stuhl nach vorne. »Wenn von den Grenzen des Wachstums gesprochen wird, ist nie von den Wachstumsgrenzen der Sozialsysteme die Rede«, sagt Bosbach unter Beifall. Ihn treibt die Sorge um, dass bei allen Forderungen nach höheren Sozialleistungen, die oft gut begründet seien, die Notwendigkeit größerer wirtschaftlicher Leistung vergessen werde. »Wir dürfen in Deutschland nicht den Zusammenhang verlieren zwischen der Wirtschaftskraft und unserer sozialen Leistungsfähigkeit«, sagt er. Der Staat könne das soziale Netz auf Dauer nur erhalten, wenn er wirtschaftlich stärker werde. »Und soziale Gerechtigkeit schulden wir nicht nur den Sozialhilfeempfängern, sondern auch den Leistungsträgern.« Noch mehr Beifall.

Heute seien die Steuereinnahmen um 100 Milliarden Euro höher als vor zehn Jahren, und deshalb ärgere ihn die Diskussion um die Erhöhung der Erbschaftssteuer. Da hieße es immer, das sei Einkommen ohne Leistung. »Das ist eine Frechheit gegenüber dem Erblasser, der sein Vermögen bereits versteuert hat«. Applaus, Applaus. »Das ist keine soziale Gerechtigkeit!«, ruft Bosbach und trifft damit, so scheint es, ins Herz des Schwetzinger Publikums. Bei der Erbschaftssteuerreform, der zufolge Geschwister, Nichten und Neffen steuerrechtlich wie familienfremde Dritte behandelt werden, hatte Bosbach gegen seine Fraktion gestimmt.

Erst nach 20 Minuten kommt Bosbach zum Euro. Der Euro sei damals nicht von allen in Deutschland jubelnd angenommen worden, sagt Bosbach. »Wir haben eine Währungsunion versprochen, keine Transfer- und keine Haftungsunion.« Die Eurozone habe 9 Billionen Euro Schulden, die Hälfte davon aus den vergangenen zwölf Jahren. »Überschuldung kann man nicht durch neue Schulden lösen.« Er wiederholt die Argumente, mit denen er seine Ablehnung des zweiten Euro-Rettungsschirms erklärt hat, und erlaubt sich einen kleinen populistischen Exkurs. Weil die Deutschen das mit Abstand größte Haftungsrisiko der Rettungsmaßnahmen trügen, könne es nicht sein, dass die Kanzlerin im Ausland verunglimpft und in SS-Uniform dargestellt werde. »Da erwarte ich, dass die Spitzen der EU sich vor Merkel stellen«, sagt Bosbach unter noch mehr Beifall. Der Euro führe die Länder zurzeit nicht zusammen, sondern sie gingen aufeinander los, weil Länder wie Griechenland durch die Rettungsmaßnahmen an Souveränität verlören. »Haftung und Handlung gehören zusammen«, betont Bosbach wieder, »weil Länder sonst zu große Risiken eingehen.«

Dann lobt er die Bundeskanzlerin wie in fast allen seinen Wahlkampfreden. »Ich würde mich für Angela Merkel in jede Schlacht werfen.« Der Gegner sei Rot-Rot-Grün, daran könne kein Zweifel bestehen. Und, schließt er nach 30 Minuten, »wenn dann am Wahltag der schwarze Balken immer größer wird, ist das nicht schön?« Bosbach setzt sich unter lang anhaltendem Applaus und nimmt einen Schluck Wasser. Die Anspannung ist aus seinem Gesicht gewichen, jetzt sieht er müde aus. Gastgeber Gutting bedankt sich mit der Frage, warum es nicht mehr Menschen wie Bosbach in der Partei gebe, und die Leute klatschen, darunter ein Unternehmer um die 50, der den Vortrag stehend verfolgt hat. Er ist nur wegen Bosbach gekommen. »Der spricht Klartext, auch mal gegen die Kanzlerin«, sagt er. Bosbach scheue sich nicht vor unbequemen Wahrheiten wie zum Beispiel der, dass es soziale Gerechtigkeit nicht nur für Hartz-IV-Empfänger geben könne. Dieser Punkt hat einem leitenden Angestellten,

Mitte 30, ebenfalls gefallen. Genau das sei ihm in Deutschland wichtig: dass man es mit harter Arbeit zu etwas bringen, dass man es schaffen könne. Das sei doch sozial gerecht! Bosbach verkörpere diese Leistungsmentalität authentisch konservativ. Außerdem habe er recht damit, dass wir uns im Ausland für unsere Euro-Rettungsmaßnahmen nicht verunglimpfen lassen dürfen, sagt er. Aber ist das wirklich eine unbequeme Aussage, frage ich. Ist Bosbachs Verweis auf die vermeintlich falsch verstandene soziale Gerechtigkeit in dieser Runde unbequem, oder ist er vielleicht einfach populistisch? »Nicht alles, was politisch inkorrekt ist, ist gleich populistisch«, sagt der ältere der beiden.

In der Woche vor der Wahl jagt Bosbach von Termin zu Termin quer durch Deutschland. Über 2000 Kilometer legt er dafür zurück. Er spricht in Bürgerhäusern, Festzelten, Schulen, einer Universität, bei Wirtschafts- und CDU-Ortsverbänden, er fährt zu einem Wahlkampfauftritt in Baden-Württemberg, zu einer Talkshow nach Berlin. Aus dem parteipolitischen Geplänkel ist längst eine Schlacht um die Macht geworden. SPD-Kanzlerkandidat Peer Steinbrück konnte im sogenannten TV-Duell gegen die Kanzlerin und auch bei anderen TV-Formaten punkten, was seine von einer geradezu satirisch anmutenden Fettnäpfchenserie gebeutelte Kampagne endlich ins Laufen bringt. Er gewinnt in der Woche nach dem Duell 2 Prozentpunkte an Zustimmung, laut Forsa wollen ihn danach 23 Prozent der Deutschen als Kanzler. Merkel liegt zwar in Bezug auf die persönlichen Werte immer noch weit vor ihm, 55 Prozent wollen sie als Kanzlerin behalten, aber sie muss einen Prozentpunkt abgeben. Die Richtung scheint sich geändert zu haben. Außerdem überträgt sich die hohe persönliche Zustimmung für Merkel nur begrenzt auf ihre Partei. Die große Preisfrage ist jetzt: Wie begrenzt? Vieles ist offen in diesen letzten Tagen. Die SPD schließt eine Minderheitsregierung unter Duldung der Linken, wie sie in Nordrhein-Westfalen besteht, auf Bundesebene weiter aus. Aber würde ein SPD-Chef wie Sigmar Gabriel die Chance zur Machtergreifung wirklich verstreichen lassen, wenn sie sich ihm böte?

Für zusätzliche Nervosität im Regierungslager sorgt der Ausgang der bayerischen Landtagswahl, bei der die CSU mit sensationellen 47,7 Prozent die absolute Mehrheit erringt, während die FDP im Vergleich zur Vorwahl fast 5 Prozent verliert und aus dem Landtag ausscheidet. Wird der Sieg die Unionswähler einschläfern? Die Wahlbeteiligung war für bayerische Verhältnisse ordentlich, werden die nun gesättigten CSU-Wähler eine Woche später wieder in solchen Scharen zur Wahl gehen? Der Vorsprung der CDU gegenüber der SPD ist geschrumpft. Lag die Union während der Sommermonate laut Emnid-Umfragen für die *Bild am Sonntag* zwischen 40 und 42 Prozent, ist sie eine Woche vor der Wahl auf 39 gerutscht, während die SPD 1 Prozentpunkt hinzugewinnt. Es sind nicht nur die absoluten Zahlen der Umfragen, die ja ohnehin eine Fehlermarge von 2 bis 3 Prozent haben, die die Politiker jetzt analysieren, sie versuchen vor allem den Trend auszumachen. In welche Richtung geht er? Eine Woche vor der Wahl liegt Rot-Rot-Grün laut Emnid um 1 Prozentpunkt vorne. Die FDP ist von 6 auf 5 Prozent gesunken und bettelt verzweifelt die Unions-Wähler an, ihre Zweitstimmen der FDP zu schenken, wovor die Union fast genauso verzweifelt warnt. Eindeutig ist der Trend bei der neuen Alternative für Deutschland. Nachdem sie im Sommer in den Umfragen zwischen 1 und 3 Prozent dümpelte, liegt sie nun erstmals bei 4 Prozent. Wie gefährlich wird sie dem bürgerlichen Lager?

Wolfgang Bosbach könnte eigentlich ganz entspannt sein. Es gibt zwar keine Umfragen aus seinem Wahlkreis, aber er kann davon ausgehen, dass er wieder ein sehr gutes Ergebnis erzielen wird. Er ist dieses Mal zwar über Platz sieben der Landesliste abgesichert, wird jedoch sicher erneut direkt gewählt werden. Und seine Gegenkandidaten sind nicht gerade Furcht einflößend. Das ist fünf Tage vor der Wahl eindrucksvoll zu beobachten: Gemeinsam mit vier anderen Direktkandidaten seines Wahlkreises sitzt Wolfgang Bosbach auf dem Podium in der großen Aula des Gymnasiums Wermelskirchen. Die Veranstaltung soll so etwas wie der große Wahlkampfshowdown werden, nur dass der Gewinner schon vorher feststeht. Als Bosbach die Bühne betritt, jubelt bereits jemand. Die fünf Männer setzen sich an Pulte im Halbkreis nebeneinander. Links außen ein älterer, promovierter Herr von der FDP mit einem gelben Pullover, rechts außen ein Kaugummi kauender Feuerwehrmann von der Linken im schwarzen T-Shirt. Bosbach sitzt in der Mitte. Er trägt Jeans, weißes Hemd, Jackett und als Einziger eine Krawatte. »Die sehen alle scheiße aus«, sagt ein Teenager in der letzten Reihe zu seinem Freund, mit dem er gerade eine Packung Buletten teilt.

Der Moderator vom *Wermelskircher Generalanzeiger* nuschelt etwas von einer Vorstellungsrunde, woraufhin der Herr in Gelb, der für die FDP im Kreisrat sitzt, sagt, dass er aus Idealismus für den Bundestag kandidiere, weil er ohnehin nicht gewählt werde. Dem Vertreter der Grünen liegt nicht nur eine saubere Energie am Herzen, sondern auch die einfachere Fahrradmitnahme im Nahverkehr. »Ja, ne, is' klar«, schiebt der Schüler zwischen zwei Buletten. Bosbach erzählt von seinen Kernthemen Sicherheit und Datenschutz und möchte im Übrigen seine Arbeit für den Wahlkreis weitermachen wie bisher. Der SPD-Mann, stellvertretender Bürgermeister von Bergisch Gladbach, erklärt, die SPD sei gegen Studiengebühren (»Das sollte Sie interessieren«) und wolle Wohnungen bezahlbar machen (»Sie werden mal eine Wohnung brauchen«). Und außerdem, fügt er etwas hilflos hinzu: »Der Bosbach hat Listenplatz sieben, den kriegen Sie sowieso, also wählen Sie mich.« Plötzlich attackiert ihn der

FDP-Kandidat gekonnt wegen der Steuererhöhungspläne der SPD. Das will er nicht auf sich sitzen lassen, es wird laut, und der Buletten-Teenager haut sich mit der Faust in die Hand. »Bumm«, sagt er.

Der Vertreter der Linken ist gegen Bundeswehreinsätze im Ausland, die Soldaten sollten lieber nach Hause kommen und Krankenschwestern werden. Einige Schüler klatschen. Seine Mitstreiter distanzieren sich. Bosbach kontert, es täte ihm leid, dass der Eindruck entstehe, dass Auslandseinsätze Kriegseinsätze seien, schließlich leiste die Bundeswehr weltweit humanitäre Dienste. »Wir sollten nie als erstes Land Soldaten schicken und auch nur dann, wenn es völkerrechtlich legitimiert ist. Aber dass wir sagen, solche Einsätze sollen nur die anderen machen, das halte ich nicht für verantwortbar.« Zustimmender Applaus.

Eine Schülerin fragt, ob nicht die Forderung nach einem Mindestlohn Unternehmen überfordern und deshalb Arbeitsplätze vernichten könne. Der Moderator, der die Rolle des Linken-Unterstützers übernommen hat, schiebt hinterher, dass sieben Millionen Menschen in Deutschland für weniger als 8 Euro in der Stunde arbeiten. Die Frage der Schülerin ist natürlich Wasser auf Bosbachs Mühlen. »Mindestlöhne gibt es tausendfach in Tarifverträgen«, sagt er, und die Schülerin habe völlig recht damit, dass jeder Lohn erst einmal im Betrieb erarbeitet werden müsse.

Bosbach weiß, dass die Debatte über die Mindestlöhne für die Union eigentlich nicht zu gewinnen ist, genauso wenig wie die über die Einkommensschere. Dementsprechend vorsichtig geht er mit dem Thema in Diskussionen um. Nur wenigen sei bekannt, dass die Einkommensschere eben nicht immer weiter aufgehe. Das war unter der Regierung Schröder der Fall, unter der Regierung Merkel hat sie sich aber wieder leicht geschlossen. Darauf hinzuweisen, gelte jedoch als Nachweis mangelnder sozialpolitischer Sensibilität. Bosbach hält einen gesetzlichen Mindestlohn ohne Rücksicht auf die Lage in bestimmten Regionen und Branchen für falsch, weil es in Deutschland nicht bloß einen einzigen Arbeitsmarkt gebe, sondern regional verschiedene Märkte und Branchen mit ganz unterschiedlicher Wirtschaftskraft. »Dem Gesetzgeber mag es verfassungsrechtlich möglich sein, einen bundesweit einheitlichen Mindestlohn festzulegen, er kann jedoch kein Unternehmen zwingen, Mitarbeiter zu diesem Lohn zu beschäftigen«, sagt Bosbach. Er befürchtet, dass ein zu hoher Mindestlohn die Arbeitsmarktchancen besonders von jungen Menschen und gering Qualifizierten deutlich verschlechtern könne. »Aber mit dieser nüchternen Argumentation hat man keine Chance gegen den Satz: Wer den ganzen Tag arbeitet, der muss von seinem Einkommen leben können. Und warum? Weil der Satz auch noch richtig ist.«

Die Diskussionen, so Bosbach, würden heutzutage zu emotional geführt, als dass es noch möglich wäre, die Lage objektiv darzulegen und sich über den Sachverhalt zu verständigen. Es sei mittlerweile der Eindruck entstanden, als gäbe es in Deutschland gar keine regulären Beschäftigungsverhältnisse mehr und als arbeite jeder Friseur für 3,60 Euro die Stunde, obwohl der Durchschnittsverdienst tatsächlich dreimal so hoch liege. Bosbach nutzt die Frage über den Mindestlohn, um auf dieses Missverständnis hinzuweisen. Er hat eine Wahlbroschüre der SPD über die Beschäftigungsverhältnisse in Deutschland mitgebracht, die ihn ärgert. »Dass man im Wahlkampf übertreibt, kommt vor. Aber man soll doch bitte in der Nähe der Wahrheit bleiben«, sagt er. In der Broschüre werde behauptet, der Staat gebe jährlich 8 Milliarden Euro aus, um die Löhne jener Arbeitnehmer aufzustocken, die zwar vollbeschäftigt sind, aber dennoch zu wenig verdienen. »Die SPD weiß, dass diese Zahl falsch ist. Acht Milliarden geteilt durch die Vollzeitarbeitenden in Deutschland, das sind ja 24 000 Euro extra pro Jahr für jeden einzelnen Arbeitnehmer«, sagt Bosbach. Der Schüler haut sich

mit der Hand aufs Knie. »Der war gut«, sagt er. Die Buletten-
packung ist leer.

Der angesprochene SPD-Vertreter widerspricht nicht. Tatsächlich berechnet die Bundesagentur für Arbeit die Kosten
für Zuschüsse von sogenannten Aufstockern auf insgesamt
11 Milliarden Euro. Doch die große Mehrheit der Aufstocker
arbeitet eben nicht in Vollzeit, und dass Teilzeitarbeit für den
Lebensunterhalt selten reicht, leuchtet ein. Nicht einmal ein Viertel der Aufstocker arbeitet mehr als 32 Stunden die Woche, über
die Hälfte laut Bundesargentur für Arbeit weniger als 22 Stunden. Von 8 Milliarden Euro für Menschen, deren Lohn nicht
zum Leben reicht, obwohl sie voll berufstätig sind, kann also
nicht die Rede sein. Bosbach ärgert diese verzerrte Darstellung
der Beschäftigungsverhältnisse. Das merkt man, denn jetzt legt
er erst richtig los. Es werde immer so getan, als seien die Aufstocker die Mehrzahl der Arbeitnehmer, sagt er, und geregelte
Arbeitsverhältnisse eher die Ausnahme. »Wer weiß denn, wie
viel Prozent der Singles, die voll berufstätig sind, Aufstocker
sind?« 1,3 Millionen Menschen seien Aufstocker, sagt der
SPDler. Das ist eine zentrale Zahl der sozialdemokratischen Argumentation, die dazu dient, zu unterstreichen, dass Menschen
in Deutschland von ihrem Lohn nicht mehr leben können. Dass
1,3 Millionen nur 3 Prozent aller Erwerbstätigen entspricht,
sagt er nicht. »Aber wie viel Prozent der Vollbeschäftigten sind
Aufstocker?«, will Bosbach von dem stellvertretenden Bürgermeister wissen. Der bleibt stumm. »Na, tippen Sie mal!«, drängt
Bosbach. Doch der Mann will nicht: »Da tippe ich nicht, dafür
sind Sie mir zu gut«, sagt er. Bosbach reckt triumphierend den
Daumen in die Höhe, die Schüler klatschen. So etwas wie 1 Prozent sei es, sagt der FDP-Mann, die meisten von ihnen hätten
Kinder und bezögen daher das Recht aufzustocken. Viele Aufstocker verdienen zwar genug, um allein davon zu leben, nicht
aber, um auch ihre Familie zu ernähren. Sie erhalten je nach

Größe des zu versorgenden Haushalts Geld hinzu. »So ist es, genauso ist es!«, ruft Bosbach sichtlich erfreut. Und von den Singles, die in Vollzeit beschäftigt sind, seien nur 0,2 Prozent Aufstocker, etwa 80 000 Menschen – ein sehr geringer Anteil in Relation zu 41 Millionen Beschäftigen in Deutschland. Später am Nachmittag, beim Bundesverband mittelständische Wirtschaft in Köln, wird er betonen, dass das immer noch 0,2 Prozent zu viel seien. Doch hier im Gymnasium vergisst er den politisch korrekten Einschub und freut sich über den Punktsieg.

So oder so ähnlich geht es weiter, ähnlich spannungsgeladen wie ein Tennismatch von Rafal Nadal gegen einen Vertreter des Tennisclubs Wermelskirchen. Bosbach ist etwas hibbelig auf seinem Platz, er wippt mit den Füßen, lehnt sich mal vor, dann wieder zurück. Das wirkt ungeduldig, als sei er unterfordert und gelangweilt. Vielleicht sind es auch nur die Glieder, die ihm wehtun. Er ist sichtlich bemüht, nicht überlegen daherzukommen. Er spricht bloß, wenn er direkt aufgefordert wird, fällt niemandem ins Wort, behält dafür oft das letzte. Indem er den Fokus auf einen Teilaspekt des Themas legt oder durch schlichtes Fachwissen nimmt er den Gegnern den Wind aus den Segeln. Auf Polemik reagiert er mit Präzision. Als einer seiner Kontrahenten eine Finanztransaktionssteuer fordert, bittet Bosbach, diese zu definieren. »Auch eine Einzahlung auf ein Festgeldkonto ist eine Finanztransaktion.« Und man wolle doch nicht die kleinen Sparer belasten. Als ein Schüler den Kandidaten der Linken fragt, ob die Bundeswehr nicht schon allein deshalb erhalten bleiben solle, um bei Katastrophen wie den Überschwemmungen, die in diesem Sommer das Bergische Land betrafen, helfen zu können, und der antwortet, das könne das THW besser, sagt Bosbach: »Es steht im Grundgesetz, dass die Bundeswehr auch für Katastrophenschutz da ist.« Der Buletten-Junge vertont seinen Schlag auf den Oberschenkel wieder mit »Bumm«.

Ein Schüler mit Kapuzenpulli in der zweiten Reihe fragt den Vertreter der Linken, warum man den Millionären ihr Geld einfach wegnehmen solle, sie hätten es sich doch schließlich verdient. Das sieht der Linken-Kandidat anders: Die Familie Klatten bekomme Hunderte Millionen jährlich allein an Dividende, und er als Feuerwehrmann viel weniger, obwohl er im Gegensatz zur Familie Klatten täglich Leben rette. Bosbach kontert mit Zahlen: Die oberen 10 Prozent der Spitzenverdiener trügen in Deutschland über die Hälfte zu den staatlichen Einnahmen aus der Lohn- und Einkommenssteuer bei. Erst als er sagt, dass die CDU weiterhin von steigenden Steuereinnahmen ausgehe, muss er eine Niederlage einstecken. Damit könne man nicht rechnen, sagt der Grüne, schließlich sei allgemein bekannt, dass die Konjunktur zyklisch verlaufe, darauf müsse eine Regierung vorbereitet sein. Das sitzt. Als eine Schülerin nach den Ideen der Parteien für die Schulbildung fragt, kann Bosbach jedoch wieder punkten. Der Linke findet Gesamtschulen gut, die hätten ihm seinen Weg ermöglicht. »Auf dem Gymnasium hätte ich keine Chance gehabt«, sagt er. »Wir sind gegen die Gesamtschule als Regelschule«, sagt Bosbach. »Nicht der Staat soll entscheiden, auf welche Schule zu gehen ist, sondern die Eltern mit den Kindern. Jedes Kind soll nicht irgendeine, sondern *seine* Bildungschancen bekommen.« Er bekommt starken Beifall, und dann ist die Veranstaltung nach 80 Minuten zu Ende.

Auf dem Weg zur nächsten Podiumsdiskussion im AMG Gymnasium in Bergisch Gladbach begegnet Bosbach etwa alle 100 Meter sich selbst. »Unser Bester«, steht auf den Plakaten, von denen freundlich sein Konterfei lächelt. Die Schüler der nächsten Runde interessieren sich hauptsächlich für Bildung und Einwanderung. Als Bosbach nach dieser Veranstaltung die Bühne verlässt, bildet sich eine Traube von Schülern um ihn. Sie wollen über seine Sozialpolitik diskutieren, seine in ihren Augen rückständigen Positionen herausfordern.

»Warum dürfen homosexuelle Paare keine Kinder adoptieren?«, fragt eine blonde Schülerin.

»Auf sechs Adoptionsanträge kommt nur ein Kind«, sagt Bosbach. »Es geht darum, wo das Kind unserer Meinung nach am besten aufgehoben ist.«

Ein Schüler mit Baggy Jeans nimmt seinen Freund in den Arm. »Also, nehmen wir mal an, der Markus und ich, wir sind jetzt ein Paar.«

»Glückwunsch«, sagt Bosbach.

»Warum sollen wir keine Kinder haben dürfen?«

»Wer von Ihnen beiden soll das Kind denn kriegen?«

Die blonde Schülerin schaltet sich ein. »Warum haben homosexuelle Paare nicht dieselben Rechte wie heterosexuelle? Die können einander und ein Kind doch genauso lieben.«

»Der Staat schützt aber nicht die Liebe, sondern die Ehe zwischen Mann und Frau, weil nur aus dieser Beziehung Kinder hervorgehen.«

Als Bosbach sich verabschiedet, weil ein Kamerateam von *Report Mainz* auf ihn wartet, ruft ihm ein Schüler hinterher: »Kämpfen Sie für das C in der CDU, Herr Bosbach!«

Zwei Stunden später sitzt Bosbach auf dem Podium des Bundesverbandes der mittelständischen Wirtschaft in Köln. Zwischendurch war er zu Hause und hat für das TV-Interview zu den Aktivitäten deutscher islamistischer Kämpfer in Syrien die blaue Krawatte mit den gelben Schmetterlingen angezogen. Er trägt sie im Wahlkampf häufig, darauf hat schon eine Anhängerin hingewiesen, die immer in seinem Bundestagsbüro anruft, wenn er ihrer Meinung nach im Fernsehen zu oft hintereinander dasselbe trägt. Auch am nächsten Tag bei Anne Will wird er diese Krawatte tragen, spätestens dann dürfte sich seine selbst erklärte Modeberaterin wieder melden. Während er vorgestellt wird, nimmt Bosbach plötzlich seine Brille ab und reckt sich nach

unten, als würde er die bereits geschnürten schwarzen Buda-
pester knoten. Er hat erneut Gliederschmerzen.

Hier beim BVMW geht es vor allem um die NSA-Affäre, um
die Sicherheit von Kommunikation. Dass die westlichen Geheimdienste eng miteinander kooperieren, habe ihn nicht überrascht,
sagt Bosbach hier, überraschend wäre es eher, wenn sie es nicht
täten. Schließlich sei die Zusammenarbeit gerade beim Kampf
gegen den Terrorismus, gegen organisierte grenzüberschreitende
Kriminalität oder gegen Proliferation dringend notwendig. Überrascht hätten ihn hingegen Art und Ausmaß der amerikanischen
Ausspähprogramme, die Komplettüberwachung aller, auch der
nicht sicherheitsrelevanten Daten. Er glaubt der Regierung,
dem BND und dem Bundesverfassungsschutz, dass sie keine
Kenntnis davon hatten. »Wenn sie das gewusst hätten, wäre es
niemals über einen längeren Zeitraum geheim geblieben«, sagt
er. Zudem hätten Amerikaner und Briten anders auf die Enthüllungen reagiert, wenn den Deutschen ihre Aktivitäten bekannt
gewesen wären. »Dann hätten sie gesagt, das ist doch hier alles
künstliche Aufregung.«

Bosbach verdeutlicht die Thematik anhand von Bildern und
verteidigt die deutschen Geheimdienste. In dicken Glasfaser-
kabeln flössen Daten unter dem Atlantik in die USA. »75 Prozent unserer E-Mails laufen über US-Server«, sagt Bosbach.
Aber kein Mensch dort könne all diese Daten tatsächlich abhören oder lesen. Die Amerikaner speicherten alles, weil sie
eine grundlegend andere Herangehensweise hätten als die Deutschen. »Um die Nadel im Heuhaufen zu finden, wollen die Amerikaner den ganzen Heuhaufen, weil darunter die Nadel schon
irgendwo ist.« Die Deutschen hingegen würden lieber gezielt
vorgehen. Im Übrigen nehme er es ernst, wenn Menschen das
Vertrauen in die Sicherheit der Kommunikation verlören, sagt
Bosbach, denn dann verlören sie auch das Vertrauen in die
Demokratie. »Deshalb bin ich Edward Snowden auch dankbar,

dass er diese Debatte angestoßen hat«, sagt er über den ehemaligen amerikanischen Geheimdienstmitarbeiter, der mit seinen Enthüllungen das Ausmaß der weltweiten Spionage durch US-Dienste öffentlich machte und deshalb wegen Geheimnisverrats verfolgt wird. »Ich bewundere seinen Mut.« Man müsse nicht nur der amerikanischen Regierung, sondern auch der Privatwirtschaft deutlich machen, dass sie so nicht mit Daten umgehen dürften. Ihm gegenüber hätten amerikanische Internetunternehmen behauptet, nichts von den Aktivitäten ihrer Regierung gewusst zu haben. »Wir haben so getan, als glaubten wir ihnen.« Aber man habe ihnen auch deutlich gemacht, dass diese Affäre sich auf ihren Gewinn auswirken könne. »Und wenn es um Gewinn geht, dann kriegen die Ohren wie Rhabarberblätter.«

Was die deutschen Geheimdienste angeht, weist Bosbach jegliche Kritik zurück. Es gebe bis heute keinen Anhaltspunkt, dass die Dienste in Deutschland gegen geltendes Recht verstoßen hätten. Nur zweimal, in Fällen, bei denen Deutsche im Ausland entführt wurden, seien Daten von deutschen Sicherheitsdiensten an ausländische weitergegeben worden. Die Aufregung über die Vorratsdatenspeicherung in Deutschland kann er nicht nachvollziehen. Zur Speicherung für sechs Monate sei Deutschland nun einmal europarechtlich gezwungen. Die deutsche Wirtschaft habe durch Kundenbindungsprogramme ohnehin viel mehr Informationen über die Bürger als der Staat. Den Vorwurf des Überwachungsstaats weist er zurück. Die »akustische Wohnraumüberwachung« verteidigt er: »Bei 40 Millionen Haushalten machen wir in Deutschland zwei bis drei Abhöraktionen pro Jahr.« Selbst bei der Sauerland-Zelle habe es ein Dutzend Beschlüsse zum Abhören gegeben, weil die Gruppe mit verschiedenen Prepaid-Mobiltelefonen arbeitete und für jedes davon ein eigener Beschluss nötig war. Die deutschen Dienste dürfen 20 Prozent der Auslandskommunikation überwachen, gibt Bosbach an. »Aufgrund unserer begrenzten technischen Möglichkeiten sind wir aber allenfalls in der Lage, 3 bis 4 Prozent zu überwachen.«

Am Ende des einstündigen Gespräches geht es wieder einmal um den Euro, als ein Gast eine Frage zu Bosbachs Verhältnis zur AfD stellt: »Sind Sie von denen mal angesprochen worden?«, will er wissen. Ohne zu zögern, antwortet Bosbach, er sei schon vor zwei Jahren am Tag der Deutschen Einheit auf der Hofgartenwiese in Bonn von Menschen angesprochen worden, die eine neue konservative Partei gründen wollten. »Aber ich gehe in keine andere Partei. Die CDU ist meine politische Heimat.« Schon in sechs Wahlkämpfen hätten ihre Mitglieder für ihn Plakate geklebt, er würde nie gegen sie arbeiten. Und noch einmal wirkt er sehr leidenschaftlich, als es um die rot-grünen Steuererhöhungspläne und die sogenannten Steuergeschenke geht: »Wenn ich das Wort nur höre, kriege ich Pickel«, sagt Bosbach. Schließlich gehe es um das Geld der Bürger, die dem Staat etwas davon gäben, und nicht umgekehrt darum, dass der Staat darauf verzichte, den Bürgern mehr abzunehmen. Die Diskussionen über Steuererhöhungen irritieren ihn. Das sagt er hier, er wird es am nächsten Tag bei Anne Will und am Tag darauf im Bierzelt wiederholen. Es ist so etwas wie das Mantra seines Wahlkampfes geworden. Es sind diese gleichermaßen einfachen wie einleuchtenden Sätze, für die seine Anhänger ihn feiern. Er sagt: »Wir haben Rekordsteuereinnahmen. Warum sprechen wir in solchen Zeiten über Steuererhöhungen? Wann, wenn nicht jetzt, wird der Staat lernen, mit seinen Einnahmen auszukommen?«

Der Wahlkampf zehrt an Bosbach. Doch die letzten Tage will er noch durchhalten. Am Mittwoch sitzt er bis nach Mitternacht im Berliner TV-Studio bei *Anne Will*. Am Donnerstag fährt er nach Baden-Württemberg weiter, um am Freitag um 10 Uhr schon wieder bei der Senioren-Union in Bergisch Gladbach zu sein. Aber am Abend fühlt er sich gerädert, ringt mit sich. Er sagt ungerne Termine ab, in diesem Jahr waren es überhaupt erst zwei. Einen davon hat er schon nachgeholt. Sein Kalender ist so voll, dass das Nachholen eines Termins oft mühsamer ist, als einfach hinzugehen. Und ganz platzen lassen möchte er seine Verabredungen nicht. Jetzt überlege er es sich allerdings, sagt er, so »groggy« sei er.

Beim Auftakt des Crailsheimer Volksfestes merkt man davon nichts mehr. Für Bosbach ist es der Höhepunkt seines Wahlkampfes. Als er mit seinem Gastgeber und Kollegen Christian von Stetten zu den Klängen des Musikzuges der Bürgerwache Crailsheim das Engel-Zelt betritt, wirkt er freudig angespannt. Rampenlicht als Rausch, nirgends wird diese Wirkung auf ihn deutlicher als hier. Es ist die größte Wahlkampfveranstaltung in Baden-Württemberg und eine der größten ganz Deutschlands. 4000 Menschen erwarten ihn. Das ist viel, selbst zur Kanzlerin kommen selten mehr. Bosbach stellt sich neben das Pult ganz vorne an die Bühne und spricht fast 40 Minuten lang. Er erntet Lacher und Applaus, besonders als es um die Erbschaftsteuer und die Finanzierung des Sozialstaates geht. »Soziale Gerechtigkeit schulden wir denen, die morgens um sechs auf den Wecker hauen, um zur Arbeit zu gehen!«, ruft er unter großem Applaus. Es ist laut im Bierzelt, doch nicht einmal jetzt gegen Ende des Wahlkampfes wird Bosbach heiser. Die ältere Dame neben mir, die mit ihrem Mann und zwei Freunden gekommen ist, ist begeistert. Gut hat ihr auch gestern Abend bei *Anne Will* gefallen, wie er mit den Pädophilievorwürfen gegen die Grünen umgegangen sei. Eine Woche vor der Wahl hat Professor Franz Walter, von der Partei mit der Aufarbeitung ihrer Pädophiliegeschichte beauftragt, öffentlich gemacht, dass ihr Spitzenkandidat Jürgen Trittin vor 30 Jahren ein Programm unterstützte, das Straffreiheit für Sex mit Kindern forderte. Die Fraktionsvorsitzende Renate Künast äußerte nun in der Sendung als erste Grüne glaubhaft Bedauern und Sorge um die Opfer der Päderastenbewegung in den eigenen Reihen. Sie wirkte ehrlich betroffen. Einige Unionspolitiker forderten den Rücktritt Trittins. In ihrer Sendung fragte Anne Will Wolfgang Bosbach, ob er sich diesen Forderungen anschließen wolle. Nein, sagte Bosbach, ohne zu zögern. »Und auch wenn wir wenige Stunden vor einem Bundestagswahltermin sind, muss ich sagen, mir nötigt das Respekt ab, was Frau Künast sagt.«[145]

Wenn es einen Test für Bosbachs Fairness gibt, dann ist es dieser. Denn die Grünen, und insbesondere Jürgen Trittin, gehen ihm seit jeher rasend auf die Nerven. Die Grünen würden immer glauben, sie seien im Besitz der Wahrheit, findet Bosbach, und diese Wahrheit müsse der Bevölkerung beigebracht werden. Aber wehe dem, der sie nicht teile. Viele Grüne hielten sich für die Erfinder des tiefen Tellers, das stört ihn auch an Jürgen Trittin. Der vermittle den Eindruck, als ob er von sich denke, dass er der Einzige im Saal sei, der Ahnung hätte. Eine solche Haltung, so Bosbach, beunruhige ihn. Diesen missionarischen Eifer, anderen Menschen ihren Lebensstil aufzuzwingen, den habe er in keiner Partei so beobachtet wie bei den Grünen. All das sagte er jedoch bei Anne Will nicht. Er wolle nur, erklärte er dort, eines zu bedenken geben: »Wissen Sie was los wäre, wenn es einen solchen Vorgang in der CDU/CSU gegeben hätte? Wie Sie, wie vor allen Dingen Claudia Roth im permanenten Empörungsmodus arbeitend über uns hergefallen wären?« Es nerve ihn, dass die Grünen sich nicht nur für die besseren Politiker hielten, was ja eine Berufskrankheit sei, sondern auch für die besseren Menschen. Er könne sich noch sehr genau daran erinnern, wie die Grünen über Repräsentanten der katholischen Kirche hergezogen seien, als die Missbrauchsfälle in deren Reihen bekannt wurden. »Ich sage Ihnen mal, lasst uns als Parteien und Politiker trotz unterschiedlicher Auffassung ordentlich miteinander arbeiten und uns gegenseitig respektieren.«

Der Dame in Crailsheim hat Bosbachs Haltung imponiert: Sachlichkeit statt Parteigerangel. »Der ist halt einfach so menschlich«, sagt sie. Ihre Freundin beugt sich über den Tisch. »So ganz ohne Polemik, das hat mir gefallen«, fügt sie hinzu. Die Frau mit dem Bier nickt. »Wusstest du eigentlich, dass der so krank ist?« Nein, davon hat ihre Freundin nichts gehört. Und man sieht es Bosbach auch nicht an, als er strahlend die Bühne verlässt. Aber jetzt ist er erschöpft. Er braucht Schlaf. Den Termin bei der Senioren-Union sagt er ab.

# BEI ALLER LIEBE

Die Wahlplakate hängen dieses Jahr zu hoch, jedenfalls für Sabine Bosbach. Als sie früher auf dem Boden standen, ist sie gerne sonntags eine Runde gefahren, um die Plakate auszubessern, die abgerissen waren. Aber dieses Jahr musste sie eine Leiter mitnehmen, um überhaupt an sie heranzukommen. Und als sie dann in zwei Meter Höhe in der Luft hing, ohne jemanden, der die Leiter hielt, und die Knicke aus den Bildern ihres Mannes zu entfernen versuchte, da wurde es ihr zu wackelig und zu gefährlich. »Ich habe es dann bleiben lassen, bei aller Liebe«, sagt sie.

Sabine Bosbach empfängt mich in ihrem Haus in einem kleinen Dorf gleich außerhalb von Bergisch Gladbach. Es liegt idyllisch an einem Hang in einer Reihe von Einfamilienhäusern aus den Sechziger- und Siebzigerjahren. In dieses Haus zogen die Bosbachs schon ein Jahr vor ihrer Hochzeit. Die Einrichtung ist in hellen Farben gehalten, keine Staubfänger. Sie ist modern, aber nicht ungemütlich. »Viele Leute sind enttäuscht, wenn sie das erste Mal herkommen«, sagt Sabine Bosbach und lacht. Freunde einer Tochter fragten mal: »Ist das hier alles? Keine Mauern, kein Sicherheitsdienst?« Ja, das sei alles, habe sie dann gesagt. Allerdings galt Wolfgang Bosbach zur RAF-Zeit als gefährdet, die Fenster sind daher explosionssicher, die Tür wurde verstärkt. Vielleicht ist deshalb der Handyempfang so schlecht. Jedenfalls geht ihr Mann regelmäßig vor die Tür, um seine Mailbox abzurufen, und gibt auch gerne mal bei minus 20 Grad Celsius Interviews draußen. Frau Bosbach schmunzelt. Wie ihr Mann spricht sie druckreif, kein Wort zu viel, ruhig und sehr bestimmt. Irgendwie stark wirkt sie, denke ich, mit großen, sanften Augen – stark und sanft, eine attraktive Mischung. Wir setzen uns an den gläsernen langen Esstisch. Frau Bosbach schenkt uns Kaffee ein, Kekse gibt es auch.

Ich gebe zu, ich war sehr neugierig auf Sabine Bosbach. Wie lebt es sich mit einem so rastlosen Politiker, frage ich mich, der quer durch Deutschland rast, während man zu Hause drei Kinder aufzieht? Der trotz unheilbarer Krankheit nicht etwa mehr Zeit mit ihr und der Familie verbringen will, sondern weiterhin andere Prioritäten setzt? Wird man da nicht auch mal sauer oder traurig? Sabine Bosbach winkt ab. »Nichts wäre schlimmer gewesen, als wenn er nicht noch einmal kandidiert hätte«, sagt sie. Früher habe sie manchmal gedacht, mein armer Mann, der hat so viel zu tun. »Aber irgendwann habe ich verstanden, der macht das einfach total gerne, der wäre todunglücklich, wenn er nicht weitermachen würde.« Sie kenne ihn ja auch gar nicht anders, sagt sie dann.

Als sie ihren fast zwölf Jahre älteren Mann kennenlernte, hatte der sein erstes Staatsexamen noch nicht. Entweder lernte er dafür, oder er arbeitete für Franz Heinrich Krey oder im Stadtrat. »Er war ständig unterwegs.« Wenn man Wolfgang Bosbach fragt, ob seiner Frau sein Pensum nicht manchmal zu viel werde, verweist er darauf, dass er schon immer so war. Schon immer habe er tagsüber gearbeitet und sei abends mit Politik beschäftigt gewesen. »Das ist, wie wenn man eine Sache mit einem Mangel kauft, das können sie hinterher nicht reklamieren.« Für Sabine Bosbach ist es jedoch gar kein Mangel. Sie sei ein freiheitsliebender Mensch, sagt sie, und nie habe sie ihrem Mann Rede und Antwort stehen müssen, was sie gerade mache oder

wann sie nach Hause komme. »Das war eigentlich sehr ideal.«
So viel Freiheit, das kannte Sabine Bosbach von früheren Beziehungen nicht. Ihr Mann meint nur halb im Scherz, dass das Geheimnis seiner glücklichen Ehe seine häufige Abwesenheit sei. »Wenn ich sonntags zu Hause hin- und hertigere, dann störe ich ihre Kreise«, sagt er. »Ich könnte in einer Beziehung nicht ständig auf einanderhocken«, sagt seine Frau.

Als Wolfgang Bosbach sie auf einem Karnevalsfest anspricht, ist Sabine Bosbach 21 Jahre alt. Sie ist ihm gleich aufgefallen. Er erkundigt sich bei einem Bekannten, wer das hübsche Mädchen sei. Sabine Bosbach heiße sie, erfährt er, und so spricht er sie an: Ob sie eigentlich wisse, dass sie den gleichen Namen hätten, ob sie vielleicht verwandt seien? Sind sie nicht. Sie habe nicht gewusst, wer er war. »Er war ein ganz normaler Mann, nichts Besonderes«, erinnert sie sich. Dass er einmal Prinz Karneval gewesen sei, wusste sie nicht, zu der Zeit war sie ja erst 14 Jahre alt. Doch Wolfgang Bosbach verliert sie nicht aus den Augen. Ein halbes Jahr später werden die beiden ein Paar. Der gelbe Manta, den er sich in den Siebzigern zulegte, ist da schon verkauft, er fährt einen roten BMW. Der gelbe Manta hätte sie wohl eher abgeschreckt, sagt sie heute und lacht. Und was war anziehend an ihrem Mann? »Er wusste immer genau, was er wollte.« Er habe immer alles im Griff gehabt. »Und wir hatten immer sehr viel Spaß.« Drei Jahre später verlobt sich das Paar, ebenfalls zu Karneval. Der Kaplan, der Bosbach einst im Messdienerkarneval in die Bütt schickte, traut sie wenig später.

Sabine Bosbach zeigt ein paar Fotos aus der Zeit. Für den ersten Wahlkampf ließen sie sich mit den beiden älteren Töchtern vor dem Haus fotografieren. Die Kinder haben Pluderhosen an, sie eine übergroße Tweedjacke mit Schulterpolstern. Wolfgang Bosbachs Gesicht ziert ein Schnurrbart. »Sehen wir nicht schrecklich aus?«, fragt sie und muss wieder lachen. Aber das sei eben damals chic gewesen. Auch das Hochzeitsfoto ist vor dem Haus aufgenommen worden. Darauf trägt Sabine Bosbach ein langes weißes Kleid mit Puffärmeln aus Chiffon. Sie hält seinen Arm, die beiden schauen in die Kamera und wirken dabei sehr glücklich. »Da sahen wir immerhin noch ganz nett aus«, sagt sie. Ein anderes Bild zeigt ihren Vater und ihren Mann bei der Fahrradtour während seines ersten Wahlkampfs, bei der ihn Vater Bosbach begleitet. Durchtrainiert und sehr sportlich wirkt er. Leider starb er sehr früh an einem Herzinfarkt, kurz vor seinem 61. Geburtstag. »Wenn man sich das überlegt, der ist noch nicht einmal so alt geworden wie mein Mann«, sagt sie.

Das war der Wahlkampf, in dem ihr Mann die schwere Grippe bekam. Er sei überhaupt oft erkältet gewesen, sagt Sabine Bosbach. Ob sie ihm denn nicht mal gesagt habe, er müsse im Bett bleiben? »Das würde ich im Leben nicht machen«, sagt sie. Er tue ja sowieso genau das, was er wolle. Aber es muss doch schwerfallen, so gar nichts zu sagen? »Ja, klar ist es das.« Manchmal müsse sie sich auch zurückhalten. Und wenn sie mal etwas sagen wolle, hielten ihre Töchter sie ab. »Du änderst ja nichts«, erklären sie ihr dann, und Sabine Bosbach weiß, dass sie recht haben. Während ihr Mann Abgeordneter wird, arbeitet sie noch halbtags bei der örtlichen Sparkasse. Ein toller Job sei das gewesen, findet sie, und viel gelernt habe sie dort, auch über den Umgang mit Menschen. Nach der Geburt der dritten Tochter kündigt sie. Es sei ihr einfach wichtig gewesen, für die Kinder da zu sein. Deshalb sei sie auch nicht öfter nach Berlin gekommen. Lust gehabt hätte sie schon, die Hauptstadt zu erleben. Aber sie fährt nur zweimal im Jahr hin: einmal zu den Festen vor der Sommerpause und dann in den Herbstferien gemeinsam mit den Kindern. »Mein Mann war ja immer weg, soll da die Mutter auch noch nach Berlin reisen?« Sie habe sich einfach dazu entschieden, bei ihren Kindern zu bleiben. »Sie hatten ja nur mich.« Außerdem habe sie gelernt, dass es eigentlich egal sei, ob sie bei Veranstaltungen dabei sei oder nicht. »Der Fokus liegt auf meinem Mann, das ist total in Ordnung.« Und sie lässt sich ohnehin nicht gerne fotografieren.

Als Mutter und Hausfrau ist sie ausgelastet, und sie ist froh, nicht Termine abarbeiten zu müssen wie ihr Mann. Bosbachs haben keine Putzfrau und keinen Gärtner, Sabine Bosbach macht alles selbst. Sie reitet außerdem mit Leidenschaft und kümmert sich täglich um ihre beiden Pferde, hat für den Kindergarten gearbeitet, war im Vorstand der Caritas und backt Waffeln mit Senioren. »Aber ich mache das nicht als Frau meines Mannes, sondern weil es ja irgendjemand machen muss.« Und noch habe sie ja relativ viel Zeit, weil ihre Schwiegereltern so fit seien. Dass sie sich eines Tages auch um sie kümmern wird, scheint für Sabine Bosbach selbstverständlich zu sein. Das Bedürfnis, eine Rolle an der Seite ihres Mannes zu spielen, hat sie nicht, genauso wenig wie Ehrgeiz für seine politische Karriere. Das ist recht ungewöhnlich, denn viele Politikerfrauen empfinden den Status ihrer Männer gewissermaßen als Kompensation für die Entbehrungen, die ja die ganze Familie für eine solche Karriere in Kauf nimmt. Sie sind stolz auf die politischen Erfolge ihrer Männer, betrachten sie bisweilen sogar ein bisschen als ihre eigenen und wollen, dass diese Leistungen anerkannt werden. Auch Sabine Bosbach freut sich über die Erfolge ihres Mannes, doch sie hat kein Interesse daran, sie mir gegenüber zu loben. Als sie von meinem Buchprojekt hört, ist ihr vor allem wichtig, dass darin der Mensch Wolfgang Bosbach vermittelt wird, nicht nur der Politiker.

Eigentlich, sagt sie, könnte man über ihn ein ganzes Reisebuch schreiben. Viele Reisen hat er für die CDU geplant und geleitet: in die USA, nach Rom, Berlin, Wien. Die Überschüsse aus den Teilnehmerbeiträgen halfen, Wahlkämpfe von Franz Heinrich Krey zu finanzieren. Gewinne erwirtschafteten sie aber nur, weil Bosbachs alles selber machten. Sabine Bosbach beschriftete alle Schreiben per Hand, später spielten ihr Mann und sie den

Reiseführer, manche Reisen leitete sie alleine. Dabei hätten sie so ziemlich alles erlebt, was auf solchen Fahrten passieren kann. Als sie damals mit 150 Reisegästen in Kalifornien waren, verpackt in drei Bussen, sei es drunter und drüber gegangen. Ihre Abenteuer erinnern sie an den Film *Wilder Westen inklusive* von Dieter Wedel, nach dessen Hauptdarstellerin ihre Tochter Caroline benannt wurde. »Wie alles, was ich mit meinem Mann erlebt habe, war es auch da sehr lustig«, sagt sie. Mal waren die Hotels überbelegt, dann kamen die Busse nicht, oder einer von ihnen blieb im Death Valley liegen. Mal gab es nächtlichen Damenbesuch auf fremden Zimmern, dann gingen Leute verloren, die kein Wort Englisch sprachen. Ihren Mann hat das nie aus der Ruhe gebracht. »Der wusste alles zu organisieren.« Total relaxt sei er immer gewesen, habe Spaß an allem gehabt. In Rom sei einmal der reservierte Waggon nach Köln nicht gekommen, nur der für eine Gruppe aus Bielefeld, da hat ihr Mann aus dem Wagen für Bielefeld einfach schnell einen für Köln gemacht. In Wien gehen sie mit 50 Leuten zum Heurigen, ohne Reservierung. Ihr Mann findet selbst dort Tische für die ganze Gruppe. »Das war schon damals so, dass er alles unter Kontrolle hatte«, sagt seine Frau.

Wirklich fassungslos hat sie ihn sehr selten erlebt, eines der wenigen Male war, als er sie nach seiner Auseinandersetzung mit Ronald Pofalla anrief. »Das war mir so fremd, ich wusste gar nicht, wie ich reagieren sollte«, sagt sie. Rückblickend sei die ganze Geschichte gut ausgegangen, doch im Gegensatz zu ihrem Mann hat sie sie nicht abgehakt. Neulich begegneten Bosbachs Pofalla auf einer Veranstaltung, da hat sie eine Begrüßung vermieden, sagt sie.

Ein anderer Moment, der ihren Mann mitgenommen habe, war Merkels Absage eines Kabinettspostens. Ihr Mann habe gelitten, zwischen Merkel und ihm war eine Weile Funkstille, dann sei sie wieder auf ihn zugekommen. Aber irgendwie sei er auch befreiter, seitdem er keine Hoffnungen mehr auf das große Amt hege. Wenn er in der Eurokrise Minister gewesen wäre, hätte er spätestens dann zurücktreten müssen, hat er ihr mal gesagt. Auch dort hätte er die Linie der Kanzlerin nicht mittragen wollen. Damit bestätigt er nachträglich Merkels Entscheidung für weniger unabhängige Geister. »Das ist die ganze Person Wolfgang Bosbach«, sagt seine Frau. »Er ist zu korrekt für diese Welt, das kann man wirklich so sagen.« Fehlt ihm der unbedingte Machtwille? »Ja, Gott sei Dank!«, sagt sie. Er wäre nie für ein Amt unfair vorgegangen, er habe das immer ordentlich hinkriegen wollen. Süchtig nach Politik sei er nicht, er mache das aus Leidenschaft. Deshalb sei er ja auch nie in die Wirtschaft gewechselt, Angebote habe es genug gegeben.

Er sei eben Politiker durch und durch, und Sabine Bosbach kann sich freuen über die Anerkennung, die er dadurch erfährt. Dass sich so viele Leute mit Genesungswünschen melden, findet sie sehr rührend, obwohl es manchmal stört. »Ich glaube, ganz viele Menschen lieben meinen Mann.« Das merke sie immer wieder, wenn sie mit ihm unterwegs sei und viele Leute Autogrammkarten wollten. »Neulich kam eine ältere Frau auf dem Markplatz auf ihn zu und sagte: Das ist unser großer Liebling.« Im Urlaub fragten manchmal sogar Menschen, ob sie ihn anfassen dürften. »Ich höre die dann flüstern, guck mal, da ist der Bosbach, den gibt es wirklich, der liegt ganz normal am Pool.« Die Aufmerksamkeit käme nicht immer gelegen, aber sie sei ja zugleich eine Bestätigung. So wie sich Sabine Bosbach mit ihrem Mann darüber freut, so leidet sie auch mit, wenn sein Job ihn aufregt. Deshalb mag sie ihn nicht im Fernsehen anschauen. »Wenn ich merke, wie er sich innerlich aufregt, kann ich das nicht mit ansehen.« Und noch schlimmer seien die langen Interviews über seine Krankheit und den Tod gewesen, das habe die ganze Familie belastet. »Ich ertrage das nicht«, sagt sie. Sie habe ihn deshalb gebeten, das zu lassen. »Das war der

einzige Zeitpunkt, wo wir uns mal wirklich uneinig waren.«
Sie findet es richtig, dass über die Krankheit zu Hause nicht gesprochen wird, es solle ein Ort der Erholung und Entspannung
sein. Jeder überlege sich schließlich, was Sterblichkeit bedeute,
und über den Umgang damit müsse man in der Familie keinen
Konsens finden. Das sei halt so. »Und wenn man sich den ganzen Tag mit so etwas beschäftigt, hilft es ja auch nicht.« Eine
Therapieempfehlung hat sie trotzdem. Sie findet, ihr Mann solle
eine ganzheitliche Kur machen, bei der der ganze Mensch angeschaut werde, seine Ernährung, Formen der Entspannung, Sport.
Aber so etwas dauert drei bis vier Wochen, deshalb hat er sie
bislang abgelehnt.

Wolfgang Bosbach hat einmal gesagt, dass er viel Glück im
Leben hatte, aber hier und da eben auch richtiges Pech. »Unter dem Strich habe ich mehr Grund, dem lieben Gott dankbar
zu sein, als mit ihm zu hadern.« Wenn er manchmal doch unzu-
frieden sei, gehe er in die Kirche, und danach gehe es ihm besser. »Das ist ganz widersprüchlich«, sagt er. »Man hadert mit
Gott und sucht dennoch Trost im Glauben.« Er fühle sich jedenfalls in Gottes Hand geborgen. Besonders der Psalm 103 hat es
ihm angetan: »Lobe den Herrn, meine Seele, und vergiss nicht,
was er dir Gutes getan hat.« Er hat sich gefragt, warum diese
Krankheiten, der Krebs und die Herzschwäche, ausgerechnet ihn
getroffen haben, bis Margot Käßmann ihm sagte, dass das die
falsche Frage sei. Er solle sich lieber fragen, warum es *nicht* ausgerechnet ihn treffen solle. Das hat ihm geholfen.
    Genau dieser offene Umgang mit seiner Verletzlichkeit ist es,
der so beindruckt, denke ich. Bosbach formuliert eine Urangst,
die wir alle teilen und doch, so gut es eben geht, zu verdrängen
suchen. Wenn ich von meiner Arbeit an diesem Buch erzählte,
fragen mich häufig Menschen, ob Bosbach sterben werde. Ja
klar, sagte ich dann, genau wie wir alle sterben werden. Aber

irgendwie scheint es uns zu beruhigen, dass erst einmal ein anderer dran ist. So als sei dadurch ausgeschlossen, dass uns morgen ein ähnliches Schicksal ereilt. Und wenn uns einmal Furcht überkommt, dann ist Bosbachs Umgang mit seiner eigenen Angst tröstlich. Gerne zitiert er zum Beispiel einen Satz seines Freundes Willibert Pauels: »Die Seele ist kostbarer als das ganze Universum«. Er ist überzeugt, dass die Seelen weiterleben. Und auch wenn wir selbst nicht daran glauben können, ist tröstlicherweise auch das Gegenteil nicht zu beweisen. Und noch etwas an Bosbachs Haltung beeindruckt: Er hat begonnen, sich eine Welt ohne sich selbst vorzustellen. Dieser Gedanke, dass das Leben ohne uns weitergeht, ist rational genauso selbstverständlich, wie er uns emotional zutiefst widerstrebt. Bosbach tröstet sich mit der Ansicht, nur wer vergessen werde, sei wirklich tot. »Und wir leben in unseren Kindern weiter, in dem, was wir ihnen mitgegeben haben.«

Es würde ihn freuen, wenn er als Mensch in Erinnerung bliebe, aber er brauche kein Denkmal und keine Bosbach-Straße. »Es wäre allerdings schön, wenn die Leute am Ende sagen: Der hat gut gearbeitet, sein Bestes gegeben. Das reicht.«[146] Der deutschen Politik werde ohne ihn sicher nichts fehlen. »Andere werden es anders, doch sicher nicht schlechter machen«, sagt er. Er wünscht sich jetzt vor allem, dass so lange wie möglich alles bleiben kann, wie es ist. Er hat keine Patientenverfügung (»Ich wüsste gar nicht, was ich da schreiben soll«), für sein Testament gilt die gesetzliche Regelung, und die Trauergemeinde, wenn es so weit ist, bittet er nur: »Nicht traurig sein, genießt das Leben!« Er möchte gerne den Vorsitz des Innenausschusses behalten, er möchte keine Schmerzen haben, und er würde gerne noch einmal mit der Familie den Highway 1 in Kalifornien runterfahren. Im Übrigen gelte eine Liedzeile der Rockband Kettcar: »So lange die dicke Frau noch singt, ist die Oper nicht zu Ende.«

Kalifornien wäre schön, sagt Sabine Bosbach, aber sie hat aufgehört, Pläne zu machen. Die Zeit sei ja meistens knapp, häufig komme irgendwas dazwischen. Die Autorin Meike Winnemuth hat im *Stern* geschrieben, dass sie vor Mitleid und Wut heulen könnte, wenn Bosbach sagt, er müsse auf die Stoppsignale seines Körpers achten und könne heute ohne schlechtes Gewissen bereits um 22 Uhr Feierabend machen. »Dumme, eitle, kruppstahlige Altmänner-Heldenpose« nennt sie das[147]. Doch vielleicht geht es ja im Leben gar nicht darum, sich zu schonen und sich zu finden? Vielleicht geht es darum, sich in dem zu verlieren, zu dem man sich berufen fühlt, und dabei zu akzeptieren, dass alles im Leben seinen Preis hat. Vielleicht ist das eine Antwort auf die große Preisfrage unserer Existenz. Und wenn man die Dinge aus den richtigen Gründen tut, sind auch die Niederlagen erträglich. Vielleicht ist die berühmte Balance zwischen Arbeit und Leben sowieso eine Illusion, weil Arbeit nun einmal Teil des Lebens ist, bei manchen mehr, bei manchen weniger. »Was die Mortalität anlangt«, hat Hannah Arendt geschrieben, »so sichert die Arbeit das Am-Leben-Bleiben des Individuums und das Weiterleben der Gattung; das Herstellen errichtet eine künstliche Welt, die von der Sterblichkeit der sie Bewohnenden in gewissem Maße unabhängig ist und so ihrem flüchtigen Dasein so etwas wie Bestand und Dauer entgegenhält; das Handeln schließlich, soweit es der Gründung und Erhaltung politischer Gemeinwesen dient, schafft die Bedingungen für eine Kontinuität der Generationen, für Erinnerung und damit für Geschichte.«[148]

Dient Bosbachs pausenlose Betriebsamkeit diesen höheren Zwecken, dem Erhalt seiner selbst und seiner Art? Oder ist er bloß ein eitler Egomane, der auf Kosten seiner Gesundheit und seiner Familie Selbstverwirklichung und öffentliche Anerkennung gesucht hat? Wessen Urteil darüber wäre relevanter als das seiner Frau? Sabine Bosbach jedenfalls versteht, dass ihr

Mann sein Leben nicht ändern will oder wird. »Ich würde an meinem Leben bei so einer Diagnose auch nichts ändern. Ich wüsste gar nicht, was ich ändern sollte.« Etwas Schöneres lässt sich über das gemeinsame Leben kaum sagen. Alles ist gut, wie es ist. Und genauso wenig, wie sie ihr Leben ändern würde, versucht Sabine Bosbach ihren Mann zu ändern. Vielleicht ist das so, wenn man einander wirklich liebt, denke ich. Vielleicht nimmt man einander dann einfach genau so an, wie man ist.

# TAGE WIE DIESE

Tage der Wahrheit können etwas angenehm Fatalistisches haben. Wenn der letzte Kampf ausgefochten ist und nur noch das Abwarten bleibt, stellt sich Erleichterung ein. Ganz unabhängig vom möglichen Ausgang bleibt nur das Mantra: Ich habe getan, was ich konnte. Mehr muss ich nicht. Mehr geht nicht.

Doch bei Wolfgang Bosbach geht immer mehr. Sein Wahlsonntag beginnt morgens um 4.30 Uhr. Wenig später stehen bereits 30 Helfer in seinem Bergisch Gladbacher Büro im Licht der Neonröhren um einen großen Tisch und packen Brötchen in Tüten, auf denen ein Bild des Chefs mit der Kanzlerin klebt. »Angela Merkel und Wolfgang Bosbach, unsere Besten«, steht darauf. Die jüngste Helferin ist sechs Jahre alt und ebenso glänzender Laune wie die älteste, Wolfgang Bosbachs Schwiegermutter Stefanie. Nur die Mitarbeiter aus Bosbachs Berliner Büro schauen noch etwas müde aus der Wäsche. Sie haben am Tag zuvor schon 1500 Rosen in der Fußgängerzone verteilt. Eine alte Frau hat das daran hängende Bild von Bosbach geküsst. Das Bergische Land ist eben Bosbach-Land. Ein junger Student aus Baden-Württemberg wacht erst richtig auf, als er beginnt, über der Brötchenverpackung Bosbachs Argumentation bezüglich der Eurokrise, darzulegen. Bosbachs Ablehnung der Erweiterung der EFSF hat ihm so gut gefallen, dass er sich deshalb als freiwilliger Helfer für den Wahlkampf gemeldet hat. »So früh morgens schon die Eurokrise«, stöhnt ein Mitarbeiter, der mit langen Listen in der Hand die Fahrer für die verschiedenen Stadtteile einteilt.

Bosbach selbst eilt in Jeans und schwarzem Pullover in dem Gewusel fröhlich hin und her, als sei er nicht etwa die Hauptperson, sondern einfach Teil des Teams. Seinen Mitarbeitern gegenüber verhält er sich, genau wie gegenüber den Journalisten, stets zugleich freundlich, nahbar und verbindlich, ohne dabei die Distanz zu verlieren. Das ist eine seltene Mischung. Obwohl er sich mit seinem Team siezt, wirken die Strukturen nicht hierarchisch. Bosbach bepackt die Plastikträger mit den gefüllten Tüten und lädt sie in die Autos. 2000 Stück sollen in den verschiedenen Stadtteilen verteilt werden. Das hat er bisher in jedem Wahlkampf so gemacht. »Und wenn es dann nicht regnet, sondern so warm ist wie heute, dann ist das doch schön«, sagt er und fährt mit seinem schwarzen BMW X3 auf Verteilungsrunde. Im stockfinsteren Morgen geht es durch schmucke Gärten von Tür zu Tür.

Eine Stunde später versammeln sich die Helfer wieder im Büro. Frau Weber und Schwiegermutter Bosbach haben ein Frühstück gemacht. 54 Prozent für Bosbach könnten es heute werden, meint einer. »Wenn mein Mann das noch erlebt hätte«, sagt Stefanie Bosbach. Der sei immer so stolz auf seinen Schwiegersohn gewesen. Früher baute ihr Mann selbst Dreiecksständer für die Plakate und stellte sie im Ort auf. Ein anderer ärgert sich darüber, dass im Stadtteil Leichlingen die Plakate nicht ausgetauscht worden seien. Über 1000 waren nicht farbecht bedruckt worden und hatten sich im Laufe der Wochen schlumpfblau verfärbt. Das »Wir für WoBo«-Team bestellte neue, aber offenbar reichten die nicht, denn die in Leichlingen blieben blau. Ärgerlich. Was wohl das Ergebnis für die Union sein wird? Bosbach rechnet mit 38 bis 39 Prozent. Mit mehr rechnet niemand. »Wenn die FDP nicht reinkommt, haben wir ein Problem«, sagt die Schwiegermutter.

»Du bist ein Fuchs«, entgegnet Wolfgang Bosbach. Ihn freut an diesem Morgen, dass die Kanzlerin sich per SMS gemeldet hat, was er als Anerkennung seines Wahlkampfeinsatzes empfindet. Ob die AfD es wohl schaffen wird, fragt einer. Aber Bosbach will darüber jetzt nicht spekulieren, er will erst einmal nach Hause und etwas schlafen.

Viel wird daraus nicht. Am Morgen geht er noch wählen, um 12 Uhr mittags folgt eine Benefizveranstaltung, deren Schirmherrin Sabine Bosbach ist. Tochter Viktoria beteiligt sich als Model für Brautkleider. Ob er vielleicht auch mit auf die Bühne will, um etwas zu sagen? Nein, möchte er nicht. Er muss wirklich fix und fertig sein, denkt sich seine Frau, denn dass er es ablehnt, auf die Bühne zu gehen, das kommt so gut wie nie vor.

Im Bergisch Gladbacher Kreishaus laufen derweil die Vorbereitungen für den großen Abend auf Hochtouren. Im Foyer wird ein Buffet aufgebaut, an PCs sollen die Auszählungen der verschiedenen Wahlbezirke abrufbar sein. Im Sitzungssaal im Erdgeschoss hängt eine große Leinwand mit Direktübertragung aus Berlin. Um 17.30 Uhr beginnt sich der Saal langsam zu füllen. Bosbachs Team ist da, auch Tochter Caroline, nur von ihm selbst fehlt jede Spur. Er hat um 16 Uhr die ersten Hochrechnungen per SMS bekommen. Laut Wahltagsbefragung liegt die Union bei 42 Prozent, die FDP wird knapp an der 5-Prozent-Hürde scheitern, die AfD hingegen könnte es in den Bundestag schaffen. Ein anderer Exit-Poll sieht sowohl FDP wie AfD knapp drin. Im großen Saal, in dem nun ein paar hundert Menschen versammelt sind, machen die Zahlen die Runde. Die Aufregung steigt. Als dann um 18 Uhr die ersten Hochrechnungen in der ARD laufen und der schwarze Balken der Union nach oben steigt, bricht Jubel aus. Die Unionsanhänger dominieren den Raum. Erst als der FDP-Balken bei 4,7 Prozent nicht weitersteigt, wird es still. Es bleibt spannend, und unter den Beobachtern werden die wildesten Koalitionsmöglichkeiten durchgespielt. Um

18.40 Uhr gibt ein Sprecher das erste Ergebnis aus dem Wahlkreis bekannt. Etwas mehr als ein Viertel der Stimmen sind ausgezählt. »Auf Wolfgang Bosbach entfallen 58 Prozent«, sagt er, und der Jubel ist noch stärker als bei der Verkündung des Unions-Ergebnisses. Der SPD-Kandidat muss sich mit 25 Prozent geschlagen geben. Mit einem solchen Sieg hatte niemand gerechnet. »Mia san mia!«, ruft einer und spielt darauf an, dass hier die Dominanz der CDU so groß ist wie sonst nur die der Schwesterpartei in Bayern. Im Kreis bekommt die CDU 43,7 Prozent der Zweitstimmen und die FDP immerhin 6,9.

Bosbach verfolgt die Entwicklung in einem Büro im zweiten Stock, wo eine Mitarbeiterin des Landrates Obst, Brötchen und Süßigkeiten bereitgestellt hat. Er trägt einen grauen Nadelstreifenanzug mit weißem Hemd und einer hellen Krawatte. Es gibt Bier, aber Bosbach möchte nichts. Er klebt vor einem Bildschirm, die Brille in der Hand, und drückt immer wieder auf die Taste »Aktualisieren«, um auf der Homepage des Kreises die neuesten Auszählungen zu sehen. 58 Prozent. Wird seines das beste Erststimmenergebnis? »Nein, Paderborn schneidet besser ab«, vermutet Bosbach und tatsächlich: Der Abgeordnete Carsten Linnemann schlägt ihn dort mit 59,1 Prozent – aber nur knapp. In der Diskrepanz zwischen Erst- und Zweitstimmen wird Bosbach hingegen ganz vorne liegen. In seinem Büro sitzt er noch immer konzentriert und einsilbig vor dem Bildschirm und will sich auch nicht freuen, als es zwischenzeitlich so aussieht, als könne die Union eine absolute Mehrheit erringen. »Schwierig«, sagt er knapp. Denn mit nur ein oder zwei Sitzen Vorsprung hat man keine gute Grundlage für eine Regierung. Aus dem Sitzungssaal kommt ein Mitarbeiter nach oben. Bosbach werde unten ungeduldig erwartet, sagt er.

Um 19.33 Uhr betritt Bosbach mit seiner Frau den Sitzungssaal, seine Töchter stellen sich dazu, und sofort beginnen fast alle im Rhythmus zu klatschen. Der Sieger des Abends steht im Blitzlichtgewitter, von Kameras und Mikrofonen umringt. Er muss ein paarmal ansetzen, bevor er überhaupt zu Wort kommt. Die vergangenen Monate seien für ihn politisch und privat nicht einfach gewesen, sagt er, und jeder Wahlkämpfer frage sich manchmal, ob sich die ganze Mühe lohne. »Und heute kann ich sagen: Ja! Ein solches Wahlergebnis ist das mit Abstand schönste Kompliment, das man bekommen kann.« Angesichts der 50 Prozent, die er bei der letzten Wahl errungen hatte, habe die Latte ja hoch gelegen. »Von 55 Prozent träumt man dann, aber dass ich das heute erleben darf, das ist der schönste Moment in 41 Jahren politischer Arbeit.« Er dankt auch den Wählern, die ihn mit der Erststimme gewählt, die Zweitstimme jedoch nicht der CDU gegeben haben. »Diese Menschen setzen ein besonderes Vertrauen in mich. Ich werde sie nicht enttäuschen.« Heute Abend dürfe erst mal gefeiert werden, schließt er. »Ansonsten gilt: Tapfer in der Niederlage und bescheiden im Sieg. Ab Dienstag kämpfen wir für ein tolles Ergebnis bei der Bundestagswahl 2017.«

Ob er Luftsprünge mache angesichts des hohen Wahlergebnisses der Union, wird er gefragt. »Nein«, sagt Bosbach, »denn uns ist der Koalitionspartner abhanden gekommen, und das wird nicht einfach.« Überhaupt merkt man Bosbach keine große Euphorie an. Er spricht konzentriert und so sachlich, als ginge es etwa um die NSA-Affäre und nicht um seinen sechsten Einzug in den Bundestag. 15 473 Wähler hat Bosbach seit 2009 hinzugewonnen, alle Erwartungen sind übertroffen worden, doch Euphorie will sich nicht recht einstellen. Über seinen persönlichen Wunsch für die nächste Legislaturperiode sagt Bosbach nur noch, er würde gerne den Vorsitz des Innenausschusses behalten. Dann geht er, und auch der Saal leert sich.

Bosbach fährt vom Sitzungssaal in die Gaststätte »Zur Post« in Odenthal, wo seine Mitarbeiter und Unterstützer ihn feiern wollen. Immer mehr Menschen füllen die Bar wie Bausteine das Spielfeld in einem Tetrisspiel. An Bewegung ist nicht zu denken, man steckt fest zwischen lauter fröhlichen Leuten und wird nur dann hin und her geschoben, wenn die Kellnerin sich mit klitzekleinen Happen vorbeidrängt. Bosbachs Freund Becker hat zu Hause Prozentzahlen auf Papierschnipsel gedruckt. Die Zahlen 50 bis 57 stehen darauf. Er will sie je nach Ergebnis über ein mitgebrachtes Wahlplakat kleben. Das Plakat bekommt eine 57, mit mehr hatte er nicht gerechnet. Sein Bruder hat eine CD mit Bosbachs kölschen Lieblingsliedern mitgebracht, von den Bläck Fööss und der Micky-Brühl-Band, deren Sänger Erry Stoklosa und Micky Brühl zum Gratulieren gekommen sind. Die Musik läuft, das Kölsch fließt, die Fenster zur lauen Herbstnacht stehen offen. Bosbach tanzt zu dem Lied *Happy Birthday* mit seiner Mitarbeiterin Kirsten Sittig, die Geburtstag hat, und dann steht er Arm in Arm mit Horst Becker da und singt zu den Bläck Fööss: »Su simmer all he hinjekumme, mir sprechen hück all dieselve Sproch. Mir han dodurch su vill jewonne. Mir sin wie mer sin, mir Jecke am Rhing.« Jetzt endlich sieht man es ihm an, das Glück. Dieses Wahlergebnis ist die Krönung seiner Arbeit.

Er habe damit seine Ausnahmestellung im Rheinisch-Bergischen Kreis untermauert und ausgebaut, kommentiert der *Kölner Stadt-Anzeiger* am nächsten Morgen. Seine Gegner habe er aussehen lassen wie politische Zwerge. Und: »Seine Sympathiewerte liegen noch weit über seinem Wahlergebnis.«[149]

Wie in jedem Höhepunkt liegt auch in diesem die Melancholie der Vergänglichkeit. Seitdem er weiß, dass ihm nicht mehr viel Zeit bleibe, lebe er intensiver, hat Bosbach einmal gesagt. »Ich erwische mich oft bei dem Gedanken: Genieße es! Wer weiß, wie oft du das noch erleben kannst?«[150] »An Tagen wie diesen wünscht man sich Unendlichkeit«, singen die Toten Hosen, und Bosbach tanzt dazu mit seinen drei Töchtern. »An Tagen wie diesen haben wir noch ewig Zeit, wünsch ich mir Unendlichkeit.«

# EPILOG

Nach den längsten Koalitionsverhandlungen in der Geschichte der Bundesrepublik steht 85 Tage nach dem Wahltag die neue Regierung aus Union und SPD. Angela Merkel wird zum dritten Mal zur Bundeskanzlerin gewählt. Sie führt die wohl mächtigste Regierung seit 40 Jahren: Der Großen Koalition gehören 504 von insgesamt 631 Abgeordneten an, sie kommt auf 80 Prozent der Sitze. Keine Regierung seit 1969 hat über so viele Stimmen im Bundestag verfügt.

Wolfgang Bosbach kann sich darüber nicht so recht freuen. Er hat in der Verhandlungsgruppe Innen und Recht, der Unterarbeitsgruppe Migration und Integration und als Berichterstatter über das aktuell kontroverse Thema Armutszuwanderung mit verhandelt. Dennoch sieht er das Ergebnis für seine Partei nüchtern: »Das für die Union wirklich hervorragende Wahlergebnis spiegelt sich leider im Ergebnis der Koalitionsverhandlungen nicht wider«, sagt er. Da die zwei bürgerlichen Parteien FDP und AfD an der 5-Prozent-Hürde gescheitert seien, gebe es im Deutschen Bundestag eine linke Mehrheit. Noch während der Verhandlungen öffnete sich die SPD für eine Zusammenarbeit mit der Linkspartei. »Wenn die Braut schon auf dem Weg zum Altar einem anderen zuzwinkert, muss der Bräutigam gewarnt sein«, so Bosbach. Er bedauert, dass CDU und CSU bei der Ressortaufteilung die Federführung für wichtige gesellschaftspolitische Themen wie

Migration und Integration, Verbraucherschutz und Familie an die SPD abgegeben haben, auch dass das wichtige Thema Energie nun von Wirtschaftsminister Sigmar Gabriel verantwortet wird. »Problematischer als das, was im Koalitionsvertrag steht, ist für mich aber das, was dort nicht steht.« Eine Steuerreform etwa, die diesen Namen wirklich verdiene, oder eine nachhaltige Entlastung kleiner und mittlerer Einkommen von der Wirkung der kalten Progression. »Das wäre ein Stück soziale Gerechtigkeit!«, sagt Bosbach. Soziale Gerechtigkeit dürfe es nicht nur für Empfänger staatlicher Leistungen geben, sondern auch für die, die den Sozialstaat finanzierten. Die Fülle von neuen Leistungsversprechen, insbesondere bei der Rente, würden im Laufe der nächsten vier Jahre gut 23 Milliarden Euro kosten. »Wir müssen vor allem auch daran denken, wie diese Mittel erwirtschaftet werden sollen.«

Als ich Mitte Januar 2014 mit Bosbach telefoniere, ist er angeschlagen. Über Neujahr war er mit seiner Familie in Marokko und hat sich eine schwere Erkältung zugezogen. Trotzdem klingt er kämpferisch. Eben hat er erfahren, dass er den Vorsitz des Innenausschusses behalten darf. Drei Wochen sind seit der Regierungsbildung vergangen, Bosbach hat darauf gehofft, jetzt ist er erleichtert. Datenschutz, Datensicherheit, Zuwanderung, insbesondere Armutszuwanderung, und humanitärer Flüchtlingsschutz, das würden für ihn wohl die großen Themen der kommenden vier Jahre werden, sagt er. Und wirkt dabei, als könne er es kaum erwarten.

# DANKSAGUNG

Für ihre Unterstützung bei der Arbeit an diesem Buch gilt mein Dank Michael Backhaus, Ursula Prinzessin von Bayern, Horst Becker, Horst Breiler, Martin Bürgener, Dr. Rebekka Göpfert, Jeannette Hamm, Jessica Hein, Emanuel Heisenberg, Markward Krämer, Franz Heinrich Krey, Paul Ronzheimer, Ute Rösler, Dr. Andreas Sonntag, Kirsten Sittig, Dr. Friedrich Thelen, Rebecca Thyberg Aschenbrenner, Andrea Weber und Viktoria von Wulffen.

Sehr herzlich möchte ich auch Wolfgang Bosbach, MdB, und seiner Familie danken: Sabine, Caroline und Natalie sowie Else und Alfred Bosbach.

Auch meiner eigenen schrecklich netten kleinen Familie danke ich für ihre Geduld während meiner Arbeit: Leopold, Alva und ganz besonders Manuel. Wie immer mehr denn je.

# BILDNACHWEIS

ERSTER BILDTEIL
Privat: Seite 1 bis 8

ZWEITER BILDTEIL
Privat: Seite 1 oben, Seite 2 unten bis Seite 5, Seite 6 unten
bis Seite 7 oben
Klaus Daub: Seite 1 unten, Seite 2 oben
Peter Mattes, Stadtarchiv Bergisch Gladbach,
Signatur L 110/476: Seite 6 oben
Marc Darchinger, Bonn: Seite 7 unten
Albrecht Fuchs: Seite 8

DRITTER BILDTEIL
Privat: Seite 1, Seite 2 unten, Seite 6 oben
Werner Schüring/imagetrust: Seite 2 oben, Seite 3 unten
Marc Darchinger, Bonn: Seite 3 oben
imago/McPhoto/Luhr: Seite 4, Seite 5, Seite 6 unten
picture alliance/ZB: Seite 7
Hans-Guenther Oed/vario images: Seite 8

VIERTER BILDTEIL
Privat: Seite 1, Seite 3, Seite 8 unten
Meike Wirsel/BILD-Zeitung: Seite 2
Jens Koch/BILD am Sonntag: Seite 4
W. Schmitz-Dietsch: Seite 5 oben
imago/Herbert Bucco: Seite 5 unten
Niels Starnick/BILD am Sonntag: Seite 6 oben
Schneider-Press/Raphael Stötzel: Seite 6 unten
Thomas Rabsch/laif: Seite 7
Herbert Draheim: Seite 8 oben

# ANMERKUNGEN

**1** Diese drei waren, in dieser Reihenfolge: Bundesministerin Ursula von der Leyen, FDP-Präsidiumsmitglied Wolfgang Kubicki und Linken-Fraktionsvize Sahra Wagenknecht. Jens Schröder, *Talkshow-Könige 2012*, meedia.de, 18.12.2012, abgerufen am 20.10.2013

**2** Ines Kappert, *Bis zum bitteren Ende*, Die Tageszeitung, 4.9.2012, S. 13

**3** Markus Feldenkirchen, René Pfister, *»Viel Zeit bleibt mir nicht mehr«*, Der Spiegel 35/2012, S. 47

**4** Markus Feldenkirchen, René Pfister, *»Viel Zeit bleibt mir nicht mehr«*, Der Spiegel 35/2012, S. 50

**5** Müller, Peter. *In Isolationshaft*. Der Spiegel, 41/2011, S. 34

**6** Müller, Peter. *In Isolationshaft*. Der Spiegel, 41/2011, S. 34

**7** Müller, Peter. *In Isolationshaft*. Der Spiegel, 41/2011, S. 34

**8** Müller, Peter. *In Isolationshaft*. Der Spiegel, 41/2011, S. 36

**9** Müller, Peter. *In Isolationshaft*. Der Spiegel, 41/2011, S. 34

**10** Jens Schröder, *Talkshow-Könige 2012*, meedia.de, 18.12.2012, abgerufen am 20.10.2013

**11** Markus Decker, *Hape Kerkeling des Politik-Betriebs*, Kölner Stadtanzeiger, 5.10.2011

**12** Markus Decker, *Hape Kerkeling des Politik-Betriebs*, Kölner Stadtanzeiger, 5.10.2011

**13** Günther Lachmann, *Bosbach schürt Merkels Furcht vor dem Scheitern*, welt.de, 2.10.2011, abgerufen am 22.10.2013

**14** Günther Lachmann, *Bosbach schürt Merkels Furcht vor dem Scheitern*, welt.de, 2.10.2011, abgerufen am 22.10.2013

**15** Helmut Böger, *Unterworfenes Gewissen*, Bild am Sonntag, 1.10.2011, S. 3

**16** Thorsten Denkler, *Problemfall aus dem Kanzleramt*, sueddeutsche.de, 3.10.2011, abgerufen am 22.10.2013

**17** Peter Pauls, *Ein Zweifler für die Demokratie*, ksta.de, 5.10.2011, abgerufen am 22.10.2013

**18** Sebastian Pfeffer, *Wallraff lobt Bosbach als Ideal-Politiker*, 1.11.2011, welt.de

**19** *Kämpfer, Helden, Spieler*, Bunte, 29.12.2011, S. 28

20  *Unsere Helden*, Die Zeit, 22.12.2011, S. 10
21  Vanessa Fuhrmanns, *Angela Merkel Encounters Rebellion From Her Own Party*, The Wall Street Journal, 29.9.2011, S. 14–15
22  Hans-Ulrich Jörges, *Die Physikerin der Macht*, Der Stern, 12/2004
23  Andreas Herholz, *»Respekt verdient«*, Ruhr Nachrichten, 5.10.2011, S. 2
24  Dieter Wonka, *»Völlig inakzeptabel«*, Leipziger Volkszeitung, 4.10.2011, S. 2
25  Markus Feldenkirchen, René Pfister, *»Viel Zeit bleibt nicht mehr«*, Der Spiegel 35/2012, S. 48
26  *Euro-Streitgespräch*, zeit.de, 21.11.2011, abgerufen am 15.12.2013
27  Jan Christoph Wiechmann, *»Ich kann deine Fresse nicht mehr sehen«*, Stern 41/2011, S. 38
28  Tamara Anthony, Johannes Edelhoff, Alexander Steininger, Christian Deker, *Ahnungslose Abgeordnete*, ARD Panorama Nr. 745, 29.9.2011
29  Ulla Thiede, *»Ich will nicht der Held sein«*, Bonner General-Anzeiger, 30.9.2011
30  Wolfgang Bosbach, *Ich bin überhaupt kein Rebell*, Der Hauptstadtbrief, Ausgabe 115
31  Jan Christoph Wiechmann, *»Ich kann deine Fresse nicht mehr sehen«*, Der Stern 41/2001, S. 40
32  Jan Christoph Wiechmann, *»Ich kann deine Fresse nicht mehr sehen«*, Der Stern 41/2001, S. 42
33  Jan Christoph Wiechmann, *»Ich kann deine Fresse nicht mehr sehen«*, Der Stern 41/2001, S. 42
34  Jan Christoph Wiechmann, *»Ich kann deine Fresse nicht mehr sehen«*, Der Stern 41/2001, S. 42
35  Jan Christoph Wiechmann, *»Ich kann deine Fresse nicht mehr sehen«*, Der Stern 41/2001, S. 40
36  Jan Christoph Wiechmann, *»Ich kann deine Fresse nicht mehr sehen«*, Der Stern 41/2001, S. 44
37  Miriam Meckel, *Lauter kleine Diederiche*, Der Spiegel 49/2008, S. 184
38  Hannah Arendt, *Vita Activa*, Piper 2002, S. 10
39  Malte Ewert, *Der doppelte Bosbach*, ksta.de, 19.2.2012, abgerufen am 22.10.2013
40  Timo Frasch, *Der Karneval ist ein Symbol für die klassenlose Gesellschaft*, Frankfurter Allgemeine Zeitung, 17.2.2012, S. 6
41  Timo Frasch, *Der Karneval ist ein Symbol für die klassenlose Gesellschaft*, Frankfurter Allgemeine Zeitung, 17.2.2012, S. 6
42  Timo Frasch, *Der Karneval ist ein Symbol für die klassenlose Gesellschaft*, Frankfurter Allgemeine Zeitung, 17.2.2012, S. 6
43  Timo Frasch, *Der Karneval ist ein Symbol für die klassenlose Gesellschaft*, Frankfurter Allgemeine Zeitung, 17.2.2012, S. 6
44  Peter Berger, Andreas Damm, Carl Dietmar, *Psychische Folgen nach Archiv-Einsturz*, Kölner Stadt-Anzeiger, 24.4.2009
45  Timo Frasch, *Der Karneval ist ein Symbol für die klassenlose Gesellschaft*, Frankfurter Allgemeine Zeitung, 17.2.2012, S. 6

**46** Timo Frasch, *Der Karneval ist ein Symbol für die klassenlose Gesellschaft*, Frankfurter Allgemeine Zeitung, 17.2.2012, S. 6

**47** Timo Frasch, *Der Karneval ist ein Symbol für die klassenlose Gesellschaft*, Frankfurter Allgemeine Zeitung, 17.2.2012, S. 6

**48** Günter Bannas, *Achtung: Herrenwitz!*, Frankfurter Allgemeine Zeitung, 9.2.2013

**49** Willibald, *Kalte Füße*, Bergische Landeszeitung, 5.1.1985

**50** Horst Breiler, *Wenn Sie mich fragen...*, Bergische Landeszeitung, 27.11.1977

**51** Udo Teifel, *Politisches Engagement darf nie einseitig sein*, Bergische Morgenpost, 5.10.1983

**52** Horst Breiler, *CDU: Bosbach soll nach Bonn*, Bergische Landeszeitung, 29.9.1993

**53** Horst Breiler, *Neuer Mann für Bonn*, Bergische Landeszeitung, 26.9.1993

**54** Horst Breiler, *Mit Bosbach durch Bosbach geradelt*, Rheinisch Bergischer Kreis Nr. 23, 1994

**55** Horst Breiler, *Wobo macht die Tour noch mal*, Bergische Landeszeitung, 8.10.1994

**56** Monika Hoegen, *Deutlicher Sieg für Bosbach*, Kölner Stadt-Anzeiger, 17.10.1994

**57** Michael Hedrich, *Saubere Arbeit*, Kölner Stadt-Anzeiger, 18.10.1994

**58** Monika Hoegen, *Deutlicher Sieg für Bosbach*, Kölner Stadt-Anzeiger, 17.10.1994

**59** Andreas Weber, *Abweichler werden von der Fraktion toleriert*, Wermelskirchener General-Anzeiger, 27.5.1997

**60** Anja Weigl, *»Mehr als eine Wohngemeinschaft«*, Bergische Landeszeitung, 1999

**61** *Abgeordneten-Test*, Stern, 38/1998, S. 103–107

**62** *Note 2,6 für Bosbach*, Kölner Stadt-Anzeiger, 11.9.1998

**63** Heribert Prantl, *Die Lage war noch nie so ernst*, Süddeutsche Zeitung, 6.11.1998, S. 4

**64** Gisbert Franken, *Wobo macht Wahlkampf auch im Internet*, Bergische Landeszeitung, 10.10.1997, S. 19

**65** Bergische Morgenpost, *Was BM-Leser von Wolfgang Bosbach wissen wollen ...*, 1998

**66** Bergische Morgenpost, *Tempo 100 auf allen Autobahnen?*, August 1998

**67** Joachim Rüttgen, *Trotz Hektik und Streß darf man sich nicht überschätzen*, Bergische Morgenpost, 1998

**68** Joachim Rüttgen, *Trotz Hektik und Streß darf man sich nicht überschätzen*, Bergische Morgenpost, 1998

**69** Klaus Lawrenz, *Wulff und Bosbach im »Penthouse«*, Bergische Morgenpost, 1998

**70** Klaus Lawrenz, *Wulff und Bosbach im »Penthouse«*, Bergische Morgenpost, 1998

**71** Silke Rehren, Ein Kopf-an-Kopf Rennen: Bosbach glücklicher Sieger, Bergische Morgenpost, 28.9.1998

**72** Silke Rehren, Ein Kopf-an-Kopf Rennen: Bosbach glücklicher Sieger, Bergische Morgenpost, 28.9.1998

**73** Hier platzt ein Vater fast vor Stolz, mopo.de, 23.5.2012, abgerufen am 22.10.2013

**74** Lara Sogorski, *Weihnachtsplätzchen gibt es das ganze Jahr*, Dezember 2009

**75** Sendung *Markus Lanz* im ZDF am 22. Mai 2012

**76** Sendung *Markus Lanz* im ZDF am 22. Mai 2012

**77** Roman Eichinger, Angelika Hellemann, *Wir haben mit dem Leben so viel zu tun, dass wir nicht an das Ende denken*, Bild am Sonntag, 14.7.2013, S. 12

**78** Jenny Hoch, Nicolas Kantor, *Mein Vater, der Held*, Myself, Mai 2103, S. 66

**79** Roman Eichinger, Angelika Hellemann, *Wir haben mit dem Leben so viel zu tun, dass wir nicht an das Ende denken*, Bild am Sonntag, 14.7.2013, S. 12

**80** Sendung *Markus Lanz* im ZDF am 22. Mai 2012

**81** Roman Eichinger, Angelika Hellemann, *Wir haben mit dem Leben so viel zu tun, dass wir nicht an das Ende denken*, Bild am Sonntag, 14.7.2013, S. 12

**82** Jenny Hoch, Nicolas Kantor, *Mein Vater, der Held*, Myself, Mai 2103, S. 66

**83** Jenny Hoch, Nicolas Kantor, *Mein Vater, der Held*, Myself, Mai 2103, S. 66

**84** Andreas Weber, *Papa muß nun auf den Heimvorteil verzichten*, Wermelskirchener Generalanzeiger, 25.9.1999

**85** Andreas Weber, *Palmen überleben im filmreifen Wirrwarr*, Wermelskirchener Generalanzeiger, 3.9.1999

**86** Nach seiner Wahl zum Fraktionsvize gibt er den Sitz im Untersuchungsausschuss auf.

**87** *»Das bereitet mir schlaflose Nächte«*, Bergische Landeszeitung, November 1999

**88** Angela Merkel, *»Die von Helmut Kohl eingeräumten Vorgänge haben der Partei Schaden zugefügt«*, Frankfurter Allgemeine Zeitung, 22.12.1999, S. 2

**89** Hans-Jürgen Leersch, *Die treuesten Weggefährten wenden sich von ihm ab*, Die Welt, 24.12.1999, S. 3

**90** Hans-Jürgen Leersch, *Die treuesten Weggefährten wenden sich von ihm ab*, Die Welt, 24.12.1999, S. 3

**91** Horst Breiler, *Helmut Kohl begeht permanent Rechsbruch*, Berigsche Landeszeitung, 20.1.2000

**92** Andreas Halbach, *Kein Verständnis für Kohl*, Kölner Stadtanzeiger, Januar 2000

**93** Andreas Weber, *»Entsetzt über Kohls Finanzgebaren«*, Rheinischer General-Anzeiger, Januar 2000

**94** Andreas Halbach, *Kein Verständnis für Kohl*, Kölner Stadtanzeiger, Januar 2000

**95** Horst Breiler, *Helmut Kohl begeht permanent Rechsbruch*, Berigsche Landeszeitung, 20.1.2000

**96** Tina Hildebrandt, Wolfgang Krach, Christoph Mettmacher, Hartmut Palmer, Barbara Schmid, Hajo Schumacher, Hans-Jörg Vehlewald, *Einstürzende Altbauten*, Der Spiegel, 21.2.200, S. 22

**97** NRW-Abgeordnete fordern Rücktritt, CDU-Putsch gegen Schäuble, Bild, 16.2.2000, S. 1

**98** Margarete van Ackeren, *Bosbach – ein Steckbrief*, Rheinische Post, 2.3.2000

99  Karl Feldmeyer, *Stimmungsspiegel der Unionsfraktion*, Frankfurter Allgemeine Zeitung, 2.3.2000

100 Horst Willi Schors, *Mehr Berlin, weniger Bergisch Gladbach*, Kölner Stadt-Anzeiger, 16.2.2000, S. 2

101 Andreas Weber, *Sein Wort hat an Gewicht gewonnen*, 6.1.2001, S. 18

102 *Bundestag einig: »Kampfhunde müssen weg«*, spiegel.de, 30.6.2000, abgerufen am 22.10.2013

103 Gerold Büchner, *Steinwürfe und Gewalt, aber keine Schüsse*, Berliner Zeitung, 4.1.2001, S. 2

104 *Einstellung der NPD-Verbotsverfahren*, Pressemitteilung Nr. 22/2003 des Bundesverfassungsgerichts

105 *Einstellung der NPD-Verbotsverfahren*, Pressemitteilung Nr. 22/2003 des Bundesverfassungsgerichts

106 Jörg Michel, *NPD-Verbot – Das Bundesverfassungsgericht hat das Verfahren wegen der V-Mann-Affäre eingestellt*, Berliner Zeitung, 19.3.2003, S. 8

107 Roland Nelles, *CDU will Fahrverbote als allgemeine Strafe*, welt.de, 14.4.2000, abgerufen am 22.10.2013

108 Helmut Uwer, *Bosbach Hoffnungsträger der Union*, Faz.net, 6.3.2002

109 Nicola Brüning, Olaf Opitz, Wolfgang Stock, *Leitkultur trifft den Nerv*, Focus Nr. 45, 20006.11.2000

110 Ludwig Greven, *Fröhlich unbefangen*, Die Woche, 20.10.2000, S. 6

111 Tina Hildebrandt, *Frohsinn mit Methode*, Der Spiegel, Nr. 45, 6.11.2000, S. 28

112 Tina Hildebrandt, *Frohsinn mit Methode*, Der Spiegel, Nr. 45, 6.11.2000, S. 28

113 Tina Hildebrandt, *Frohsinn mit Methode*, Der Spiegel, Nr. 45, 6.11.2000, S. 28

114 Margarete van Ackeren, *Klare Kante – auf Rheinisch*, Rheinische Post, 27.7.2001

115 Hans-Jürgen Leersch, *Wolfgang Bosbach verkörpert die neue CDU*, Die Welt, 4.9.2000

116 Hans-Jürgen Leersch, *Wolfgang Bosbach verkörpert die neue CDU*, Die Welt, 4.9.2000

117 Markus Deggerich, *Stoibers Schattenkabinett: Den Kandidaten plagen Personalprobleme*, spiegel.de, 15.1.2002, abgerufen am 22.10.2013

118 Susanne Höll, *Wolfgang Bosbach*, Süddeutsche Zeitung, 22.2.2001, S. 4

119 Horst Willi Schors, *Mehr Berlin, weniger Bergisch Gladbach*, Kölner Stadt-Anzeiger, 1.3.2000

120 Horst Willi Schors, *Mehr Berlin, weniger Bergisch Gladbach*, Kölner Stadt-Anzeiger, 1.3.2000

121 Mehr Rechte für die Geheimdienste, Berliner Zeitung, 15.12.2001, S. 5

122 Andreas Herholz, *Streit um den EU-Beitritt der Türkei neu entbrannt*, Passauer Neue Presse, 22.11.2003, S. 2

123 *Auch Schweigen hat seine Zeit*, Süddeutsche Zeitung, 24.11.2003, S. 4

124 Stefan Aust, Konstantin von Hammerstein, Gabor Steingart, Völlig charakterlos, Der Spiegel 48/2003, S. 33

125 Lukas Wallraff, *»Dann bedaure ich das sehr«*, Die Tageszeitung, 25.11.2003, S. 8

126 Lukas Wallraff, *Saubermann und Sisyphos*, Die Tageszeitung, 28.6.2005, S. 4

127 Ulrich Becker, Sein Wille ist stärker als sein Herz, Bunte Nr. 22, 2004, S. 59–60

128 Daniel Friedrich Sturm, *Schleudersitz, Schlangengrube, Sack voller Minen*, welt.de, 1.3.2011, abgerufen am 22.10.2013

129 Thomas Strobl, *Maß und Mitte*, Frankfurter Allgemeine Zeitung, 24.5.2012, S. 7

130 Thomas Petersen, *Christentum und Politik*, Frankfurter Allgemeine Zeitung, 26.9.2012, S. 8

131 Hartmut Palmer, *Geradeaus statt zickzack*, Cicero 5/2011, S. 18

132 Lisa Caspari, *Konspirative Konservative verunsichern die CDU*, Zeit Online, 7.2.2012, abgerufen am 20.10.2013

133 Lisa Caspari, *Konspirative Konservative verunsichern die CDU*, Zeit Online, 7.2.2012, abgerufen am 20.10.2013

134 Christoph Pagel, *Aufstand von rechts außen*, Focus Online, 14.9.2010, abgerufen am 20.10.2013

135 Thomas Strobl, *Maß und Mitte*, Frankfurter Allgemeine Zeitung, 24.5.2012, S. 7

136 Thomas Petersen, *Hochkonjunktur für politische Interventionen*, Frankfurter Allgemeine Zeitung, 16.11.2011, S. 5

137 Miriam Meckel, *Lauter kleine Diederiche*, Der Spiegel, 49/2008, 1.12.2008

138 Miriam Meckel, *Lauter kleine Diederiche*, Der Spiegel, 49/2008, 1.12.2008

139 *Die Top 100 in den Medien*, Politik & Kommunikation, Februar 2004

140 Karl Feldmeyer, *Verbindlich*, Frankfurter Allgemeine Zeitung, 15.11.2003, S. 10

141 Lukas Wallraff, *Saubermann und Sisyphos*, Die Tageszeitung, 28.6.2005, S. 4

142 Claus Christian Malzahn, *Bosbach ist nicht normal – er ist ein Phänomen*, welt.de, 23.3.2013, abgerufen am 22.10.2013

143 Claus Christian Malzahn, *Bosbach ist nicht normal – er ist ein Phänomen*, welt.de, 23.3.2013, abgerufen am 22.10.2013

144 Andreas Hoich-Borchers, *Das war's*, Der Stern, 1.8.2013, S. 69

145 Sendung *Anne Will* im ARD am 18.9.2013

146 Markus Feldenkirchen, René Pfister, *»Viel Zeit bleibt nicht mehr«*, Der Spiegel 35/2012, S. 50

147 Meike Winnemuth, Bedingt erregungsbereit, stern.de, 1.8.2013, abgerufen am 22.10.2013

148 Hannah Arendt, *Vita Activa*, Piper Verlag 1981, S. 18

149 Matthias Niewels, *Misere beginnt vor der Haustür*, Kölner Stadt-Anzeiger, 23.9.2013, S. 31

150 Markus Feldenkirchen, René Pfister, *»Viel Zeit bleibt nicht mehr«*, Der Spiegel 35/2012, S. 46